에코사이드

에코사이드

글리포세이트에 맞선 세계 시민 투쟁기

초판 1쇄 2020년 1월 22일 발행
개정판 1쇄 2023년 10월 20일 발행

지은이 | 마리-모니크 로뱅
옮긴이 | 목수정
펴낸이 | 김성실
책임편집 | 김태현
디자인 | 석운디자인
제작처 | 한영문화사

펴낸곳 | 시대의창 등록 | 제10-1756호(1999. 5. 11)
주소 | 03985 서울시 마포구 연희로 19-1
전화 | 02)335-6121 팩스 | 02)325-5607
전자우편 | sidaebooks@daum.net
페이스북 | www.facebook.com/sidaebooks
트위터 | @sidaebooks

ISBN 978-89-5940-823-8 (03330)

잘못된 책은 구입하신 곳에서 바꾸어드립니다.

에코사이드

글리포세이트에 맞선 세계 시민 투쟁기

마리-모니크 로뱅 지음
목수정 옮김

시대의창

일러두기

1 에코사이드(ecocide, écocide)는 인간, 동물, 자연환경 등 지구의 생명을 대규모로 파괴·학살(genocide)하는 행위를 일컫는 신조어입니다. 이 책에서는 "에코사이드" 또는 "생태학살"로 번역하였습니다.
2 본문의 인명, 지명 등은 해당 국가와 지역을 바탕으로 국립국어원 외래어표기법과 현지 발음을 종합하여 우리말로 옮겼습니다.
3 본문의 단체명은 띄어쓰기 없이 붙여 적었습니다.
4 본문에 대한 저자와 옮긴이의 추가 설명은 각주에 수록하였습니다. 모든 참고 문헌과 자료는 장별로 분류하여 번호를 붙여 책의 말미에 수록하였습니다.
5 이 책에 실린 모든 사진은 저자 마리-모니크 로뱅이 직접 촬영한 것으로 특별히 한국어판에 수록한 것입니다.
6 라운드업(Roundup)은 세계 최대 규모의 농화학 기업인 미국의 몬산토가 1974년에 개발한 제초제 글리포세이트(Glyphosate)의 상품명입니다. 2000년부터 글리포세이트에 대한 몬산토의 독점권이 풀려 다른 기업들도 글리포세이트를 주 원료로 하는 제조체들을 판매하고 있습니다.

생태학살écocide의 무기, 라운드업을 끝장내기 위하여

2008년에 《몬산토: 죽음을 생산하는 기업》[1]이 나온 이후, 사람들은 내게 줄기차게 후속편은 없는지 물어왔다. 나는 후속편은 이미 존재한다고 대답했는데, 2011년에 《우리 일상의 독》[2]이란 제목의 또 다른 작업—영화와 책—을 선보였기 때문이다. 이 작업은 몬산토MONSANTO의 무책임하고 범죄적인 태도가 모든 대규모 화학제품 생산 기업들이 갖는 공통의 특징이며, 이들은 살아있는 유기체들의 건강과 생태계 전체를 파괴[3]하며 단 한 가지 목표인 '이윤 추구'에 따라 작동하고 있음을 폭로했다. 때로는 내 속마음을 털어놓기도 했다. 유전자조작 종자 산업의 리더이며, 라운드업의 발명자이자, 세계 제일의 제초제 판매 회사인 미국 다국적기업 몬산토의 그 구역질나는 미로 속으로 다시는 들어가고 싶지 않은 내 심정을.

솔직히 말하자면, 내가 미국 미주리 주 세인트루이스에 1901년도에 만들어진 기업을 향해 다시 한 번 돌진한다는 그 생각만으로도(신중하게 이 단어를 골랐다. 이러한 종류의 작업은 진정 하나의 전투를 방불케 하므로), 내 온몸이 문자 그대로 마비되는 것 같았다: 너무도 많은 작업, 숱하게 지새워야 하는 밤들, 이 모든 정보를 정리 축약시켜야 한다는 압박, 예상되는 골칫거리들. 그리고 ― 마지막 이유 ― 2012년부터, 나는 세상에 경종을 울리는 사람들을 조용히 지지하기로 결정했던 것이다.

자신의 직업, 때로는 생명을 잃을 각오를 하고, 지구촌 곳곳에서 벌어지는 심각한 기능장애들을 폭로하는 소위 '경종을 울리는 사람들'은 세상 곳곳에 흩어져서 또 다른 세상이 지금 바로 여기에서 가능하다는 것을 보여주는 시민들이다.[4] 누구도 내가 '폭로 저널리즘'에서 '제안 저널리즘'으로 옮겨갔다고 말하지 않았으나, 모든 정황은 그것을 가리키는 것처럼 보였다.

르네 렌헤르의 놀라운 프로젝트: 생태학살 인정을 위한 진정한 소송

그러나 흔히 말하듯, 삶은 다른 결정을 했다. 2014년 11월 8일, 나는 두 명의 각별히 고집 센(!) 스위스 시민, 르네 렌헤르René Lehnherr와 에스터 제르베Esther Gerber를 나의 집에서 만났다. 당시 나는 책 《젠장 할 성장!》을 한창 집필 중이었다. 내 남편이자 내 영화의 제작자인 다비드의 인내심이 아니었다면, 이 만남은 결코 이뤄질 수 없었다. 물론 이 만남이 성사되지 않았더라면 크게 유감스러웠을 것이다. 이 두 명의 방문객들은 나를 상상을 초월하는 모험의 세계로 이끌고 갔으며, 그 경험은 바로 이 책과 곧이어 세상에 모습을 드러낼 영화의 탄생을 불렀기 때문이다.

르네와 에스터는 롱고 메이Longo Maï라는 공동체의 멤버였다. 이는 여섯 나라에서 활동하는 10개의 농업 협동조합과 수공업 장인 협동조합의 연합체다.* 수년 전부터 암스테르담에 거주해온 르네는 전산 전문가이자 롱고 메이의 상근자이며, 롱고 메이의 공동 설립자 중 한 사람이다. 생물학자인 에스터는 양봉업자이자 양을 기르는 목축업사인 남편과 함께 스위스 쥐라에 있는 르 몽투아le Montois의 한 농장에서 살고 있다. 물론 남편의 농장은 롱고 메이 네트워크의 한 축을 이룬다. 르네가 에스터에게 나를 함께 만나자고 부탁했다는 사실은 나중에 알게 되었다. 그는 내가 자신의 청을 거절할지 모른다고 걱정했었다고 한다. 부드러운 분위기 속에서, 극단적 겸손함과 위대한 결단력을 겸비한—이후 2년 동안 깊은 인상을 남긴 그의 면모—르네는 나의 영화 〈몬산토: 죽음을 생산하는 기업〉을 보고 엄청난 충격을 받았으며, 네덜란드 헤이그에 있는 국제형사재판소CPI, Cour Pénale Internationale에 몬산토

----

* 무정부주의적이고 대안적인 정신으로 출발한 롱고 메이 협동조합은 1973년 알프마리팀les Alpes-Maritimes 지역의 리만Limans에서 처음 만들어진다. 옥시땅occitan 언어로 '롱고 메이'는 "이렇게 오래 지속되길!"이라는 뜻이다. 롱고 메이는 프랑스와 독일, 오스트리아, 스위스, 우크라이나, 코스타리카에 네트워크를 두고 있다.

를 세우는 소송을 진행하고 싶어 했다. 오 세상에! 여기 두려울 게 없는 인간이 하나 있구나, 난 생각했다. 사실 그의 제안은 내 눈에 완전히 기상천외해 보였다. 그러나, 이 두 방문객이 이 일을 계획하면서 얼마나 많은 노력을 기울였을지 짐작할 수 있었던 나는 정중하게 그들의 이야기를 경청했다. 르네는 암스테르담에 〈몬산토 국제법정〉이라 명명된 재단을 설립하고자 했다. 운영위원회의 구성을 위해 그는 시민사회의 저명인사들을 접촉하고, 이 소송을 위해 필요한 자금—대략 백만 유로* 정도로 추정되는—을 모을 수 있도록 클라우드 펀딩을 진행할 국제적 플랫폼을 만들고자 했다. 그는 내가 이 각별한 재판의 "대모" 역할을 해주길 바랐다. 나의 이름은 이 시도를 둘러싼 여론을 움직일 수 있는 하나의 보증수표가 될 것이라 판단하고 있었기 때문이다. 모든 프로그램은 이렇게 완벽히 짜여 있었다!

2시간의 토론 후, 나는 그들의 프로젝트에 원칙적으로 동의했다. 비록 이 프로젝트의 실현 가능성에 대해선 강력하게 의심하고 있었지만. 처음엔 이 재판이 몬산토가 불러일으키는 환경적·보건위생적 폐해를 폭로하고, 나아가 무대 위에 올리기 위해 몇몇 사람들이 주어진 역할을 연기하는, 단순한 '여론 재판'으로 끝나지 않기를 바랐다. 나는 두 사람에게, 이 재판을 진짜 판사들이 실제 희생자들과 진짜 전문가

---

* 몬산토 국제법정에는 결국 약 50만 유로의 비용이 들었다. 이 비용은 민간 기부자들(프랑스 유기농 협동조합Biocoop이나 독일 레만 나투어Lehmann Natur 같은)과 국제적으로 조성된 클라우드 펀딩에 의해 마련되었다.

들의 이야기를 들을 수 있는 "진짜" 재판으로 조직할 것을 제안했다. 물론 이 시민 법정은 집행을 담보하는 공식 판결을 이끌어낼 자격을 갖출 수는 없을 것이다. 그러나 러셀의 법정*처럼, 세상의 모든 희생자들과 변호사들이 — 마침내! — 몬산토에 맞서 법정투쟁을 벌일 수 있는 토대가 될 국제법에 의거한 법률적 판단을 제시할 수는 있을 터다. 그 다음으로 나는 몬산토 국제법정TIM, Tribunal international Monsanto이 장기적 전망을 갖기를 희망했다. '생태학살écocide', 즉 생태 파괴 범죄를 세상이 인정하는 것에 기여하기를 바랐다.

2013년 11월, 나는 지구 생태학살 종결 운동의 대변인 발레리 카반Valérie Cabanes으로부터 유럽 시민운동 단체인 '유럽생태학살종결'의 활동을 지지하는 비디오를 만들 것을 요청받았다. 이는 리스본의 한 협약에서 예정된 행동을 지지하기 위한 것으로, 유럽연합의 최소 7개 나라 백만 명의 시민들이 유럽연합집행위원회로 하여금 제기된 문제를 다루고, 생태학살이 범죄라는 것을 인정하면서, 이 문제를 다루는 법률 조항까지도 가능하다면 만들 수 있도록 요구하는 청원에 많은 사람이 서명하도록 하기 위한 작업이었다.** 이 비디오에서 나는 몬산토

---

* 1967년 《베트남에서의 전쟁 범죄》를 출간한 영국 철학자 버트런드 러셀의 이름을 본 따 지은 시민 법정의 이름. 러셀의 첫 번째 법정은 미국이 베트남에 저지른 전쟁범죄를 고발하기 위해 장 폴 사르트르가 함께 조직했다. 이러한 시도는 인민 상설 재판 같은 또 다른 재판들에 영감을 제공했고, 특히 아르헨티나, 자이르, 티벳, 알제리 등에서 자행된 인권 유린과 폭력을 살펴보게 했다.

** 유럽 시민들이 창안한 '유럽생태학살중단'은 지구에 생명체로서의 권리를 부여하기 위한 시민운동으로, 2013년 1월 22일 브뤼셀의 유럽의회에서 시작되었고, 12만 6,829개의 서명을 받은 후, 2014년 1월 21일에 마무리되었다.

의 폴리염화바이페닐PCB*을 사례로 들었다. 판매 금지된 이후에도 지금까지 무려 40년 동안 모유와 북유럽 연어들을 계속 오염시켜온 바로 그것이다.[5] 물론, 2002년 몬산토는 애니스톤(미국 앨러배마 주) 주민들이 제기한 집단 소송에서 역사상 가장 센 벌금—7억 달러—을 지불하도록 판결 받은 바 있다. 몬산토는 애니스톤 시에 PCB 공장을 가지고 있었다. 몬산토 경영자들은 PCB의 유해성을 너무 잘 알고 있었고, 그것을 일부러 감추기까지 하였으나, 그것이 인근 도시 주민에게 미칠 영향에 대해서는 아무런 염려도 하지 않았다.

라운드업의 사례를 통해 살펴보겠지만, 생태학살 범죄를 인정하는 것은 생태계 전체와 생태계에 속하는 모든 살아 있는 유기체들의 건강, 나아가 생존까지 위협하는 기업들의 책임자에게 형사적 책임을 물을 수 있게 한다. 현재로서는 오직 민사소송만 가능하다. 이 민사소송은 기업에 의해 피해를 입은 사람들이 이에 대한 손해배상을 얻어내는 것을 목적으로 한다. 이러한 소송 절차는 피해자들에게 상당한 장애물이다. 결과가 불확실한 소송에 엄청난 시간과 돈을 투자해야 하기 때문이다. 몬산토는 그 사실을 잘 알고 있다. 그들은 매년 몬산토의 제품에 피해를 입은 사람들이 제기할 소송에 대비하여 엄청난

---

* PCB는 염소화합물의 하나다. 과거 프랑스에서 "피란렌"이란 상표명으로 판매되었고, 변압기 절연제로 사용되었다. 내분비계에 장애를 일으키는 물질로 알려진 PCB는 1972년 일본에서, 1979년 미국에서, 1987년 프랑스에서 금지된 바 있다. 그러나 이 '지속적 유기 오염 물질'은 여전히 환경을 오염하고 있고, 암이나 생식 장애와 같은 심각한 질병들을 초래하고 있다(마리 모니크 로빈, 《몬산토: 죽음을 생산하는 기업》 참조).

규모의 자금을 비축하고 있지만, 이러한 소송들이 그들이 저질러온 행태를 바꿔놓지는 않는다. 지역사회를 위험에 빠뜨리는 것이 자사의 주주들에게 더 큰 이익을 가져오는 한, 종종 소송에서 피해자들에게 손해를 배상해주는 경우가 있더라도, 그들의 환경과 생명체의 건강을 해치는 범죄는 계속될 것이다.

지구를 지키는 것은 모두의 일

르네 렌헤르와 에스터 세르베의 프로젝트는 2년간의 강도 높은 준비 끝에 실현된다. 이 프로젝트에서 나에게 주어진 대모 역할은 막대한 에너지뿐 아니라 시간까지 잡아먹는 것이었다! 가장 먼저 나는 올리비에 드 슈터에게 연락을 취했다. 그는 루뱅 대학(벨기에)과 예일 대학(미국)에서 국제법을 가르치는 교수이며, 그 이전에 유엔에서 식량 권리에 관한 특별조사관(2008~2014)으로 활약한 벨기에의 저명한 법학자다. 나는 다큐멘터리 영화 〈미래의 수확 les Moisons du futur〉에서 그를 촬영했던 바 있다. 그는 코린 르파즈—환경권 전문가이고, 환경부 장관이기도 했으며(1995~1997) 크리젠CRIIGEN* 의 설립자이기도 한 프랑스 변호사—와 함께 몬산토 국제법정의 운

---

* 코린 르파즈와 질-에릭 세랄리니, 장 마리 펠트 교수가 함께 1999년에 설립한 유전공학 연구위원회.

영위원회에 함께할 것을 즉각 수락해주었다.

이후 나는 앞서 언급한 법률가 발레리 카반에게 합류를 요청하였으나, 시간에 쫓기던* 그녀는 에밀리 가이야를 추천해주었다. 프랑스 캉Caen 대학에서 민법을 강의하는 미래 세대 권리 전문가인 그녀는 이 프로젝트에 강도 높게 결합해 핵심 인력으로 자리하게 된다. 이렇게 조금씩, 내가 취재를 진행하면서 마주쳤던 여러 인물들이 하나 둘씩 몬산토 국제법정의 운영위원회에 합류하였다: 2005년 영화 〈살아 있는 해적들les Pirates du vivant〉에서 촬영한 바 있는 대안 노벨상 수상자 인도인 반다나 시바Vandana Shiva, 워싱턴밀레니엄연구소 대표 한스 헤렌, 영화 〈미래의 수확〉을 위해 인터뷰 한 적 있는 시민단체 '미래세대'의 대변인 프랑수아 베이예레트 등이 그들이다. 2015년 5월 파리에서 몬산토에 저항하는 행진이 그린피스, 알터너티바 같은 수많은 시민단체와 협회들에 의해 마련되었을 때, 나는 그 자리에서 그린피스 프랑스의 반anti유전자조작캠페인의 전 책임자인 아르노 아포트커를 발견할 수 있었다. 그는 유럽의회에서 생태주의자 그룹을 위한 한 가지 미션을 막 끝낸 상태였다. 그는 우리 운영위원회의 첫 번째 상근자가 되었다. 한편 르네 렌헤르는 미국의 유기농소비자협회 회장 로니 커민스와 오스트레일리아인 앙드레 루, 국제유기농운동연합IFOAM**의 대표가 우리

---

* 발레리는《지구를 위한 새로운 권리: 생태학살을 끝내기 위하여*Un nouveau droit pour la Terre. Pour en finir avec l'écocide*》(Seuil, Paris, 2016)를 집필 중이었다.

** 국제유기농운동연합IFOAM은 프랑스의 자연과진보Nature et Progrès, 영국의 소일협회Soil Association 같은 전 세계의 많은 유기농 운동 단체들이 함께 모여 1972년에 설립했다.

와 한 배를 타도록 하는 데 성공했다.

운영위원회의 첫 번째 공식 회의는 2015년 7월 초, 파리 근교의 생투앙에 있는 식당 꼬뮌이미지Commune Image에서 열렸다. 그곳은 내가 영화 〈부탄: 행복을 찾아서〉의 편집을 끝낸 장소이기도 했다. 우리는 회의에서 몬산토 국제법정을 2016년 10월 15~16일, 세계 식량의 날 주간에 맞춰 열기로 합의했다. 재판 진행과 동시에 '시민 회의'를 함께 열어 "산업화·화학화된 농업의 상징인 몬산토를 지구를 오염시키고 생태 다양성 축소를 가속화하며 지구온난화에 막대한 기여를 해온 책임 당사자"로 여기는 전 세계의 각종 환경운동 협회, 시민단체, 대중운동 조직 들을 초대하기로 했다. 르네와 에스터 그리고 내가 함께 작성한 몬산토 국제법정의 소개 문구는 이렇게 완성되었고, 이는 한동안 우리의 인터넷 사이트에 올라간 유일한 글이었다. 여섯 개의 언어(불어, 영어, 독일어, 네덜란드어, 스페인어, 포르투갈어)로 번역된 이 소개글은 다음과 같은 내용을 담고 있다: "20세기 초부터, 이 다국적기업은 대단히 독성이 강한 상품들을 상업화하여 환경을 지속적으로 오염시켰으며, 지구의 수천 만 사람들을 병들게 하거나 죽음에 이르게 했다. 12개의 '지속적 유기 오염 물질' 중 하나인 PCB는 동물과 인간의 생식능력을 저하시키며, 2, 4, 5T는 다이옥신을 함유한 고엽제의 한 요소로 베트남전쟁에서 미군에 의해 살포되었고 여전히 유전적 기형과 암 등의 질병을 유발시키고 있다. 유럽에서 지금은 금지된 제초제 라소Lasso와 전 세계에서 가장 광범위하게 사용되고 있는 제초제이며 현대사 사상 가장 큰 환경 보건 스캔들의 주인공인 라운드업Roundup. 강한 독성을 가진 이 제초제는 유전형질이 전환된 단종 농업과 깊은 관련이 있다. 대표적인 작물은 콩, 옥수수, 유채 등으로 동물 사료나 농업 연료 생산을 위해 주로 쓰인다.

비판자들에 따르면, 몬산토는 조직적인 은폐 전략 덕분에 그들의 상품들이 인간과 환경에 일으키는 폐해를 덮어버릴 수 있었고, 지구를 지속적으로 황폐화할 수 있었다: 규제 기관들과 정부 당국에 대한 로비, 거짓말, 부패, 과학적 사기를 위한 연구에 대한 재정 지원, 독립 연구자들을 향한 압력, 언론기관을 통한 정보 조작 등. 몬산토의 역사는 이런 식으로 기후와 생태계의 일탈적 변화에 기여하고 지구의 안전을 위협하는 다국적기업들과 그 경영자들을 처벌하지 않는 메커니즘을 구축해왔다."

이 소개 문구는 하나의 호소로 끝맺고 있다. 나는 이 호소를 영상물에 네 가지 언어로 옮겨 몬산토 국제법정 사이트에 올려놓았다: "지구의 안전과 생존을 위한 조건을 지키는 것은 모두의 일이다. 오직, 강력한 세력의 집단적 움직임만이 이미 가동 중인 이 파괴적인 기계를 멈출 수 있을 것이다!"[6]

스포트라이트 아래에 선 글리포세이트: 초대형 보건 스캔들

몬산토 국제법정 운영위원회 구성 회의는 우리를 흥분시켰다. 일단 우리가 연락을 취한 인사들이 모두 회의 참석에 응했다는 점에서 그러했다. 직접 참석하는 방식(반다나 시바와 코린 르파즈)을 취하기도 했고, 스카이프로 참가한 사람(올리비에 드 슈터와 앙드레 루)도 있었다. 또 하나의 이유는 우리의 시도가 매우 적절한 시점에서 이뤄졌다는 것에 있다. 2015년은 라운드업의 핵심 성분인 글리포세이트glyphosate를 가지고 제초제를 만드는 몬산토와 다른 모든 기업들에게 중요한 해였다. 글리포세이트 특허는 2000년(1장 참조)에 독점권이 해제되었다. 유럽식품안전청EFSA과 미국환경보호청EPA은 10년에 한 번씩 자동으로 이뤄지는 심사 과정을 통해 글리포세이트의 시장 출시 허가를 갱신할지 말지를 결정해야 한다. 글리포세이트태스크포스(글리포세이트 심사에 개입하려고 관련 기업들이 공동 구성한 특수위원회) 회의에 모인 몬산토와 다른 글리포세이트 성분 제초제 생산 회사들은 위의 두 식품 안전 기관에 그들의 제품이 무해하다고 결론짓는 연구 보고서를 제출하였다. 엄청난 규모의 이권이 걸린 경제적 문제였다. 2014년에만 지구촌 곳곳에 80만t이 넘는 글리포세이트 성분 제초제가 농부들과 유전자조작 식품 농장, 정원, 녹지 공간 등에 살포되었기 때문이다.

글리포세이트는 세상에서 가장 많이 팔린 제초제다. 지구촌 전체에 매해 80만t의 글리포세이트가 뿌려지고 있다.

관련 기업들과 그들의 파트너인 관련 기관들에게 재승인 절차는 그저 단순한 형식에 지나지 않는 의미로 진행되고 있었다. 그런데, 와르르! 2015년 3월 20일, 세계보건기구WHO 산하 국제암연구센터CIRC, Centre International de Recherche sur le Cancer가 폭탄 같은 의견을 발표한다. 11개 나라에서 온 17명의 전문가들은 글리포세이트에 관하여 과학 학술지에 실린 연구들을 면밀히 검토하였고, 이 물질을 "확실한 발암 물질"로 판명한 것이다. 성분의 발암 가능성 여부를 가지고 제품들을 판별하는 임무를 띤 국제암연구센터의 표현에 따르자면 라운드업의 핵심 성분인 글리포세이트는 발암 물질 2A군(3장 참조)에 속한다. 이는 이 제품의 사용이 엄격히 제한되거나 금지되어야 함을 의미한다. 뒤에서 다시 보겠지만, 국제암연구센터의 이 같은 분류는 상상을 초월하는 분쟁을 불러일으켰고, 유럽식품안전청과 미국환경보호청이 재승인 여부에 대한 판단을 연기할 만큼 그 강도가 거셌다. 내가 막 이 대목을 쓰고 있는 2017년 여름, 한편에 제조업체들과 규제 기관들이, 다른 한편에 시민들과 독립 연구자들이 대치하는 전투의 결과는 여전히 불확실하다.

시간이 지나며 점점 더 논쟁의 수위가 높아짐에 따라, 몬산토 국제법정의 중심 주제는 바로 글리포세이트가 되어야 함이 분명해졌다. 《몬산토: 죽음을 생산하는 기업》이 나온 이후 수많은 북미와 남미, 유럽의 독립 연구소의 과학적 연구들은 글리포세이트의 극단적 독성을 확인해주었으며, 이러한 사실은 나를 다큐멘터리 영화 작업과 이 책의 집필로 이끌었다. 모든 연구들은 전 세계 어디에나 존재하는 이 물질에 아주 낮은 수준의 농도일지라도 노출되면, 인간에게서 생식장애, 자연유산, 선천적 기형(1, 2장), 각종 암(3장), 신경성 장애, 면역 장애, 심각한 심장 질환(4장) 등을 불러일으킨다는 사실을 보여주고 있었다. 게다가 과학자들은 글리포세이트 제초제 대량 살포가 유전자조작 작물을 강타한 40종의 신종 질병(혹은 오래된 질병) 창궐과 관련 있음을 관찰하였다. 이는 생태계 전체에 피해를 입힌다. 땅속에 사는 유익한 미생물, 물고기, 양서류, 나비, 벌, 새에서부터 유전자조작 식품으로 대량 사육된 가축들을 포함하는 포유류에 이르기까지. 지구의 북쪽에서 남쪽에 이르기까지, "다 죽이는 제초제"(글리포세이트의 스페인어 별명)는 다양한 작용 방식으로 인해 땅과 식물, 동물, 인간을 질병에 걸리게 하거나 죽인다. 그 작용 방식 가운데 두 가지는 규제 기관들이 철저히 고려 대상에서 제외하고 있는데, 이는 글리포세이트가 금속의 킬레이트chélateur제— 원자, 분자, 이온 등이 중심 원자를 끼운 형태로 그 주위에 배위 결합한 화합물을 말한다— 인 동시에(4장, 5장 참조) 강력한 항생제(5장, 6장 참조)이기도 하다는 사실이다.

이 모든 것은 글리포세이트를 둘러싼 일들이 석면에 관련한 그것보다 한층 더 높은 강도, 높은 수위의 엄청난 보건 스캔들임을 알리고 있다. 석면과 달리 글리포세이트는 어디에나 있기 때문이다: 물, 흙, 공기와 빗속에. 그리고 우리가 먹는 음식 속에. 지구촌을 살아가는 대다수의 시민들, 특히 유럽인들은 그 속에 흠뻑 젖어서 산다고 할 수 있다(8장). 라운드업의 출시 이후 42년 동안 이 제초제가 야기한 피해는, 이 제초제가 대량 살포된 지역의 농장이나 병원 등에서 일상적으로 목격되어 왔으며, 독립 연구소의 연구자들에 의해 과학적으로 입증되어 왔다. 그러나 이렇게 곳곳에서 축적되어 왔고 몬산토 국제법정에 엄격한 방식으로 제시된 증거들에도 불구하고, 규제 기구들은 여전히 2017년 여름 현재까지도 이 제품의 독성을 부정하고 있다. 이 제품의 시장 진출을 허가한 몬산토에 의해 제공된 연구 결과들은 조작되었으며 의도적으로 축소되었음이 분명함에도. 이 문제는 너무도 엄중한 결과를 야기하는 까닭에 많은 저명한 과학자들이 침묵을 깨고 나와 대규모의 '과학적 사기'를 폭로하기 시작했다(8장).

시민들의 건강과 생태계를 파괴하며 몬산토와 그 일당들의 이윤을 우선시하는 공공 기관들의 명백한 타락에 맞서, 시민사회는 그들의 힘을 조직하고 자신들에게 주어진 몫과 역할을 담당해내고 있다. 지금 이 대목을 쓰는 순간, 새로운 유럽의 시민 행동이 글리포세이트 금지를 주장하면서, 시작 이후 4개월 만에 백만 명이 넘는 사람들의 서명을 획득했다. 유럽연합집행위원회는 과연 이 서명을 염두에 둘 것인가? 아무것도 분명한 것은 없다. 그 사이, 2017년 4월 18일 몬산토 국제법정의 판사들은 그들의 판결문을 공개했다. 그들은 이렇게 결론을 내리고 있다. 생태학살이라는 범죄가 국제법을 통해 인정된다면, 글리포세이트를 그 범죄의 도구로 간주할 수 있을 것이라고(결론 참조).

목차

1장

프랑스: 그라탈루가의 투쟁

"앞으로 여러분은 수많은 수치와 통계를 듣게 되실 것입니다.
저는 그 통계에 얼굴을 입히고자 합니다."

—

임신 중에 글리포세이트에 노출된 프랑스인 사빈 그라탈루

"우리는 지금 역사적인 하루를 보내고 있습니다. 오늘, 우리는 모두 이 사실을 인식하고 있습니다. 앞으로 이틀 동안 벌어질 일들은 21세기 인류 역사에 명백한 흔적을 남길 것입니다. 경험 많고 탁월한 판사들로 구성된 독립적이고 공정한 법정에 우리는 신뢰를 가지고 있습니다. 우리는 몬산토의 의도적인 불참을 매우 유감스럽게 생각합니다. 그들은 참석하지 않았고, 대리인도 세우지 않았으며, 증인도 제시하지 않았습니다.

이 법정의 기능을 다시 한 번 말하자면, 그것은 몬산토에게 형사 혹은 민사상의 유죄판결을 내리는 데 있는 것이 아니라, 몬산토의 행동이 국제법의 기준에 합당한지 아닌지에 답하는 데 있습니다. 오늘 이 시민 법정에 참가한 신사숙녀 여러분들, 재판관들이 내릴 결정들은 그것이 어떠한 것이든 시민사회와 전 세계 모든 인류에게 그들 각자의 나라에서 필요한 행동을 취할 수 있도록 돕는 동일한 토대를 제공할 것입니다. 앞으로 이틀 동안 진행될 이 재판에서 앞서 언급한 법률적·과학적 토대는 명백해질 것입니다. 이 법률적·과학적 토대가 각국

몬산토 국제법정은 2016년 10월 네덜란드의 헤이그에서 열렸다.

정부로 하여금 생태계 파괴 범죄를 인정하게 하는 동시에 국제법을 변화시키기 위해 필요한 인식을 제고토록 해야 합니다. 이 모든 것은 명백한 역사의 흐름입니다. 경청해주셔서 감사합니다."

역사적 법정

변호사 코린 르파즈는 2016년 10월 15일 9시 30분, 운영위원회를 대표하여 몬산토 국제법정의 문을 열었다. 그녀의 연설은 법정으로 변신한 헤이그 사회과학연구소 연구원 식당을 가득 채운 청중의 우렁찬 박수갈채를 받았다. 400명이 넘는 청중이 몬산토의 제품—주로 라운드업—에 의해 유발된 보건과 환경의 피해를 증언하기 위해 전 세계에서 온 증인 24명의 증언을 경청할 수 있는 특권*을 누렸다. 첫날, 몬산토 국제법정은 온전히 라운드업으로 인한 피해에 집중했다. 이 법정의 대모로서, 나는 우리가 경청해야 할 피해자와 전문가 리스트를 작성하는 일을 맡았다. 엄격하게 증인들을 보증하기 위해 나는 지난 일 년간 다시 한 번 과학적 연구 자료들, 규제 관련 기구들과 환경 시민단체들의 보고서, 그리고 몬산토 내부 서류 등을 면밀히 검토했다. 그 후 나의 충실한 동반자들, 카메라맨 기욤 마르탱, 음향 엔지니어 마크 뒤플루아에와 함께 미국과 아르헨티나, 스리랑카, 유럽의 여러 국가들을 여행하며 라운드업에 대한 농업적, 생태적, 사회적, 경제적, 보건위생적 측면을 종합적으로 판단하기 위한 취재를 했고, 그 폐해에 대하여 폭로할 용기를 가진 사람들을 인터뷰했다.

그때 만났던 모든 사람들을 2016년 10월 12일 헤이그 중앙역에서 하루 종일 다시 맞이하면서 내가 느낀 각별한 감동을 고백하고 싶다. 어떤 이들은 여전히 시차 적응을 하지 못해 고생하는 중이었고, 스리랑카에서 온 콜롱 사만과 샤나 자야수마나, 캘리포니아에서 온 크리스틴 셰파드, 아르헨티나인 마리아 리스 로블레도와 다미안 베르제냐

---

* 재판에 참석하기 위해서는 미리 등록을 해야 했다. 수백 명의 사람들이 좌석 부족으로 등록할 수 없었다.

시: 또 어떤 이들은, 프랑스에서 온 사빈 그라탈루처럼 훨씬 가까운 곳에서 오기도 했다. 어쨌거나 이들 모두 수년간의 외로운 투쟁 후에 '진짜 판사'들 앞에서 마침내 증언할 수 있게 된 사실에 대해 엄청난 희망을 품은 채 흥분한 상태였다.

이 모든 사람들이 에밀 가야르가 운영위원회의 이름으로 그들을 맞이한 쿠르트가든 호텔에 모인 것을 보면서 나는 또 감동했다. 라운드업 피해자들과 전문가들이 내가 취재에서 촬영한, 이 문제에 대한 또 다른 경적을 울려준 사람들과 만나고 어울렸다. 몬산토 제초제 중 하나인 라소에 포함된 심각한 중독 물질의 피해자 프랑스 농부 폴 프랑수아,[7] 유제품 성장호르몬 사건에서 다국적기업의 매수 시도를 폭로했던 캐나다인 시바 쇼플라 같은 이들의 만남.[8] 순간, 긴 세월 동안 나를 따라다니던 오랜 꿈이 구체적으로 실현되고 있었다: 내 다큐멘터리 영화들의 주인공들을 한자리에 불러 모아, 그들이 만나고, 직접 서로의 경험을 나눌 수 있게 하는 것. 그들이 서로 볼 키스를 하고, 포옹하며 수많은 애정 표시를 나누는 모습을 쿠르트가든 호텔에서 바라보면서, 내 꿈의 실현은 그 자체로 진정한 기적이라고 생각했다.

공식적으로 법정이 개시되기 전 그들이 법정 첫 줄에 앉아 있는 것을 보면서, 이번 법정의 재판장인 프랑수아즈 툴켄Françoise Tulken이 이끄는 다섯 명의 판사들이 법정에 도착했을 때 다른 모든 참석자들과 함께 일제히 일어서는 모습을 보면서도 역시 감격스러웠다. 프랑수아즈 툴켄은 14년간 유럽인권재판소의 부소장을 역임했던 분으로 이번 재판의 재판장을 기꺼이 맡아 주었다.

사실을 말하자면, 몬산토 국제법정에 판사들의 참석을 설득하는 것은 쉽지 않은 일이었다. 첫 번째 이유는 명확했다. 지구상에서 가장 강력한 기업 중 하나로 간주되는 몬산토의 행각에 판정을 내리는 재판을 주재한다는 것은 상당한 수준의 용기를 필요로 하는 일임에 틀림없다.

두 번째 이유는, 그들의 지위에 따른 의무 사항과 연관된 것이다. 은퇴한 판사나 퇴직을 앞두고 있는 판사만이 이런 종류의 예외적인 법정에서 재판을 수행할 수 있다. 모든 면에서 완벽하게 진행하기 위해, 운영위원회는 판사 구성에서부터 신경 써서 성별과 지역의 안배를 존중했다. 사실 판사 구성 작업은 프로젝트 전체를 곤두박질치게 할 수 있을 만큼 골치 아픈 일이었다. 판사 없는 재판이란 있을 수 없으니까! 30여 명의 판사와 저명한 법률가에게 연락을 취했다. 어떤 이들은 정중하게 제안을 거절했고, 어떤 이들은 완전히 우리의 제안을 무시했다. 참여하고 싶지만 이미 잡힌 일정 때문에 할 수 없었던 경우도 있었고, 건강상의 이유로 결국 참여를 포기한 사람도 있었다. 국제사법재판소 부소장을 역임한 스리랑카의 존경받는 판사 크리스토퍼 위라만트리Christopher Weeramantry가 그러한 경우였고, 저명한 인도의 법률가 우펜드라 박시Upendra Baxi도 그랬다. 결국 재판장을 맡은 벨기에인 프랑수아즈 튈켄 옆에는 르완다를 위해 국제형사재판소에서 변호사 역할을 맡았던 세네갈인 디오르 폴 소우Dior Fall Sow, 국제법과 환경법 전문가인 캐나다인 스티븐 슈리브만Steven Shrybman, 아르헨티나 멘도사의 연방 법원에서 인권을 담당하고 있으며 생명 윤리 전문가이기도 한 아르헨티나의 변호사 엘레오노라 람Eleonora Lamm, 그리고 멕시코의 행정소송 법원에서 판사로 일하고 있으며 라틴아메리카에서의 억압과 관련한 러셀 법정에서 증언한 바 있는 호르헤 페르난데스 수자Jorge Fernandez Souza를 세우게 되었다.

코린 르파즈의 표현을 따르자면, '중대 임무'를 준비할 수 있도록 이 다섯 명의 판사들은 루뱅 카톨릭 대학(벨기에)과 예일 대학(미국)의 국제법 전공 학생 40명이 올리비에 드 슈터Olivier de Schutter 교수의 지휘 아래 작성한 〈법률 자료〉를 받았다. 236페이지에 달하는 이 자료에는 학생들이 조사한 몬산토와 관련한 모든 판례들, 희생자들의 사례에 대한 선별된 검토 자료, 가능성 있는 주요 혐의들을 확인한 자료들이 담겨 있었다. 학생들은 판사들이 몬산토에 대한 혐의 사실들을 검토할 수 있도록 국제법의 주요 텍스트들을 종합하고 정리했다. 그 중에는 2011년 6월 유엔인권위원회에서 채택된 기업과 인권에 관한 유엔의 핵심 원칙들이 포함되어 있었다. 이 원칙들은 인간의 기본적인 권리에 관한 기업의 책임에 대해 기술하고 있다. 건강한 환경, 인체 건강, 식품, 표현의 자유, 과학적 연구의 자유 등이 그것이다. 법률적 권고안을 작성하기 위해, 판사들은 몬산토가 그들의 활동을 통해 위에 언급한 근본적인 권리들에 피해를 가져왔는지를 판단해야 한다. 그리고 판사들은 1962년 미국이 베트남에서 진행한 〈랜치핸드〉 작전과 관련해서 몬산토가 전쟁범죄에 공모한 바 있는지에 대해 대답해야 한다. 〈랜치핸드〉 작전을 위해 몬산토는 미군에게 그 악명 높은 '고엽제'를 전달한 바 있다. 최종적으로 판사들은 몬산토의 과거와 현재의 활동이 생태계 파괴 범죄를 일으킬 수 있는 요소들을 가지고 있는지 여부에 대해 판결해야 한다. 환경에 심각한 폐해를 가져온다거나, 심각하게 지속적인 방식으로 인류 공동체와 생태계의 작동을 교란할 정도로 환경을 파괴하는지에 대해 판결해야 하는 것이다. 이 질문에 대해 '그렇다'라고 답한다면, 판사들은 국제형사재판소*의 로마 규정이 정하는 반인류 범죄인 인종 학살, 인본주의에 반한 범죄, 전쟁범죄, 침략 범죄에 이어 생태계 파괴가 다섯 번째 반인류 범죄 항목으로 인정될 수 있도록, 국제형사재판소에 로마 규정**의 개정을 권고해야 한다.

2016년 9월 15일, 몬산토 국제법정이 열리기 한 달 전, 국제형사재판소의 검사 파투 벤수다Fatou Bensouda는 깜짝 놀랄만한 내용을 발표했다. 그녀가 자신의 활동 영역에 '환경 파괴'와 '자연 자원 착취', '토지 독점'을 야기하는 범죄들을 포함하게 되었다는 사실이다. 이러한 선언은 몬산토 국제법정 운영위원회에게는 긍정적인 신호로 해석되었고, 심지어는 은밀한 지지의 메시지로 간주되었다. 물론 몬산토에게

---

* 유엔 산하 기구인 국제형사재판소는 2002년 헤이그에 창설되었다. 2017년 기준 유엔 가입 193개 국가 중 124개가 국제적 형법 기준을 세운 로마 규정을 비준했다.

** 로마 규정Rome Statue of the International Criminal Court은 국제범죄에 대한 형사처벌을 위해 설립된 국제형사재판소의 관할권 인정을 위한 다자조약이다. 1998년 7월 17일 로마에서 채택되었다. 한국은 2002년 11월 8일에 비준했다.

는 그렇지 못했다! 10월 12일 재판에 관한 소식은 이미 국제 저널에 의해 폭넓게 알려졌으나, 몬산토는 〈공개서한〉을 통해 이 재판이 "식량 부족과 세계의 농업, 그리고 인권의 온전한 실현에 관한 진정한 대화에서 벗어나고 있다"면서 '재판의 위선성'을 폭로하고자 했다. 이 편지는 몬산토의 "세계인권위원회와 지속가능성위원회의 회장"[9]을 맡은 브라이언 로우리가 작성한 것이었다.[10] 그리고 이 편지는, 바로 판사들의 자료집에 포함되었다.

용감한 엄마, 사빈

"신사 숙녀 여러분, 오늘 몬산토 국제법정의 첫 번째 공판 시작을 선언합니다. 법정의 이름으로, 이 중요한 행사의 모든 참가자들에게 감사드립니다." 프랑수아즈 튈켄이 말을 시작했을 때, 강력한 침묵이 법정을 지배했다. 청중들의 엄청난 집중을 헤아리는 듯, 잠시 호흡을 멈췄던 재판장은 이윽고 말을 이어갔다: "첫 번째 그룹은 몬산토가 저지른 행위들이 인류의 건강에 미치는 영향에 대해서 증언을 해주시겠습니다." "저희의 이름은 사빈 그라탈루, 마리아 리스 로블레도입니다. 저희는 프랑스와 아르헨티나에서 왔습니다." "그럼 증언을 듣겠습니다!"

청중석의 첫 번째 줄에 나란히 앉아 있던 두 엄마는 일어나서 법정의 증언대로 나왔다. 전날 두 사람은 헤이그역에서 호텔 쿠르트가든으로 오는 전차 안에서 우연히 만났다. 언어의 장벽에도 불구하고, 두 사람은 오랫동안 그들의 가족을 덮쳐온 참극에 대해 이야기를 주고받았다. 두 엄마 모두 선천적 기형으로 고통을 겪는 아기를 출산하였기 때문이다.

"몬산토 희생자들의 긴 행렬을 제가 시작하게 되어 영광입니다." 사빈 그라탈루Sabine Grataloup는 감격에 찬 목소리로 말문을 열었다. "앞으로 이어질 이틀 동안 여러분은 수많은 수치와 통계를 듣게 되실 걸로 압니다. 저 역시 그러할 것이며, 저는 그 통계에 얼굴을 입히고자 합니다. 저는 제 아들 테오의 사진을 가져왔습니다. 지금 이 아이는 아홉 살이고, 지금까지 벌써 50회가 넘는 심각한 외과 수술을 받은 바 있습니다." 판사들이 검토한 바 있는 A4 규격의 사진들은 곳곳에 상처 자국이 있는 아기와 기관지에 벌어진 구멍이 난 채로—의학 용어로는 기관지 절개수술을 받은—정면을 뚫어지게 바라보며 미소 짓는 파란 눈을 가진 어린 소년의 모습을 보여주었다.

처음 내가 사빈과 테오를 만난 것은 정확히 2016년 3월 23일, 리옹에 있는 모자母子 전문 병원에서였다. 그들은 소아외과 전문의이자 내장 수술과 간 이식 분야의 권위자인 닥터 레미 뒤부아와의 진료 약속 시간을 기다리고 있었다. 그는 2007년 5월 2일, 태어난 지 몇 시간 만에 응급 수술을 받은 어린 테오의 집도 의사이기도 했다. 테오는 매우 희귀한 병을 선천적으로 갖고 태어나 숨이 막혀 죽을 뻔 했다. 그것은

'식도폐색증'이라 불리는 병으로, 프랑스에서 일 년에 약 200명 정도의 아이가 이러한 병을 가지고 태어난다. "닥터 뒤부아와의 정기 검진이 있던 날, 테오에게 문제가 있다는 걸 알아차린 사람은 제 남편 토마였어요." 사빈은 내게 말했다. "산파가 아이를 반듯이 눕혔지요. 아이가 숨을 들이마실 때 토마는 아이의 폐가 부풀어 오르는 것을 보았고, 반대로 숨을 내쉴 때 위가 부풀어 오르는 것을 보았어요. 테오의 식도는 위와 연결되어 있지 않았고, 기관지를 거쳐 폐와 연결되어 있었지요. 이것은 테오가 숨 쉬는 것과 음식물을 섭취하는 것을 방해했어요. '이러한 기형은 위를 호흡기로부터 떼어내고 식도와 연결하기 위한 응급 수술을 해야 한다'라고 닥터 뒤부아는 우리에게 설명했지요. 수술은 성공적으로 끝났어요. 그러나 테오의 상태는 두 번째 기형으로 인해 오랫동안 걱정스러운 상태에 머물러 있습니다. 그것은 바로 후두의 기형이었지요. 수차례의 아무 성과 없는 수술을 치르고 나서, 우리는 테오가 4세가 되었을 때, 기관지 절개술을 시도해야 했지요."

아이는 5개월의 재활 교육을 마친 뒤, 2007년 9월 19일 에두아르-에리오 병원에서 퇴원했고, 응급차로 부모와 누나 알릭샤가 있는 집으로 옮겨졌다. 그들의 집은 비엔 근처에 위치한 멋진 전원주택이었다. "우리의 삶은 완전히 뒤흔들렸습니다." 2016년 6월 29일 내가 그녀의 가족을 촬영하러 갔을 때, 그녀는 이렇게 말했다. "테오의 방은 음식물을 투입하는 튜브가 설치된 재활실로 변했지요. 음식을 삼킬 수 없었기 때문에 튜브를 통해 음식물을 주입해야 했고, 여전히 매우

테오 그라탈루는 태아 때 글리포세이트에 노출되어 심각한 선천적 기형을 가지고 태어났다.

힘들게 숨을 쉬기 때문에 산소 스프레이가 필요했어요. 45분마다 한 번씩 빨아들여야 합니다. 기관지 절개와 연관된 분비물 때문에 호흡이 쉽지 않기 때문이지요. 밤에는 진짜 진공청소기 같은 소음을 내는 특수 장비를 가지고 빨아들여야 해요!"

엄마가 설명을 진행하는 동안 테오는 큰 벽장을 열었다. 차분하게 자신의 어린 시절과 함께해준 모든 기구들을 꺼내 보였다. 그는 분비물 흡입기를 작동시켰고, 기관지 절개 구멍으로 그것을 집어넣었는데 실제로 참을 수 없는 소음이 났다. "우리는 언제나 테오를 그가 가진 병, 우리가 진행하는 투쟁과 밀접하게 연결시켰지요. 그것이 테오가 자신의 심각한 장애를 뛰어넘을 수 있는 필수적인 조건이라고 생각했기 때문이에요." 이렇게 말하는 사빈의 눈에 눈물이 가득 고였다.

사실 테오는 잘 지낸다. 조금씩 나아지고 있다. 그는 삼키는 것을 배웠다. 물론 아직까지 쌀처럼 건조한 음식을 삼키는 것에는 어려움이 있지만 말이다. 식도 근육의 힘겨운 수축이 음식물을 잘못된 길로 들어서게 하기 때문이다. 2009년 2월, 로잔의 필리프 모니에 교수는 갈비뼈에서 추출해낸 연골로 후두 재건을 시도했고, 실리콘으로 된 틀을 앉혔다. 하지만 외과 수술에도 불구하고 기관 절개관을 제거할 수 있을 것이라는 희망은 날아가버렸다. 그러나 걱정하지 마시라! 사빈과 토마는 그들이 병원을 설득하던 에너지를 총동원하여 하늘과 땅을 움직였다. 그들의 아들 테오가 마침내 … 말하는 법을 배울 수 있도록. 후두의 기형은 성대가 작동하지 못하게 했고, 테오는 소리를 낼 수가 없었다. 따라서 비명도, 울음도 가능하지 않았다. 4세까지. 테오는 "엄청난 노력"을 들인 끝에, 후두 절제 수술을 받은 사람들처럼 식도의 소리를 가지고 말을 할 수 있게 되었다. 보통은 암으로 인해 후두를 절제한 어른들이 이 소리로 말하는 법을 습득한다. 통제된 소리를 내기 위해 후두의 입구를 진동시키면서 트림하는 법을 배워야 하는데, 이 테크닉을 프랑스에서 아이가 습득한 것은 최초의 일이었다. 테오는 그것을 해냈다!

"내가 말을 할 때면, 어떤 사람들은 내가 로봇의 소리를 장난삼아 흉내 내는 건 줄 알아요." 어린 테오가 조랑말에 올라타려고 애쓰면서 내게 했던 말이다. 테오보다 세 살 많은 누나 알릭자는 엄마의 주의 깊은 시선 아래 말을 타고 있었다.

"가장 덜 사악한 제초제"

"2006년 여름, 바로 이 승마 경주장에서, 저는 제 아기를 중독시켰습니다." 사빈은 갑자기 어두워진 눈빛으로 내게 말했다. "700㎡ 면적의 잔디에 살포기로 글리포세이트로 만든 제초제를 이틀 동안 뿌렸을 때, 제가 임신 중이란 걸 알지 못했어요."

화학 회사에서 마케팅을 담당하던 간부 사원이었던 사빈은 남편과 함께 여행과 승마를 취미로 즐기곤 했다. 1998년 그들은 함께 랑도슈발이라는 여행사를 차리기로 결정했다. 이 여행사는 50여 개의 나라를 말을 타고 여행할 것을 제안했다. 그들의 집에선 모든 가족이 승마를 했고, 그들의 아름다운 저택 옆에 딸려 있는 승마장에서 훈련을 했다. 테오의 기형이 발견되었을 때, '당연히' 사빈은 레미 뒤부아 박사에게 그 원인이 무엇인지 물었다. 뒤부아 박사는—2016년 3월 그의 첫 대답을 잘 기억하고 있었다—그녀에게 답했다. "과학자들의 보고에 따르면 임신 초기에 제초제에 노출되는 것과 선천적 기형 사이에 관계가 있습니다. 제초제 안에 들어있는 화학약품들은 신체 기관 형성 진행에 영향을 끼칠 수 있지요. 아기 신체가 자리를 잡는 매우 민감한 시기에 이 약품들은 부정적 영향을 미칠 수 있다는 이야기입니다.

식도와 기관은 태아가 4주에서 6주 사이일 때 형성되지요. 즉, 큰 기형은 임신의 초입 단계에서 결정됩니다." 하지만 사빈은 의사의 설명에 확신을 가질 수 없었다. 그녀는 당시 의사에게 이렇게 답했다. "하지만 저희는 집에서 유기농 식품만을 섭취해요. 우린 화학약품을 사용하지 않는 시골구석 특별한 장소에서 살거든요."

2007년 7월, 테오가 여전히 리옹에 있는 병원에 입원해 있던 그때, 사빈은 순간적으로 머릿속에서 '철커덕'하는 소리를 들었다. "바로 그날, 제 손에는 통이 들려 있었어요. 매년 같은 시기에 제가 늘 하던 일을 하려던 참이었어요. 저는 분무기와 글리포세이트 제초제가 담긴 통을 꺼내 들었지요. 그리고, 순간적으로 깨달았어요! 모든 것이 분명해졌어요! 그날 이후, 전 다시는 그 통을 건드리지 않았어요. 그리고 그것을 증거물처럼 보관해왔지요."

몬산토 국제법정에서 사빈은 왜 그녀가 미국의 다국적기업에게 속았는지 설명했다. "저는 텔레비전에서 라운드업—또는 글리퍼와 같은 제품들—은 자연 분해 성분으로 매우 적은 독성만을 함유하고 있다고 하는 광고를 보았거든요. 그래서 이 제품을 사용해야겠구나 생각했지요. 이 제품이 제일 덜 유해한 제초제라고 했으니까요. 그래서 저 자신도 보호 장비를 갖추지 않고 사용을 했답니다. 이 제품 설명서에는 개별 사용 시에 마스크를 하거나 잠수복 같은 것을 입어야 한다고 전혀 쓰여 있지 않았기 때문이지요. 해가 저물 무렵 머리가 깨지도록 아팠던 게 기억납니다. 저는 그때 완전히 이 제초제에 절어 있었거든요. 샤워기 아래에서 말 그대로 전부 다—입, 머리, 피부—문질러서 닦아내야 했을 정도였어요. 하지만 그땐, 이런 일이 생길 것이라고는 전혀 상상도 하지 못했지요…."

그럴 수밖에 없었다. 테오의 엄마를 희생자로 만든 이 '사기'를 이해하기 위해서는 라운드업의 역사를 재구성해보아야 한다. 몬산토는 1974년 라운드업Roundup—"일망타진"을 의미하는 단어—을 시장에 내놓았다. 라운드업은 글리포세이트가 주된 활성 물질인 제초제의 상품명이다. 그 유명한 초록빛 통에는 한 마리 새가 로고처럼 그려져 있다. 그 속에는 평균 41%의 글리포세이트에 물과 약품이 식물의 분자 속에 침투하는 것을 촉진하기 위한 몇 가지 화학 보조 약품들이 첨가되어 있다. 이 제초제의 특징은 '비선택성non sélectif' 혹은 '총체성total'이라고 일컬어진다. 제초제의 작동 방식이 모든 형태의 식물을 끝장내버린다. 이 제품은 잎사귀를 통해 나무에 흡수되고, 수액을 통해 뿌리와 뿌리줄기에까지 전달된다. 방향성 아미노산 합성에 핵심적인 대사 매개체 '시키메이트 경로voie du shikimate(식물이나 박테리아의 2차 대사산물 생합성 경로)'에 영향을 끼쳐 엽록소를 비롯한 몇몇 호르몬의 활동을 저하시킨다. 식품의 성장을 가로막고 조직의 괴사를 불러일으켜 나무를 죽음에 이르게 한다.

글리포세이트가 인간이나 동물에 무해하다는 사실을 입증하기 위해 몬산토가 제시하는 논거 중 하나는, 시키메이트 경로는 식물이나 해조류, 박테리아 등에는 있지만 척추동물에는 존재하지 않는다는 것이다. 뒤에 가서 보겠지만(5장), 이 논거는 완전히 기만적인 것이다. 글리포세이트는 척추동물의 장기에서 사는 미생물에 번식하는 박테리아를 포함하는 모든 종류의 박테리아에 영향을 끼치기 때문이다. 게다가 이 물질의 작동 방식은 다원적이어서 메커니즘에 제한받지 않는다. 그렇기 때문에 이 물질이 초래할 수 있는 피해 또한 다원적이다.

1975년 시장에 진출하자마자 먼저 미국에서, 그리고 유럽에서 라운드업은—몬산토와 프랑스에 이 제품을 책임지고 배급한 스코트 그룹의 표현을 그대로 쓰자면—"경이로운 성공"을 거두었다.[11] 자신들의 기술 '혁신'에 크게 고무된 세인트루이스의 회사는 제품의 장점을 용기 겉면에 이렇게 적어 넣었다. "환경을 존중합니다", "100% 자연 분해 성분", "잔류물을 땅에 남기지 않습니다". "라운드업은 잡초와 유해한 풀을 뿌리까지 제거하여 확실하게 다시 자라나지 않게 합니다. 제품을 뿌린 후, 바로, 씨를 뿌리거나 화초를 심을 수 있습니다." 인터넷상의 선동도 그렇게 명시하고 있다.

이 모든 거짓된 확언은—다시 언급하게 될 것—어떻게 라운드업이 파종에 앞서 잡초를 모조리 제거하고자 대량으로 제초제를 살포하는 농민들의 귀염둥이가 될 수 있었는지 설명해준다. 농업 분야에서의 명성이 가져다준 후광으로 라운드업은 도로나 도랑, 녹지 공간, 골프장, 항행로, 철도 공사의 제초 차량 등 도로와 녹지 관리를 담당하는 공기업과 사기업 들의 총아가 되었다. 최근까지도 봄이면 우주인처럼 옷을 입은—머리부터 발끝까지 이어진 우주복에 방독마스크와 장화를 착용한—기술팀 요원들이 허리에 통을 매고 도시의 거리를 성큼성큼 걸어 다니는 모습을 보지 않은 사람이 누구인가?* 1988년 몬산토는 일반 대중들과 아마추어 정원사들을 대상으로 한 "정원용 제품" 분야를 창설했다. 글리포세이트는 그렇게 프랑스의 모든 텃밭에까지 상륙했다. 사람들은 어떠한 보호 장비도 없이 가족들의 행복을 만들어줄 야채와 상추를 심을 때 듬뿍듬뿍 사용했다. 지금도 라운드업에는 이 같은 주의 사항이 쓰여 있을 뿐이다. "사용법에 따라 제품을 사용하시면, 라운드업은 사람이나 동물, 환경에는 아무런 위험도 끼치지 않습니다."

"거짓 광고 메시지"

2000년 봄, 몬산토는 세계적인 규모의 공격적인 광고 캠페인을 전개했다. 특히 유럽에서. 미국계 다국적기업은 당시 상당히 다급했다. 바로 그해에 라운드업에 대한 특허가 만료됨에 따라, 그들이 전 세계에서 가장 많이 팔리는 제초제를 독점할 수 있는 시기도 함께 끝나면서 다른 회사에서도 일반 약품처럼 제초제를 만들어 팔 수 있기 때문이었다. 사빈이 자신의 경마장에서 썼던 글리

* 2017년 1월 1일부터, 2014-110법, 일명 라베법(유럽 녹색당의 상원의원 조엘 라베의 이름을 딴 법으로 그의 노력에 경의를 보내는 바이다)에 의하여 국가나 지자체, 공공건물에 속하는 녹지나 산책로, 숲, 도로 등에서는 더 이상 글리포세이트를 사용해 만든 제초제를 사용할 수 없다(프랑스 상황에 대한 더 자세한 설명은 267쪽 각주 참고).

퍼Glyper — 바클레이 화학약품사에서 만든 — 처럼. 이 피할 수 없는 경쟁이 몬산토를 걱정에 빠뜨렸다. 그리하여 몬산토는 라운드업 레디Roundup Ready라고 이름 붙인 유전자조작 콩 농업을 진흥시키기에 이른다(3장에서 자세히 다룰 것이다). 유전자조작 작물 농사란 글리포세이트 살포를 '유전적으로' 이겨낼 수 있도록 '조작'하는 것이다. 재정적 관점에서 엄청난 규모의 일이었다. 몬산토는 "단 1달러도 사업에서 빼앗기지 않으려고"[12] 모든 노력을 다하고 있었다.

"렉스"라는 이름의 사랑스러운 강아지가 프랑스에서 광고를 위해 탄생했다. 텔레비전 뉴스를 시청하던 사람들은 잔디밭 한가운데 자라난 잡초들을 향해 라운드업을 경쾌하게 뿌려대는 강아지 한 마리를 기억할 것이다. 그 강아지는 라운드업에 의해 식물의 뿌리가 오그라든 땅에 뼈다귀를 파묻는다. 이후 전개될 이야기는 광고에 보이지 않는다. 하지만 렉스가 열정적으로 짖는 소리는, 그가 아무 걱정도 없이 자기 뼈다귀를 갉아먹게 될 것이라고 짐작케 한다. 라운드업은, 아시다시피 "조금도 유해하지 않기 때문에". 이 광고는 2000년 3월 20일부터 5월 28일 사이 프랑스의 주요 채널을 통해 381번 방영되었다. 광고 캠페인을 위해 몬산토는 '고작' 350만 유로(약 45억 5천만 원)를 지불했을 뿐이다.

라운드업에 흠뻑 젖은 뼈를 맛볼 준비가 된 렉스의 호감 가는 이미지는 사빈뿐 아니라 수많은 시민들을 확실하게 설득했다. 그러나 이 광고는 브르타뉴물하천협회를 펄쩍 뛰게 만들었다. 그들은 2001년

1월, 몬산토의 프랑스 자회사를 "거짓 광고" 혐의로 법정에 세웠다. "과학적 연구들은 브르타뉴 지역의 강물에 다량의 글리포세이트가 함유되어 있음을 입증했다"고 협회의 대표자 질 위에Gilles Hue는 2006년 봄 전화로 설명했다. 당시 나는 《몬산토: 죽음을 생산하는 기업》을 준비하고 있었다. (이 책에서도 《몬산토: 죽음을 생산하는 기업》에서 다룬 소송 관련 에피소드들을 다시 다룰 것이다.) 그는 브르타뉴 지역 보건 연구소가 2001년 발간한 보고서를 인용하였다. 1998년 브르타뉴 지역에서 시행된 수질 조사를 보면, 95%의 표본에서 합법적 기준치인 0.1㎍/l를 훨씬 초과하는 3.4㎍/l의 글리포세이트가 빌렌강의 지류인 세쉬강에서 검출되었다.[13] "2001년 재승인 당시 유럽연합집행위원회는 이 물이 수생 생물에 유해하며 환경에 장기적으로 유해한 영향을 미칠 수 있다고 판정한 바 있다"고 질 위에는 말했다. "우리는 뭔가 앞뒤가 안 맞는 것 아니냐, 납득을 좀 시켜달라고 했다: '자연 분해 성분'이며 '환경을 존중하는' 제품이 어떻게 '독성'이 있고 '해로울' 수 있는지!"

소송을 준비하기 위해 브르타뉴물하천협회는 1996년 북미소비자협회연합이 뉴욕소비자보호·사기근절사무국을 통해 제기한 고발장을 참고했다. 이들은 고발장을 통해 연방 정부의 법무부로 하여금 "라운드업(글리포세이트) 제초제의 안정성에 관한 거짓 광고" 조사에 착수하도록 했고, 마침내 정부와 몬산토가 협상을 통해 타협안을 내놓도록 했다. 미 연방 법무부 데니스 바코Dennis C. Vacco가 쓴 매우 상세한 내용이 담긴 판결문에서,[14] 연방 정부는 몬산토에게 그들의 제초제가

"자연 분해 성분이며, 환경 친화적이고, 유해하지 않으며, 환경을 공격하지 않고, 자연 친화적 특징이 널리 알려져 있다"라고 주장하는 것을 금지하였다. 그들은 '허위 정보'를 유포했다는 판결을 받았으며 벌금형을 선고받았다.

2004년 11월 4일, 몬산토의 프랑스 자회사가 위치한 리옹시의 1심 법원에서는 브르타뉴물하천협회가 제기한 몬산토의 '허위 혹은 과장 광고'에 대한 재판이 열렸다. 재판이 진행되던 4년 동안 이 농화학제품 제조사는 그들이 만든 강아지 렉스 광고를 아무 문제없이 계속 방영했다. 그들은 재판에 참석하지 않는 전술을 구사해가며 2년의 유예 기간까지 얻어냈다. 법정은 몬산토 대리인들의 불참으로 빛났다. 검사들의 표현을 그대로 빌리면, 그들은 "주소 불명"을 이유로, 한 번도 법원으로부터 출석 명령 편지를 받은 적 없는 척했다. 검찰은 2005년 6월로 재판을 연기하기로 결정했다. "행정 착오인가 아니면 기업 이미지에 상처 입히는 판결을 피하기 위한 기업의 술수인가?" 브르타뉴물하천협회의 소송을 함께 진행했던 소비자보호협회(무엇을선택할까)는 의문을 제기했다.[15] 사람들은 배달되지 않은 소환장이 몬산토에게 봄철 제초제 판매를 위해 대대적으로 광고할 시간을 줬다고 소곤댔다: 2004년 몬산토 프랑스는 글리포세이트 시장의 60%를 점유하고 있었다. 이는 연간 3,200t의 라운드업을 팔아 치운 것에 해당한다. 라운드업의 소비는 1997년에서 2002년 사이 두 배로 껑충 뛰었다.

리옹 법원에서 몬산토 프랑스에 대한 재판은 2007년 1월 26일에야 열렸다. 처음으로 소송이 제기된 지 정확히 6년 만이었다! 스코트 프랑스 대표와 몬산토는 1만 5,000유로(약 2,000만 원)의 벌금형을 받았다. 그들이 라운드업으로 취한 이득에 비하면 터무니없는 금액이었다. 판결문에서 재판부는 이렇게 밝혔다. "제품 라벨이나 포장에 '자연 분해 성분'과 '땅에 해를 끼치지 않는다'는 등의 용어와 표현을 사용하는 것은 소비자들로 하여금 이 제품이 사용 후 바로 자연 분해될 것이며 완전히 무해하다는 잘못된 판단을 할 수 있게 한다. … 그러나 선전 문구와 달리 이 제품은 땅에 오래 남아 있을 수 있으며, 심지어는 지하수로 스며들 수도 있다."

몬산토를 더욱 불편하게 했던 것은, 재판부가 몬산토는 환경에 유해한 상품을 판매하고 있기 때문에 그들의 광고는 소송을 초래할 수 있다는 사실을 사전에 완벽하게 인지하고 있었다고 판단했다는 점이다. "몬산토 그룹 내에서 실시된 연구에 따르면, 그들이 자랑하는 라운드업의 자연 분해 성분은 사용 후 28일이 지나서야 약 2% 정도가 자연 분해될 수 있을 정도"일 뿐이기 때문이다. 다시 말하자면 몬산토는 그들이 공개적으로 확언한 사실에 정반대 정보를 가지고 있었으면서도, 잘못된 정보를 지속적으로 전파해왔던 것이다. 그들의 이러한 태도는 반복된다.

몬산토는 리옹 재판의 결과에 항소했다. 그러나 2008년 10월 재심에서 고등법원 역시 그들의 유죄를 선고했다. 몬산토는 대법원까지 재판을 밀고 갔으나, 2013년 10월 6일 대법원 형사 재판부에 의해 각하되었다. 이 긴 세월 동안 그들의 제초제는 여전히 "자연 분해 성분"인 것처럼 광고되었고 판매되었다.

2015년 6월 15일, 환경에너지부 장관인 세골렌 루아얄은 글리포세이트를 원료로 하는 정원 제초제의 자유로운 판매를 금지할 것이라고 선언했다. 이 갑작스러운 선언은 프랑스 전역에 혼돈을 가져왔다. 일부 미디어들이 "라운드업이 전면적으로 금지된다!"는 식으로 이해되도록 성급하게 보도했기 때문이다. 나도 라디오 인터뷰를 해야 했다. 이 '금지'에 대해 어떻게 생각하는지에 대해 말하기 위해. 그런데 정확히는 2016년 1월 1일부터 라운드업을 포함한 글리포세이트로 만든 제초제들은 열쇠로 잠긴 진열장에서 매장 직원에게 별도로 요청한 경우에만 판매되도록 한 개정 법안이 발효한 것이다. 글을 쓰는 현재, 프랑스에서는 매년 1,000t 정도의 글리포세이트로 만든 제초제가 매년 1,700만 명의 아마추어 정원사들에게 판매되는 것으로 집계된다. 2019년 1월 1일부터는 일반 개인의 모든 제초제 사용을 금지하는 라베법 덕에 더 이상 라운드업을 구매하는 아마추어 정원사를 프랑스에서 볼 수 없다.

정부 당국의 침묵

"대통령님, 글리포세이트로 만든 제초제

에 노출되어 발생하는 기형의 위험에 대해 제가 당신에게 알려드리는 것은 시민의 의무입니다. 글리포세이트는 프랑스와 전 세계에서 가장 많이 쓰이는 제초제의 원료입니다. 프랑스 하천 50%가 글리포세이트로 오염되었다는 사실을 아셔야 합니다. 이 제품과 내 아들의 기형 사이에 존재하는 연관성이 입증된다면, 이는 프랑스 국민 전체에 존재하는 심각한 보건위생상의 위험성이 입증되는 것입니다. 바로 이러한 이유로, 저는 국가가 연구를 진행하는 것이 꼭 필요하다고 봅니다.

유능하고 독립적인 과학자들로 구성된 연구진이 이의를 제기할 수 없는 절차에 따라 이 가설을 검증하거나 무효화하기 위한 연구를 진행하고, 그 연관성이 입증될 경우 필요할 것으로 판단되는 예방 조치들을 취해야 한다고 봅니다. 이 같은 기형은 임신 초기에 영향을 받는다는 사실을 강조하고 싶습니다. 미래의 엄마가 자신이 임신 상태인지를 아직 인지하지 못할 때라는 말이지요. 그녀는 자신의 아이를 보호하기 위한 예방 조치를 취할 수 없습니다. 그러므로 당신에게 이러한 위험에 대해 경고하는 것은 나의 의무입니다. 프랑스 국민들과 미래의 아이들을 보호하는 것은 당신의 의무입니다."[16]

이 글은 2009년 11월 12일 사빈 그라탈루가 니콜라 사르코지 대통령과 프랑수아 피용 총리에게 보낸 등기 편지에서 발췌한 내용이다. 그녀는 농림부 장관 브뤼노 르메르와 환경부 장관 장 루이 보를루, 보건부 장관 로즐린 바슐로에게도 같은 편지를 보냈다. 그 편지에서 테오 엄마는 자신의 아들이 고통을 겪고 있으며, 나의 책 《몬산토: 죽음을 생산하는 기업》에서 언급된 기형과 글리포세이트 원료 제초제와의 관련성을 제기하는 많은 연구 결과들을 인용했다. "사실, 당신의 책이 나왔을 때, 제 어머니는 그 책을 십여 권 사서 주변의 모든 사람들에게 나눠주었어요. 나에게 그 책은 결정적이었지요. 그 책이 나에게 투쟁할 힘을 줬으니까요."

사빈이 처음 인용한 사례는 칼톤 대학(캐나다)에서 발표된 것이다. 온타리오에 사는 농민 가족들의 사례를 통해 그녀는 임신하기 3개월 전까지 사용한 글리포세이트가 늦은 유산(12~19주 사이)[17] 위험과 관련 있다는 사실을 밝혔다. 두 번째 사례는 질-에릭 세랄리니Gilles-Éric Séralini 교수의 연구로 순수한 글리포세이트 자체와 그보다 더 심한 라운드업이 가진 유해성을 입증해 보였다. 먼저 인간의 태반 세포에, 그리고 태아 세포에 실험을 했다.[18] 난 이 생화학자를 2006년 11월 10일 캉 대학 연구소에서 직접 촬영했다. 그는 몇 년 뒤 그 연구실에서, 부당하게 논쟁 대상이 되었던 연구를 진행했다(8장 참조). 라운드업에 내성을 가진 유전자 변형 옥수수로 키운 쥐들에 관한 연구였다. 그는 실험 과정에서 엄청난 종양을 갖게 된 쥐들의 사진을 공개했고, 이는 세계적인 화젯거리가 되었다.

"우리는 농사를 짓는 데 사용하는 것에 비해 확연히 적은 양을 사용했지만, 라운드업은 문자 그대로 단 몇 시간 안에 인간의 태반 세포를 죽였고, 태아에게서 추출한 세포는* 더욱 더 예민한 방식으로 죽어갔

---

* 이 세포들은 실험실에서 배양되던 태아의 신장 세포에서 나온 것으로, 그 어떤 태아에 대한 피해도 발생시키지 않았다.

습니다"라고, 생물학자는 내게 설명해주었다. 바로 이런 이유로 나는 라운드업을 태아 살인범이라고 부른다. "지극히 약한 농도로 사용할 경우, 즉 1만 배에서 10만 배에 이르는 정도로 희석하여 사용하면 라운드업은 세포를 죽이지는 않지만, 성 호르몬의 생성을 가로막는다는 것을 관찰할 수 있었습니다. 이 역시 심각한 문제이긴 마찬가지입니다. 바로 이 호르몬에 의해서 태아는 자신의 뼈와 자신의 미래의 생식기를 형성할 수 있으니까요."

사르코지 대통령에게 보낸 편지에서 사빈 그라탈루는 네덜란드 연구원들이 진행한 연구 결과를 세 번째 사례로 인용했다. 그들은 식도의 폐색과 두 가지 위험 요인 사이에 중대한 통계적 연관성이 있음을 입증해냈는데, 첫 번째는 엄마의 알코올 복용이고, 두 번째는 임신 1개월 전부터 임신 후 3개월까지의 기간 사이에 제초제에 노출되는 것이다.[19] 등기우편으로 보낸 편지를 대통령은 보건부와 농림부에 전달했고, 두 부서는 그녀의 편지에 답장하지 않았다. 테오의 어머니는 자신이 살고 있는 지역 비엔의 국회의원 자크 레미예와 에손 지역 국회의원 줄리앙 드레이와 접촉했다. 이들은 정부에 서면으로 질문하였으나 역시 답변을 받지 못했다.[20] "공공기관의 무기력증이 심각하다"고 사빈은 내게 말했다. 분노와 원통함이 섞인 목소리로. 우리는 진심으로 사막에 서서 소리치고 있는 것만 같았다.

"그들을 고소할 생각은 안 해보셨나요?" 지난 수년간 쌓아온 두꺼운 서류 더미를 보여준 테오 부모에게 나는 물었다.

"개인이 몬산토에 맞서 소송을 시작한다는 것은 매우 어려운 일이지요." 토마 그라탈루는 주저 없이 내게 답했다. "우리한테는 그들에게 맞서기 위한 법률적 무기도, 과학적인 무기도 없답니다. 당장, 제초제를 사용한 사람이 사빈이라는 걸 입증해야 해요. 그러나 당연히 사빈이 제초제를 쓴 날, 분명 사빈이 그걸 썼다는 걸 입증해줄 집행관은 없었지요! 완전히 박탈당한 느낌이었어요. 심지어는 우리의 건강과 우리 아이들의 건강을 지켜야 할 의무가 있는 사람들로부터 버림받은 느낌을 받았지요."

그러나 이러한 상황은 위험을 널리 알리려는 사빈의 투쟁을 방해하지 못했다. 2010년 1월 7일, 그녀는 〈제초제와 기형: 정부에 경고하는 한 엄마!〉라는 제목의 보도자료를 썼다. 2010년 11월에 기사를 쓴 《마리클레르》와 인터넷 언론 《핸디캡*handicap.fr*》을 제외하면 모든 언론이 이 외침을 완전히 무시했다. 2011년 2월 14일 테오의 엄마는 새로운 편지를 사르코지 대통령에게 보냈다. 그녀가 마침내 정부 당국을 움직이게 할 논거를 찾아냈다고 생각했기 때문이다. 2010년 8월 아르헨티나의 교수 안드레스 카라스코Andrés Carrasco가 권위 있는 과학 잡지 《독성학의 화학적 연구*Chemical Research in Toxicology*》에 한 연구를 발표했기 때문이다.

그러나 그 연구는 당국을 화들짝 놀라도록 하지 못했다. 오히려 그 반대였다.

2장

아르헨티나: "조용한 인종 학살"

"저는 배척당하는 천민입니다.
제가 새로운 농업 기술이 촉발시키는 대량학살을
멈추고자 했기 때문이지요."

—

글리포세이트 살포 비행기 제초제 탱크를 채우는 일을 했던
아르헨티나 농장 노동자 故 파비안 토마시

×

"저는 현행법에 뭔가 구멍이 있다는 생각을 합니다. 우리 같은 고립된 개인 희생자들이 사회를 향해 경종을 울려야만 하는 상황은 정상이 아닙니다. 바로 이러한 이유에서, 여자들과 아기들이 보호받을 수 있도록 국제형사재판소가 이 문제를 포착하여 제대로 다루기를 희망하는 마음으로 저는 여러분들 앞에 섰습니다." 사빈 그라탈루는 이렇게 몬산토 국제법정 판사들 앞에서 자신의 증언을 마쳤다.

"대단히 감사합니다." 재판장은 간단히 말했으나 장내에는 우레와 같은 방청객들의 박수가 이어졌다. 사빈은 이런 반응에 놀라 약간 난감한 듯 보이는 표정을 지었다. 프랑수아즈 튈켄은 방청객들의 박수를 금지할까 망설였다는 이야기를 나중에 내게 털어놓았다. 법정이라는 장소의 규칙을 따르자면 그렇게 했어야 옳았겠지만, 그녀는 결국 포기했다고 말했다. "몬산토 국제법정의 예외적인 성격과 피해자로 추정된 사람들의 증언이 가져오는 엄청난 감정의 무게"에 대해 인정했기 때문이다.

"이제 아르헨티나에서 오신 로블레도 씨의 증언을 듣겠습니다." 장

내가 조용해지자 재판장은 재판을 바로 이어갔다.

마르티나, 3세, 국가 '콩 작물화 정책'의 희생자

"안녕하십니까! 저는 부에노스아이레스의 1,900명이 사는 작은 마을 베고리타에서 왔습니다." 41세의 젊은 여인 마리아 리스 로블레도María Liz Robledo는 오른손에 플라스틱 코팅 신분증을 꽉 쥐고서 말문을 열었다. 그것은 2013년 4월 23일에 태어난 그녀의 딸 마르티나의 신분증이었다. "아이가 태어난 그날, 전 바로 아이에게 젖을 먹였습니다. 그런데 제 아이는 질식해버렸어요. 의료팀이 와서 바로 아이를 데려갔습니다. 그리고는 저에게 이렇게 설명해주더군요. 아이에게 제가 한 번도 들어보지 못한 선천적 기형(기관공형성증 동반 기관폐색증une atresie de l'oesophage avec fistule tracheo-oesophagienne)이 있다고요."

2016년 6월 4일, 마리아 리스 로블레도를 그녀의 집에서 만났다. 그녀가 사는 베고리타에 오기 위해 나는 팜파스를 가로지르는 직선 도로를 250㎞나 달렸다. 아르헨티나의 전설적이고 광활한 초원은 65만㎢에 달하는데 이는 프랑스 국토보다도 넓은 면적이다. 남반구에서의 가을 풍경은 비통한 적막함 그 자체였다. 시선이 닿는 곳 끝까지, 나무 하나 없는 회색 민바닥이었다. 한때는 미국의 옥수수 벨트만큼이나 비옥한 땅이었던 팜파스 평원. 이곳은 19세기부터 곡물(옥수수, 밀)과 기름을 짤 수 있는 식물(해바라기, 땅콩, 콩 등)을 경작하는 곳이자 세계 최고의 방목장 중 하나였다. 뿐만 아니라 각종 채소, 과일, 육류와 우유의 산지로도 이름났다. 당시 아르헨티나는 "쇠고기와 우유의 나라"라는 별칭이 있을 정도로 목축업과 유제품이 발달했다. 그러나 이 모든 것이 과거의 일이 되었다. 오늘날 팜파스는 라운드업 레디 콩(몬산토의 유전자조작 콩)을 생산하는 단일 경작지, 침울하고 광대한 콩밭일 뿐이다. 소들의 모습은 찾아볼 수 없다. 소들은 이제 공장식 사육장 안에 갇혀 있다. 그것은 미국으로부터 도입된 모델로 고기를 생산해내는 공장이라 할 수 있다. 몬산토 유전자조작 종자 공장이 있는 로하스 근처에서, 나는 길가에서 볼 수 있는 소들의 집단 수용소 하나를 촬영하려고 했다. 진흙 바닥에 끼어 있던 소들은 끊임없이 신음 소리를 냈다. 우리가 카메라를 꺼내 들자마자, 무장한 경호원들이 멈출 것을 명령하였다. "사유지"에서의 촬영은 금지라는 이유를 들며. 공장식 사육장 뒤에는 유전자조작 콩으로 가득 찬 거대한 보관 창고가 있었다. 몬산토가 진흥시킨 '새로운 농업 질서'의 세계에 우리는 당도했던 것이다. 그들은 20년 만에 세계에서 손꼽히던 곡창지대를 중국과 유럽의 산업형 목축을 위한 사료 생산지로 탈바꿈시켰다!

나는 이 비참한 이야기를 2005년 4월에 촬영한 르포 〈아르헨티나: 굶주림의 콩〉에서 전한 적이 있다.[21] 그 당시, 한 나라의 "콩 작물화 sojisation" 현상에 대하여 비판의 목소리를 높이는 사람은 드물었다. 당시 아르헨티나는 대통령 페르난도 드 라 루아를 사임(2001년)하게 만든 끔찍한 금융 경제위기에서 빠져 나온 직후였다. 1996년 카를로스 메넴의 부패한 정부(1989~1999년)는 유전자 변형 콩 종자의 판매를 승인했다. 이는 미국에 큰 성공을 가져다주었다. 팜파스에서 농부들은 이 유전자조작 콩 종자를 '마술 종자'라고 불렀다. 미국에서와 마찬가지로 유전자조작 종자의 경작은 '직접 파종' 기술로 진행되었다. 사전 작업 필요 없이, 마지막 수확 이후 잔류물이 남아 있는 밭에 바로 파종을 할 수 있었다. (최소) 두 번 이상 라운드업을 뿌려주기만 하면 되는 것이다. 한 번은 씨 뿌린 후에, 그리고 또 한 번은 수확하기 몇 주 전에. 말 그대로 이것은 진정한 마술이었다. 글리포세이트는 콩은 전혀 건드리지 않고 잡초들만 모두 완전히 파괴해버렸다. 몬산토의 콩 종자들의 유전자는 제초제를 이겨낼 수 있도록 변형 조작되었기 때문이다.

2005년, 엑토르 바르셰타는 이 기적에 대해 의심하기 시작했다. 글리포세이트를 밭에 뿌리다 보니 잡초들이 저항력을 키우면서 통제가 점점 더 힘들어졌다. 유전자조작 콩을 경작하기 이전, 농부들은 여러 가지 서로 다른 제초제들을 사용했다. 2-4 D, 아트라진, 파라카트 등* 을 썼다고 월터 페그는 내게 설명해주었다. 그는 부에노스아이레스 대학의 농학자로 유전학 전문가이기도 하다. "화학적 요소 교체는 잡초들이 특정한 제품에 대한 저항력을 키울 수 없도록 방해했지요. 그런

* 2-4 D는 고엽제 원료 중 하나로 유럽에서 사용이 금지됐다. 아트라진은 2003년 유럽연합에서 금지되었다. 파라카트는 2007년 7월 10일에 금지되었다.

아르헨티나에서 글리포세이트가 살포되는 모습.

데 라운드업 하나만을 배타적으로 사용하면서 글리포세이트에 내성이 생긴 잡초들이 생겨나기 시작했습니다. 결국 제초제 양을 계속 늘려야 하는 결과를 초래했지요. 내성이 생긴 다음에는 저항이 생겼습니다. 우리는 팜파스 몇몇 지역에서 이미 그것을 확인할 수 있지요." 그때가 2005년이었다. 10년 뒤, 이러한 현상은 남미와 북미 모두에서 일반적인 것이 되었다(5장 참조). 요정 이야기처럼 시작된 유전자 변형 작물의 모험은 진짜 악몽으로 변해갔다. 라운드업 레디 콩은 삽시간에 아르헨티나 전 국토에 퍼졌다. 2017년 현재 2,100만ha에 이르는 땅, 경작지의 60%가 바로 이 라운드업 레디 콩 하나를 위해 쓰이고 있다.* 이 '초

---

* 1971년에 37,000ha에 지나지 않았던 콩 경작지는 2000년에 830만ha로 확대되었고, 2001년에는 980만ha, 2002년에는 1,160만ha, 그리고 2007년에는 1, 600만ha에 이르게 된다. 대략 연간 100만ha씩 늘어난 셈이며, 이는 특히 아르헨티나 북부 지역의 엄청난 산림 파괴를 가져왔다.

록빛 황금'을 향한 새로운 질주는 광우병 소동 이후 유럽의 육골분(포유류의 고기 조각이나 부스러기로 만든 동물성 사료) 금지로 인해 더욱 촉진되었다. 광우병 파동은 기름을 짤 수 있는 식물 경작 폭발을 불러일으키는 기폭제였다. 유전자조작 농산물이 도래하기 전에도 아르헨티나의 글리포세이트 소비는 이미 백만 *l*에 달했으며, 2005년 1억 5,000만*l*에서 2016년 2억 4,000만*l*로 사용량이 폭발적으로 증가했다.

"우리는 글리포세이트 소비 세계 기록을 보유하고 있답니다. 인구당 5*l*에 해당하지요!" 마리아 리스 로블레도가 비통한 표정으로 내게 말하는 동안 그녀의 가족—남편 파트리시오, 14세 아들 프란시스코, 그리고 어린 마르티나—는 로스 톨도스 병원에서 근무하는 소아과 의사 호르헤 에르세와 저녁 식사를 했다.

"베고리타 근처에도 글리포세이트가 살포되었나요?" 내가 물었다.

"그럼요!" 마리아 리스는 주저 없이 답했다. "마을을 둘러싼 밭에 다 뿌리지요. 우리 집 뒤에 수년 동안 살충제 통을 뒀던 창고가 있었어요. 밭에 들어가서 약을 뿌릴 때 쓰는 살포 기계도 하나 있었지요. 집 근처에 주차하기 전에 글리포세이트를 길에다 버리곤 했지요. 마르티나가 태어났을 때, 이런 것들이 관련 있을 거라고는 전혀 생각하지 못했어요."

마리아 리스의 말은 갑자기 중단되었다. 올리브를 잘못 삼켜서 갑자기 심하게 기침을 하는 딸 때문이었다. 올리브는 마르티나가 좋아하는 요리 가운데 하나였다. 테오와 마찬가지로, 아이는 식도의 연속성을 회복하고 폐와의 비정상적인 연결을 끊기 위한 수술을 받아야 했다. 그러나 후두 기형은 없었기 때문에, 그녀는 기관절개술은 경험하지 않을 수 있었다.

"마르타가 18개월이었을 때, 우리 가족 주치의가 식도폐색증을 가지고 태어난 다른 아이에 대해 알려줬어요. 그녀는 내가 임신 중 혹시 화학약품과의 접촉이 있었는지 물었어요. 바로 그때, 저는 무슨 일이 일어났는지 이해하게 되었지요."

"참을 수 없는 일이었지요." 슬그머니 흐르는 눈물을 닦으며 마리아 리스는 말을 이어갔다. "저는 저의 분노를 이 문제에 대해 사람들이 인지하도록 만드는 싸움으로 전환하려 애썼어요. 그렇지만 매우 어려운 일이었습니다. 여기에서는 모든 사람이 어떤 식으로든 콩 재배가 가져오는 경제적 효과를 누리면서 살고 있으니까요. 곡물 수출이 외화벌이에서 차지하는 비중이 30%에 달합니다. 그러니 현재의 공장식 농업 모델에 의해 유발된 폐해를 공개적으로 고발하는 것을 대체로 안 좋게 보는 거예요. 평범한 시민의 한 사람일 뿐인 저나, 자국의 지도자들이 주도했던 상상을 초월하는 중상모략의 피해자였던 안드레스 카라스코 교수 같은 국제적으로 저명한 연구자한테나 그건 마찬가지였어요."

안드레스 카라스코 교수를 향한 잔인한 중상모략

2014년 68세의 나이에 돌아가신 카라스코 교수는 부에노스아이레스 의과대학에서 분자발생학연구소를 이끌었다. 그는 아르헨티나에서 (한때) 흔했던 개구리의 일종, 아프리카발톱개구리Xenopus laevis의 배아(알)를 글리포세이트로 만든 제초제를 섞은 용해액에서 부화시켰다. 그가 섞은 글리포세이트의 양은 유전자 변형 콩 재배를 위해 사용하는 것보다 1/1,540~1/50 정도로 낮은 수준의 농도였다. 그는 올챙이들이 "심각하게 비정상적인" 방식으로 성장하는 걸 목격했다. 올챙이들은 두뇌와 신경계에서뿐 아니라 얼굴, 두개골, 눈, 청각기관 등에서 두드러진 손상을 드러냈다. 그는 양서류와 닭의 배아에 글리포세이트를 직접 주사하는 방식을 통해서도 유사한 결과를 얻어냈다. 그는 소두증,* 심장과 장에서의 기형 등을 확인할 수 있었다. 그가 사용한 글리포세이트의 양은 농사에 사용된 것에 비하여 1/300,000에 불과한 적은 수치였다. 그는 라운드업처럼 글리포세이트를 가지고 만든 제초제 상품의 첨가 물질 때문이 아니라 "글리포세이트 자체가 이러한 표현형phenotype**에 대한 책임을 가진다고 추

---

* 소두증(작은머리병)은 머리가 지나치게 작은 병을 말한다. 머리뼈 내의 뇌 자체의 발육이 늦어져서 작은 경우와 신생아 시기 머리뼈의 봉합이 너무 빨라 그 이상 머리가 커지지 않아서 작은 경우가 있다.

** 의학에서 말하는 '표현형'이란 신체기관의 시각적인 특징들 전체를 지칭하는 표현이다.

정"했다. 그리고 그는 글리포세이트 노출 배아는 과도한 수준의 레틴산을 갖는다는 것을 발견했다. 이는 비타민 A에서 파생된 것으로 중추신경계* 발달을 조건 짓는 몇 가지 유전자 발현에 필수적이다. 그는 이렇게 결론지었다: "글리포세이트가 척추동물의 배아 발생 초기 메커니즘에 미치는 직접적인 영향은 우려스러운 수준이다. 같은 결과가 농사를 위해 사용된 글리포세이트를 원료로 한 제초제에 노출된 엄마에게서 태어난 아이들에게서도 목격되기 때문이다."[22]

"안드레스 카라스코의 연구는 매우 잘 진행되었습니다"라고 킹스 칼리지 런던[23]의 분자유전학 연구자 마이클 안토니우 박사가 2017년 내게 말했다. 개구리와 닭의 배아는 완벽하게 분석되었으며, 그 숫자는 결과가 통계적으로 충분히 유의미할 정도로 많았다. 레틴산의 부작용이 기형의 원인이라는 사실도 선명하게 입증되었다. 우리는 종종 비타민A와 관련 있는 레틴산이 시각, 특히 밤에 볼 수 있는 능력하고만 관계있다고 생각한다. 그러나 레틴산은 처음 배아가 형성될 무렵 배아 발달을 통제하는 호르몬 역할도 한다. 바로 우리가 "감각의 창문"이라고 부르는 것이다. 임신이 시작되는 처음 몇 주 동안 배아의 세포들은 화학제품의 효과에 각별히 민감하다. 글리포세이트는 신체 기관 형성의 핵심적인 순간에 지나칠 정도로 레틴산의 활동을 강화시킨다. 바로 이것이 태아의 기형을 유발한다.

---

* 관련 유전자는 다음과 같다. hedgehog, slug, otx2.

"인간에게서도 같은 효과가 발견될 수 있는 건가요?" 내가 물었다.

"당연히!" 안토니우 박사는 내게 답했다. "레틴산은 세포 성장을 조절하는 역할을 하지요. 모든 척추동물에게서 일어나는 일이에요. 양서류, 조류, 포유류, 인간까지 모두 포함하는 것이지요. 카라스코 교수가 동물 모델에서 입증해낸 메커니즘은 따라서 인간에게도 완벽하게 유효한 것입니다."

안드레스 카라스코의 연구는 국제적으로 상상을 초월할 만큼 커다란 돌풍을 불러일으켰다. 자신이 진행한 연구 결과가 아르헨티나 국민들에게 어떤 영향을 미칠 수 있을 것인지 인식하고 있었던 그는 과학 잡지에 연구 결과가 실리기 전에 언론에 먼저 알렸다. 잡지사는 독자 위원회에 그의 연구 결과를 심의토록 했다. 2009년 4월 13일 그의 연구는 일간지 《파지나12 *Página12*》의 1면을 장식했다.[24] "그날 이후, 모든 것이 달라졌습니다." 기사를 작성한 기자 다리오 아란다는 카라스코 교수 사후에 가진 인터뷰에서 이렇게 말했다. "사회단체들, 농부들, 제초제 살포 희생자 가족들, 환경운동가들은 카라스코의 연구 결과를 그들이 경험하고 있는 현실에 대한 증거로 삼았지요."[25] 카라스코 교수는 그날 이후, 세계 도처에서 연락을 받았다. 그는 수많은 공개회합과 과학자들의 학회에 초대되어 이렇게 말했다. "제가 발견한 것은 전혀 새로운 것이 아닙니다. 제초제 살포 희생자 가족들이 지금까지 말해왔던 것과 같은 것을 말했을 뿐입니다. 저는 그것을 단지 실험실에서 확인했을 뿐이지요." 그리고 끔찍한 반격이 있었다.

반격은 먼저 농업비료위생회의소Casafe, cámara de sanidad agropecuaria y fertilizante에서 시작되었다. 대규모 농화학 제조업체들 협회의 변호사들은 카라스코 교수 연구소에 직접 침입하여, 그와 그의 연구소 동료들에게 협박하는 것을 주저하지 않았다. 집으로 익명의 협박 전화가 걸려오는 일이 이어졌다. 어느 날, 카라스코 교수가 북 아르헨티나 차코 지역의 마을 레오네사에서 열리는 토론에 참여하도록 초대를 받았다. 토론회 전, 그곳에서 폭탄이 터지면서 토론회는 무산되었다. 주최 측은 안드레스 카라스코 교수에 극렬한 반대 입장에 있던 사람이었고, 카라스코 교수와 그의 연구 협력자는 여러 시간 감금되어 있었다. 국립과학기술연구소의 대표였던, 국제적으로 존경받는 연구자를 지지하기는커녕 과학기술부 장관 리노 바라냐오가 텔레비전 프로그램에 나와 공개적으로 그를 평가 절하 했다. 그 프로그램은 농업 잡지 《끌라린 루랄Clarín Rural》의 대표인 엑토르 위에르고가 진행하는 것이었는데, 그 잡지사는 유전자조작 식품과 몬산토에 대한 저돌적인 로비로 유명한 곳이다.*

물론, 미국의 다국적기업 본인께서도 이 죽음의 무도회에 입장하길 지체하지 않으셨다. 2011년 3월 16일 세인트루이스의 '과학자들'과 다우케미칼Dow Chemical과 신젠타Syngenta의 과학자들은 《독성학의 화

---

* 《끌라린 루랄》은 일간지 《끌라린》 딸린 농업 관련 잡지다. 세계적으로 엄청난 발행 부수를 자랑한다. 《몬산토: 죽음을 생산하는 기업》에서 이 잡지의 대표 엑토르 위에르고가 몬산토 유전자조작 식품의 홍보를 위해 수행하는 역할에 대해 쓴 바 있다.

학적 연구》에 아르헨티나의 생물학자와 그의 동료들이 진행한 작업의 결과를 부정하는 편지를 게재했다. 자신들의 이익을 변론하기 위한 글에서 몬산토의 직원들은 "글리포세이트는 다량 사용할 경우에도 성숙한 동물의 생식 체계에 그 어떤 유해한 효과도 야기하지 않으며, 이 제품에 노출된 성인들의 후세에게서 선천적인 기형을 야기하지 않는다"고 확언한다. 그리고 다음과 같은 결정적 논거로 결론을 맺었다. "우리가 제시한 모든 연구 결과들은 공공 규제 당국에 의해 수차례에 걸쳐 확인된 바 있다."[26]

2010년: 유럽연합집행위원회에서의 전투 준비

몬산토 소속 과학자들의 편지에 대해 안드레스 카라스코는 이렇게 답했다. "제품 판매에 대한 사적인 이해관계를 가진 이들과 독립 연구자들 사이의 대화는 점점 더 어려워지고 있습니다. 독립 연구자들은 단지 해당 제품의 보건위생적 영향에 대하여 검증하고자 하는 것일 뿐입니다. … 글리포세이트가 기형의 원인을 제공하지 않고, 생식에 있어서도 유해한 영향을 끼치지 않는다고 결론짓는 연구들은 바로 그 제조업체에 의해 제공된 것입니다. 게다가 편지를 쓴 몬산토의 과학자들도 그 사실을 인정하고 있지요.

이윤을 둘러싼 명백한 갈등은, 독립 연구자들의 연구에서는 확인되지 않았으나 보건 당국에 의해 확인된 연구 결과들을 얼룩지게 하지요."[27]

2010년 10월 1일 유럽의회 의원인 미카일 트레모풀로스(녹색당)는 유럽연합집행위원회에 서면으로 '2개월 전 발표된 바 있는 카라스코의 연구[28] 내용을 접한 바 있는지' 질의했다. 그리스 의원 트레모풀로스는 글리포세이트에 절어 있는 아르헨티나산 또는 미국산 유전자조작 콩을 사료로 쓰는 공장식 축산업에서 생산된 고기를 유럽의 시민들이 소비한다는 사실에 문제가 있음을 강조했다(6장 참조). 그는 "유럽에서 콩에 허가된 농약 잔류량의 최대치가 2mg/kg인데, 수입 콩에서는 최대 17mg/kg까지 발견된 바 있음"을 강조했다. 그리고 "이 연구 결과에 따르면 태아의 기형은 2.03mg/kg 정도의 글리포세이트에 노출되어 발생했다"라고 말했다.

유럽연합 보건 당국이 글리포세이트 허가를 재심사하던 2012년에 더 타당성 있는 질문이 제기됐다. 당시 심사는 글리포세이트에 대한 최신 과학 연구들을 상세히 검토할 것을 요구하는 내용의 10년마다 한 번씩 진행되는 정기적인 절차에 따른 것이었다. 11월 12일 유럽연합집행위원회 보건 소비 담당 위원 존 달리John Dalli는 녹색당 의원의 질의에 대해 이렇게 서면 답변했다. "독일연방식품안전소비자보호국BVL에 카라스코의 연구가 글리포세이트 사용량을 줄이거나 혹은 최악의 경우 관련 제품을 금지할 것을 정당화시키는 연구인지 검토해볼 것을 요구했습니다."[29]

이 이야기의 핵심을 잘 이해하기 위해서는 유럽연합에서 제초제 승인 메커니즘이 어떻게 작동하는지 알 필요가 있다. 유럽 시장을 여는 열쇠를 손에 쥐기 위해, 기업들은 먼저 유럽연합의 한 회원국에 시장 개방을 공식 요청해야 한다. 이때, 그 국가를 '보고 책임 국가'로 간주한다. 바로 그 나라가 제조업자로부터 제공된 제품의 독성 관련 연구를 평가하고, 유럽식품안전청EFSA, European Food Safety Authority에 제출할 사전 보고서를 작성하는 역할을 담당한다. 바로 여기에서 해당 제품의 발암, 돌연변이 유발, 기형아 유발 가능성 등에 대한 분자 성분 등급을 매기게 된다. 기업들이 행사하는 가볍지 않은 특권은, 바로 그들이 '보고 책임 국가'를 선택한다는 사실이다. 글리포세이트의 경우, 몬산토와 그의 동업자들의 선택은 독일이었다. 독설가들은 이 선택이 독일 전문가들이 보여줄 호의로 설명될 것이라 했다. 독일은 바스프BASF나 바이엘BAYER 같은 회사에서 알 수 있듯, 화학약품 산업이 강력하게 발달한 나라다.*

2010년 10월 19일 독일연방식품안전소비자보호국은 최종적인 판단을 제출했다. "쥐와 토끼 실험을 통해 얻어진 제품의 유해 성분에 관한 다수의 신뢰할만한 자료들은 글리포세이트가 기형아를 유발하

---

* (옮긴이 주) 바이엘은 2016년 9월 14일 몬산토를 590억 유로 — 약 77조 원 — 를 주고 사들이겠다고 선언했고 2018년 6월 7일, 마침내 세계적인 미국 종자 기업 몬산토를 인수하는 절차를 성공적으로 마무리했다고 밝혔다.

지 않음을 입증하고 있습니다." 독일연방 해당 사무실에 속한 익명의 저자들은 요컨대 이렇게 그들의 판정을 적고 있었다.[30] "다른 말로 하자면, 어서들 가던 길 가시오. 여긴 아무 볼 일 없소!" 이 보고서에 근거하여 달리 위원은 그리스의 트레모풀로스 의원에게 결정적인 답변을 보낸다. "유럽연합집행위원회는 글리포세이트의 사용을 제한하거나 금지할 수 있는 신뢰할만한 자료가 현재로서는 없다고 간주하고 있습니다."[31] 2010년 11월, 우리는 글리포세이트 승인 여부 검토가 진행되지 않을 뿐 아니라, 2015년으로 연기되었다고 유럽연합집행위원회가 발표했다는 사실을 알게 되었다.[32]

독일 전문가들의 거짓말

그러나 사건은 아직 끝나지 않았다. 독일연방식품안전소비자보호국의 의견에 분노한 8명의 과학자들은 이 사건에 관한 집중적인 조사를 진행하여, 그 보고서를 먼저 인터넷[33]에 올렸고, 이윽고《환경 분석 독물학 과학 저널*Scientifique Journal of Environmental&Analytical Toxicology*》에 발표했다.[34] 그 과학자 중 한 사람이 런던 킹스 칼리지의 연구원 마이클 안토니우다. 보고서는 독일연방식품안전소비자보호국이 몬산토와 바이엘, 다우가 제공한 2002년 자료의 요약본을 근거로 했음을 입증했다. 이 요약본은 과학 저널에 실리지 않았다. '영업 비밀'을 숨겨주는 독성학 연구에 근거해 만들어진 요약본이었다. 바로 여기에! 놀라운 사실이 있었다. 1980년부터 몬산토를 포함한 많은 기업들이 진행한 연구들은, 독일연방식품안전소비자보호국의 결론과는 달리 글리포세이트가 기형 형성의 원인을 제공할 수 있으며 선천적인 기형을 유발할 수 있다는, 안드레스 카라스코 연구소가 내놓아 논쟁을 불러일으킨 그 결과이며, 또한 피츠버그 대학(미국) 릭 렐리아 교수의 결과이자, 산타페 대학(아르헨티나) 라파엘 라호마노비치 교수의 연구 결과와 유사한 내용을 담고 있었다. 간략하게 대표적인 사례만 몇 가지 들어봐도 말이다.

나는 라파엘 라호마노비치 교수를 2016년 6월 2일 그의 연구소에서 만났다. 생물학자이며, 특히 양서류 전문가인 라파엘 라호마노비치는 양서류의 개체 수 붕괴가 1997년 유전자조작 농산물이 도입된 시기와 일치한다고 지적한다. 2003년 그는 콩밭에서 사용되는 것과 유사한 수준의 글리포세이트의 농도에 개구리 배아를 노출시키는 첫 번째 연구를 진행했다. 그는 이 연구를 통해 상당한 비율의 배아에서 죽음과 선천적 기형이 발생하는 것을 확인할 수 있었다.[35] 그는 유전자조작 농사가 진행되는 곳에서 살아 있는 개구리들을 채집하기 위해 아르헨티나의 시골을 돌아다녔다. 그는 비정상적 수준으로 높은 비율의 개구리가 기형으로 자라는 사실을 발견하고, 그중 몇몇 중요한 사례들을 레퍼런스를 표기하여 자신의 사무실 선반 위에 조심스럽게 올려 두었다.[36] 그는 "우리가 가장 흔히 볼 수 있는 기형은 그들의 팔

라파엘 라흐마노비치가 보여준 다리 5개 개구리. 글리포세이트에 감염됐다.

다리와 관련 있는 것"이었다고 설명하면서 유리병의 뚜껑을 열었다. "예를 들면 이 개구리는 다리가 다섯 개 있습니다. 또 다른 놈들은, 정반대로 사지가 발달하지 못했습니다. 퇴화했거나 발달하지 않은 것이지요. 우리는 2015년, 집약 농업(일정한 토지에 자본과 노동을 다량 집중 투하하는 방식의 농업) 지역의 기형 개구리들은 산성 레티놀이 과다하다는 사실을 입증했습니다. 카라스코 교수가 실험실에서 얻은 결과는 현실의 수많은 사람들의 삶에 의해 입증되었습니다."[37]

믿을 수 없는 일이지만, 사실이다: 글리포세이트의 기형아 유발 성분을 입증하는 기업들의 연구, 독립 연구자들이 진행한 모든 연구는 독일연방 정부 당국, 유럽연합에 의해 철저하게 "과소평가"—마이클 안토니우 연구원와 그의 동료들이 연구 보고서에 쓴 표현을 빌자면—

되거나, 심지어는 완전히 무시당했다. 대신 자신들의 속임수를 정당화하기 위해, 소위 그 '전문가'들은 완전히 기만적인 논거에 의거하여 의견을 작성했다. 처음엔 이런 이야기까지 적을 필요는 없지 않을까 생각했다. 그러나 우리의 건강을 보호하는 규율을 수립하는 기관의 '과학자'들이 다국적기업과 주식투자자들의 이해를 위해 봉사하고 있는 현실을 독자들이 이해하는 것은 매우 중요한 일이다.

독일연방식품안전소비자보호국 소속 익명의 과학자들이 첫 번째로 내세운 논거에는 "산모의 독성"이라는 부드러운 제목을 달았다. 기형 새끼를 출산한 암컷 모르모트(실험용 생쥐)는 어떤 물질(소금이나 카페인 같이 일상적으로 섭취하는 것들까지 포함하여)에 오염되었을 것이며, 바로 이것이 체내 기관 형성에 오작동을 일으켰다는 주장이다. 그 물질은 고로 글리포세이트는 아니라는 것이다. 헐! 진짜 머리 많이 굴렸다! 두 번째 논거는 조금 더 기술적이다. 소위 '선량 효과'—약품의 농도가 높아짐에 따라 발현 정도가 비례해서 나타나는 효과 원칙—를 따르지 않는 모든 연구 결과를 제외시켰다. 그러나 마이클 안토니우와 그의 동료들이 지적한 바와 같이, 예를 들어, 그 유명한 비스페놀 A Bisphnol A* 같은 합성 호르몬 물질들이 실험실 주변에서 나왔다면, 모르모트에게 제공된 젖병 등을 제조하는 데 비스페놀 A가 사용된 것이다. 그러나 그들은 "극소량에 불과하며 부작용을 야기할 만큼의

* (옮긴이 주) 1950년대부터 플라스틱 제품 제조에 널리 사용되어온 화학물질로, 벤젠 고리에 알코올기가 달린 페놀 2개로 구성된 화합물.

양이 아니었다"고 해석한다.[38] 하지만 내가 《우리 일상의 독*Notre poison quotidien*》에서 지적한 것처럼, 소위 "내분비계 장애 물질"이라 부르는 이러한 물질들의 독성은 함유량에 의해 결정되는 것이 아니다. 노출되는 순간 발현되는 것이다.* "라운드업과 글리포세이트는 내분비계 장애 물질"로 간주된다. 마이클 안토니우와 공저자들은 냉정하게 이 점을 지적한다.

세 번째 논거는 거의 부정직하다. 심지어 과학적 사기라고까지 부를 수 있을 것 같다. 이들의 작업을 평가하기 위해서는 실험실에서 이뤄지는 실험들이 어떤 식으로 작동하는지를 이해할 필요가 있다. 한 물질의 독성 효과를 테스트하기 위해, 연구원들은 서로 다른 두 개 집단의 모르모트를 이용한다. 첫 번째 그룹은 '실험 집단', 즉 문제의 물질에 노출된 집단이다. 두 번째 집단은 '통제 집단'이다. 이들은 테스트 물질에 노출되지 않았다. 실험의 마지막 대목에서 두 그룹의 모르모트들을 부검하고 비교한다. 실험의 목적은 실험 집단에서 병적이거나 비정상적인 징후들이 나타났는지를 살피는 데 있지, 통제 집단에서의 징후를 살피는 데 있지 않다. 통제 집단에서도 어떤 징후가 있었다면, 그것은 실험하고자 하는 특정 물질의 독성에 대한 효과가 아니라, 다

---

* 내분비계 장애 물질은 여러 가지 이유로 산업체에서 이용되는 합성 호르몬제다. 플라스틱을 부드럽게 만드는 프탈레이트, 플라스틱을 딱딱하게 만드는 비스페놀 A, 프라이팬이 달라붙지 않게 만드는 퍼플루오로옥타노익에시드, 불길 지연제, 혹은 수많은 제초제(글리포세이트 같은) 등을 일컫는다. 이 물질의 분자들은, 특히 태아의 내분비계와 충돌을 일으켜 선천적 기형을 야기하거나 호르몬성 암, 당뇨병, 생식 장애, 집중 장애 혹은 비만 등을 일으킬 수 있다(《우리 일상의 독》 참조).

른 요소, 즉 다른 내분비계 장애 물질에 의해 야기되는 문제일 수도 있기 때문이다. 이 실험 결과가 유효성을 인정받기 위해서는, 두 그룹의 동물들이 같은 종류여야 하고, 같은 생활 조건(위생, 음식 등)을 가지고 있어야만 한다. 두 그룹 사이의 유일한 차이는 바로 특정 물질에 노출되었는지의 여부여야만 하는 것이다. 그런데 '독일의 전문가들'은 무슨 짓을 했는가? 그들은 실험 집단에게서 얻은 결과를, 자신들의 직업 용어로 "역사적인 통제 그룹 기초 자료"라고 부르는 것에서 찾아낸 또 다른 선천적 기형들의 사례와 비교하기로 했다. 다시 말하자면, 그들은 다른 연구들로부터, 통제 집단에서도 선천적 기형이 발견된 경우들을 찾아내 그들이 평가하도록 되어 있는 연구에서 관찰된 바가 통계적으로 의미 없는 것이었다고 결론지은 것이다!

문제는 그들이 어떤 '역사적 자료'들로부터 이 사례들을 가져왔는지 밝히지 않는다는 사실이다. 우리는 그들이 말하는 사례가 어떤 종류의 모르모트였으며, 그들의 '식단'은 어떠하였는지, 혹은 그들이 '병을 유발하는 환경'에 처해 있지는 않았는지를 전혀 알 수 없다. 따라서 마이클 안토니우와 공저자들은 독일 전문가들의 방식이 "엄정한 과학적 접근에 상반되는" 것이었다고 평가하고 있다. 그러나 이런 논의가 진행되는 동안에도, 법과 제도는 독일의 '전문가'들이 글리포세이트를 결백하게 만들도록 허용하고 유럽식품안전청이 글리포세이트 노출 기준이나 추천 사용 방법을 바꾸지 않도록 했다.

아르헨티나 의사들의 움직임

"증언해주셔서 대단히 감사합니다. 두 분 모두에게 드릴 질문이 하나 있습니다. 글리포세이트 통에 임신 초기 노출과 관련한 주의 사항 같은 것이 혹시 표기되어 있었나요?" 캐나다인 판사 스티븐 슈리브만이 물었다.

"아니요. 제가 사용한 통에는 임신한 여성을 대상으로 특별하게 유독성을 알리는 그 어떤 문구도 없었습니다." 사빈 그라탈루가 답했다.

"제 집과 인접한 제초제 창고 주인은 언제나 글리포세이트가 무해하다고 말하곤 했습니다." 마리아 리스 로블레도는 한 손으로 자기 딸의 신분증을 들고, 정교하게 부러지는 듯한 목소리로 단호하게 말했다. "내 딸은 여전히 살아 있습니다. 그러나 저는 더 이상 아무도 들어주지 않는 외침을 지속해야만 하는 가족이고 싶지 않습니다. 제 딸 마르티나가 이런 비운의 가족에 속해야 하는 걸 원치 않습니다. 제가 사는 나라에서는 법이 전혀 작동하지 않습니다. 지방자치 단체에서도, 도에서도, 국가에서도. 미디어가 우리에게 제공하는 정보는 완전히 조작된 것입니다. 무지가 우리를 상황에 굴복시키도록 하기 위해서지요. 또한 우리를 계속 병들게 하는 살인적 모델에 모두 공모자가 되도록 하기 위해서고요." 마리아 리스의 말은 우레와 같은 박수를 불러일으켰다. 그 사이 다미안 베르제냐시Damián Verzeñassi가 증인석에 와 있었다.

"친애하는 재판관님들, 저는 아르헨티나 국립대학 연구진을 소개하고자 합니다. 이분들은 자신들의 작업을 사회의 공익을 위해 제공하기로 결정한 분들입니다." 로사리오 대학의 젊은 의대 교수는 자기 동포의 말을 되받으며 말을 시작했다. 2013년부터 사회환경건강연구소를 설립하고 이끌어온 베르제냐시 박사는 예상했던 대로 뛰어난 증언을 해주었다. 난 이미 그의 직업적·인간적 역량을 알고 있었다. 그는 내게 자신의 대학에서 2년에 한 번씩 진행하는 사회환경보건 라틴아메리카학회에 참석해줄 것을 두 차례에 걸쳐 요청하였다. 첫 번째는 2013년 6월이었는데 직접 갈 수가 없어서 스카이프로 회의에 참석했다. 당시 학회에 카라스코 교수가 귀빈으로 초대되었기에, 나는 그를 직접 만날 기회를 놓친 사실을 두고두고 후회했다. 두 번째는 2015년 6월이었고 나는 총회에 참석할 수 있었으나 안드레스 카라스코는 더 이상 이 세상 사람이 아니었다.

당시 학회를 통해 의학계를 필두로 하는 아르헨티나 시민사회의 동원 규모에 대해 가늠할 수 있었다. 10년 전, 아르헨티나의 '콩 작물화' 현상에 대해 다큐멘터리를 찍을 때와는 전혀 다른 상황이었다. 당시엔 우리가 별명처럼 불렀듯, 몇몇 "정신 나간 사람들"만 진행 중이던 의학적 재앙을 폭로해줬을 뿐이다. 그때의 증언자 중에는 다리오 히안펠리시 박사도 있었다. 그는 유전자조작 제국의 심장이라 할 엔트레리오스 지방에 위치한 인구 5,000명의 작은 도시 세리토에서 일하고 있었다. 그는 유전자조작 기술에 반대하는 입장이어서 유전자조작 작물 반대 활동가가 된 것은 아니었다. 그는 뚜렷한 의견을 가진 것도 아니었다. 그는 자신의 연구실에서 직면한 병적 징후의 진화를 걱정했고, 글리포세이트의 대량 방출에 그 원인이 있다고 판단했다. 그러나 당시 그는 자신이 풍차와 싸우는 돈키호테가 된 느낌이었다. "우리 세대의 의사들에게는 두 번의 결정적 순간이 있었습니다." 2015년 6월 학회에서 그는 나에게 설명했다. "첫 번째는 당시 활동가들에게 전기 충격을 불러일으킨 영화 〈몬산토: 죽음을 생산하는 기업〉*이고 두 번째는 안드레스 카라스코 교수의 연구와 제초제에 인구 전체가 집단적으로 중독되어 있음을 폭로하기 위해 그가 보여준 행동이지요." 그리하여 2010년 8월 27~28일에 제초제 피해 마을 의사들이 모인 전국회의**가 코르도바 대학 소아과 의사이자 신생아과*** 의사 메다르도 아빌라 박사와 카라스코 교수의 주도로 성사된 것이다. 2010년 12월 다미안 베르제나시 교수는 "보건 캠프"라고 명명한 완전하게 독특한 실천을 시작한다. 그는 대학에서 매 학기 한 번씩 이 행사를 진행했다. "우리 학생들과 교수들은 약 1만 명 정도가 거주하는 도시에서 1주일 동

---

* 이 영화의 스페인어판은 아르헨티나에서 광범위하게 불법 복제가 이뤄졌다! 스페인 출판사 《페닌술라》에서 출간된 책은 순식간에 찾아볼 수 없게 자취를 감추고 말았다. 알 수 없는 이유로, 배급을 맡은 오세아토는 아르헨티나에서 이 책을 거의 유통시킬 수가 없었다. 멕시코에서도 상황은 마찬가지였다. 2017년 봄 아르헨티나 현지 출판사인 《라캄파나》에서 마침내 이 책을 출간하는 데 성공했다. 그들의 노력에 감사드린다.

** 아르헨티나에서 이 조직은 "푸에블로 제초제의 붉은 의사들"이라 불렸다. 제초제 살포가 나라 곳곳에서 심지어는 비행기를 통해서까지 광범위하게 이뤄졌기에 이 단어는 이후 제초제 살포의 피해자를 지칭하는 의미로 쓰이기도 했다.

*** 신생아과는 배아에서 태아, 신생아에 이르는 시기까지의 아기의 성장에 관심을 두는 의학의 영역이다.

안 머물며, 집집마다 조사를 진행했습니다. 목표는 '마을 공동체 질병-사망률 역학조사'를 진행하는 것이지요. 이는 공동체의 주민들을 통해 직접 알아보는 방법으로, 마을 주민들의 건강 문제에 대한 일종의 사진을 구성하는 것과 같습니다."

베르제나시 박사의 '보건 캠프'

나는 2016년 5월 30일, 바사빌바소Basavilbaso에서 진행되는 26번째 '보건 캠프campements sanitaires'를 촬영할 수 있었다. 바사빌바소는 부에노스아이레스로부터 북쪽으로 300㎞ 떨어진 엔트레리오스 지방에 위치한 인구 9,800명의 작은 도시다. 이 도시의 시장인 구스타보 에인이 "학교에 제초제를 뿌리지 말라"라는 이름의 시민단체 지부와 협력하여 다미안 베르제나시 교수팀에게 보건 캠프를 요청해 성사될 수 있었다. 2014년 12월 바사빌바소에서 40㎞ 떨어진 곳에 위치한 작은 시골 학교 산타아니타는 비행기로 살포된 글리포세이트에 희생됐다. 살포된 글리포세이트는 학생들과 교사들을 심각하게 중독시켜 구토를 유발했고, 눈과 호흡기에 장애를 초래했으며 피부 발진을 일으키기도 했다. 학교 교장 마리엘라 레이바는 비행기 조종사와 유전자조작 콩 생산자를 고소했고, 그 때문에 전화 협박에 시달리기도 했다. 그러나 결국 노동조합의 지지에 힘입어 그녀는 바사빌바소 시장이 '보건 캠프'를 도시에 받아들이도록 설득하는 데 성공했다. 시는 로사리오 의과대학 183명의 학생과 23명의 교수들에게 숙소와 침구를 제공했고, 이들은 200km를 여행한 끝에 마을에 도착했다. 시는 그들을 위해 체육관 내에 임시 숙소와 구내식당을 마련했다. 밤을 새우고 난 그들을 충분히 만족시켜줄 든든한 아침식사가 늘 식당에서 준비되었다.

"안녕하세요. 우리는 역사상 가장 큰 캠프를 시작하려 합니다." '보건 캠프'라고 적힌 오렌지색 셔츠를 걸친 다미안 베르자냐시가 이렇게 말했다. "우리는 바사빌바소 시민들의 건강에 어떤 문제가 있는지를 알고자 하는 시장님, 선생님들 그리고 시민분들의 요청으로 이곳에 왔습니다. 우리는 보건 정책과 일반적인 정책 전체를 입안하는 데 필수적인 자료가 될 정보들을 함께 구축해나갈 것입니다." 그의 옆에는 의사 안드레아 레안자와 그의 딸이 서 있었다. 시 의회에서 보건 의료를 담당하고 있는 그는 이렇게 베르자냐시의 말에 응수했다. "우리 시의 시민들이 어떠한 건강 상태에 있는지 시 의원들이 상세히 파악하는 것은 향후 보다 더 유효적절한 보건 정책을 수립하는 데 있어서 매우 중요한 일이 될 것입니다."

그날 이 장면들을 촬영하면서 "제초제", "글리포세이트", "농약 살포" 같은 말들이 한 번도 발음되지 않았으며, 심지어 거기에 있던 사람들이 이 말을 애써 회피하려 한다는 사실에 놀랐던 것을 기억한다. "일부러 그러는 것이지요." 당시 다미안 베르제냐시는 나의 지적에 함박 미소를 지으며 이유를 설명해주었다. "보건 캠프에 참여하는 것은 학생들에게 의사 학위 취득 최종 시험의 일부입니다. 우리는 우리 학생들이 바사빌바소에서 미리 설정된 주제를 마주하게 되길 원치 않거든요. 그들이 그 어떤 사전 정보도 없이 주민들의 건강 상태에 대한 온전한 전수조사를 수행하길 바라는 것이지요. 의사들은 학생들에게 주민들의 건강 상태에 관하여 완전히 자유로운 상태에서 질문하도록 요구합니다. 표준 목록 안에 정성스럽게 모든 질문들을 담았지요. 모든 사람에게 같은 질문을 합니다. 주민들이 자신의 건강에 대해서 하고 싶은 말을 자유롭게 하고 얻은 결과인 만큼 신뢰성이 커지는 것이지요!"

오렌지색 셔츠를 입은 교수 한 명의 지휘 아래, 수련의 10명이 한 조가 되어 마을 곳곳으로 흩어졌다. 각 조에 한 블록씩의 가구가 할당되었다. 물론 이 자료들은 나중에 체계적으로 취합된다. 나는 아날리아 사모라노 교수 조를 따라갔다. 만삭의 몸으로 학생들을 이끌던 그녀는 30대의 젊은 여성이었다. 그녀는 약 한 시간 동안 학생들이 존중해야 할 질문의 규칙과 방식에 대해 설명했다. "조사에 대한 참여는 자발적인 것이어야 하고, 익명이어야 합니다. 주민들은 조사를 거절할 수 있습니다. 개인적인 관점이 개입되는 것을 피하기 위해 적혀 있는 그대로 질문해야 합니다. 방문하는 각 구역마다 환경위생적인 영향을 미칠 것으로 보이는 모든 요소에 대해 상세히 기록해야 합니다. 이동 통신 중계소, 쓰레기장, 공장, 농지 등. 질문지는 각 가정의 가족 상황, 사회적 지위(부모의 직업, 아이들의 나이, 자녀 수, 사회보장제도 가입 여부)뿐 아니라 보건위생과 관련된 가족의 역사(진단 일자를 포함한 병력, 사망한 가족, 복용했던 약) 등을 파악할 수 있도록 여러 개로 나뉘어 있습니다. 질문지의 한 챕터는 주민들이 도시에서 자주 마주치는 환경위생적 문제들을 다루고 있습니다."

설명이 끝난 후 학생들은 도시 곳곳으로 흩어졌다. 우리가 촬영한 첫 번째 현지 방문은 도시 외곽의 밭 근처 서민 동네에서 이뤄졌다. 질문을 받은 남자의 이름은 후안 카를로스였다. 그는 62세였으나 10년은 더 나이 들어 보였다. 그는 작은 시멘트 집에서 자신의 딸과 세 살짜리 손녀와 함께 살고 있었다.

"가족 중에 최근 몇 년 사이에 건강상의 문제를 겪은 분이 계신가요?" 조사를 지휘하는 아날리아가 질문하였다. "네. 내 손녀가 신장 수술을 받았지요. 뭐라더라… 편자…." 후안 카를로스가 답했다. "아, 그렇군요. 편자 신장. 신장이 선천적인 기형으로 태어나는 경우를 말합니다. 혹시 지난 15년 사이에 가족 중 사망한 분이 계신가요?" 아날리아가 다시 물었다. "그럼요. 내 아내가 죽었습니다." "돌아가실 때 아내 분은 몇 살이었지요?" "56세였지요." "언제 아내분이 돌아가셨나요?" "지난해입니다. 1년 4개월 정도 지났군요." "아내분이 왜 돌아가셨는지 아시나요?" "아내에게는 천식이 있었어요. 이 동네에 제초제가 살포될 때, 아내는 견뎌내지 못했던 거예요. 내가 응급실에 아내를 데려갔습니다. 산소 호흡기를 달아주더군요. 그런데 이미 너무 늦었던 것이지요." "농약 살포는 어디에서 이뤄졌나요?" "바로 앞에서요. 길 건너편 밭에서." 후안 카를로스는 10m 정도 떨어진 밭을 손으로 가리키며 말했다.

"무엇으로 농약을 살포했지요?" "이번에는 살포기를 썼지만, 종종 비행기로 살포하기도 합니다." "농약을 살포할 때, 언제 한다고 미리 고지를 하나요?" "무슨 소리! 그놈들은 아무 때나 예고 없이 해요. 일 년에도 수차례. 내 아내가 당했을 땐 아주 심했어요. 그게 내 아내를 죽인 겁니다…." "그런데 여전히 농약 살포는 지속되나요?" "그럼요!"

이후 우린 엔리케 팀으로 발걸음을 옮겼다. 그는 아날리아 조의 학생으로, 한 젊은 커플에게 질문을 이어가고 있었다. 약 40분 동안 진행된 대화의 발췌본을 여기에 옮겨본다.

"담배를 피우시나요?" 학생이 물었다. "아니요!" 여자가 답했다. "몇 년 전부터 이 도시에 사셨나요?" "저는 여기서 태어났어요." "그럼 31년째 여기 살고 계신 거네요?" "그렇죠." "아이가 있으신가요?" "네…." "그럼 큰 아이부터 이야기해보지요. 아이들이 몇 명인가요?" "아니요…. 우리에겐 딸이 하나 있었는데, 죽었어요." 여자는 간신히 들릴락 말락 한 목소리로 중얼거렸다. 그리고 긴 침묵이 이어졌다.

"따님이 언제 죽었는지, 그리고 죽었을 때 나이를 알 수 있을까요?" 시선을 질문지에 고정시킨 채 학생이 물었다. "죽었을 때 나이는 11세였습니다. 2015년이었고요…." "사인을 말씀해주실 수 있나요?" 점점 불편해지는 얼굴로 학생이 물었다. "폐렴과 호흡기 장애였습니다."

우리의 마음을 뒤집어놓았던 이 인터뷰 이후, 우리는 엠마누엘을 따라갔다. 다른 학생들이 "우리 중 톱"이라고 소개해줬던 학생이다. 우연이 우리를 내가 그 이름을 이미 아는 사람의 집 앞으로 안내했다. 난 그가 이 도시에 살고 있다는 사실을 몰랐었다. "파비안 토마시"라는 명패가 달린 작은 초록색 집으로 들어갔을 때, 우리가 받은 충격을 결코 잊을 수 없을 것이다. 50세 사내는 아르헨티나를 지옥으로 처넣은 기업농 모델에 저항하는 상징적 인물이었다. 토목 공사 노동자로 일했던 그는 어느 날 농약 살포 조수로 취직했다. 늘 비행기 조종사가 되고 싶다는 꿈을 가졌던 그에게 일자리는 안성맞춤이었다. 그는 20대 딸과 팔순 노모가 함께하는 가운데 우리의 질문에 대한 답을 이어갔다. 두 사람은 뭉클한 사랑으로 그를 돌보고 있었다. 파비안의 파손된 육체를 묘사할 정확한 어휘를 찾는 것은 거의 불가능한 일이었다. 그는 신경 순환계에 타격을 가하는 퇴행성 질환을 앓고 있었다.

"어디에서 일하셨나요?" 질문지에 집중하기 힘들어했던 엠마누엘이 이렇게 물었다. "저는 콩밭에 살포할 제초제를 비행기 탱크에 채우는 일을 했어요." 말하는 동안 그의 손과 발은 심하게 경련을 일으켰다. "어떤 농약을 사용하셨나요?" "우리는 모든 종류의 농업용 독극물을 사용했습니다. 엔도설판, 메타아미도포스, 크롤피리포스, 2-4D. 그리고 가장 많이 사용한 게 글리포세이트였지요. 유전자조작 작물을 심게 되자 글리포세이트가 모든 다른 농약을 대신했어요. 그리고 그로 인해 저는 이렇게 되었지요…. 저는 심각한 독성 복합 신경

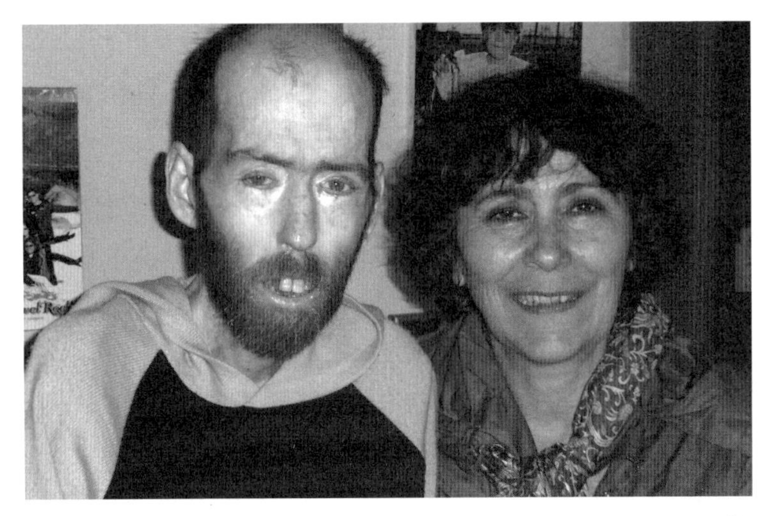

아르헨티나인 파비안 토마시와 마리-모니크 로뱅. 글리포세이트 살포 비행기 제초제 탱크를 채우는 일을 했던 농장 노동자 파비안은 2018년 9월에 사망했다.

질환을 앓고 있습니다."

"병명을 다시 한 번 말씀해주실 수 있으신가요?" 학생은 점점 더 곤란한 얼굴이 되어갔다. "심각한 … 독성 … 복합 신경질환." "지난 15년 동안 가족 중에 종양이나 암을 앓은 분이 있으신가요?" "2년 전쯤, 내 큰 형이 돌아가셨습니다. 간암이었어요. 그의 사인이 나의 병과 같다고 확신합니다."

그리고 그의 경직된 시선은 학생을 향했다. 파비안은 내 기억에 확고하게 새겨진 말을 그때 내뱉었다. "이것은 조용한 인종 학살입니다. 저는 더 이상 학살의 동조자가 되길 원하지 않습니다. 이 문제는 금기로 다뤄지지요. 바로 그렇기 때문에 저는 혼자가 된 것입니다. 누구도 저와 이야기하길 원치 않습니다. 저는 여기에서 배척당하는 천민입니다. 감히 이 문제에 대해서 말한 유일한 사람이기 때문이지요. 바사빌바소 사람들에게 저는 제초제로 인해 감염된 불쌍한 놈일 뿐입니다. 제가 그 제초제를 제대로 다룰 줄 몰랐기 때문에 이렇게 된 거라고들 생각하지요. 여기에서 저는 없는 사람이나 마찬가지입니다. 왜냐면 제가 이 새로운 농업 기술이 촉발시키는 대량학살을 멈추고자 했기 때문이지요."

로베르토 레스카노 박사 : "범죄적 농업 모델"

같은 날 우리는 로베르토 레스카노와 약속이 있었다. 그는 65세로 바사빌바소에서 가정의학과 의사로 일했고 지역 병원 원장을 역임하기도 했다. 다리오 히안펠리시 박사와 함께 대중의 무관심에 경종을 울리기 시작한 최초의 인물 중 하나다. 내가 그를 만났을 때, 그는 '농약 살포 희생자 마을 의사 네트워크'의 일원이었다. 20년 전부터 그는 유전자조작 농업 모델로 인한 피해의 증거를 모아왔다. 낡은 컴퓨터 안에 그는 농약 살포로 인해 피해를 입은 뒤 그를 만나러 온 수많은 환자들의 모습을 담은 수백 장의 사진과 비디오를 저장했다. 때로는 환자들 자신이 그들의 핸드폰으로 직접 사진을 찍어서 가져오기도 했다. 그들은 레스카노의 헌신과 용기를 잘 알고 있었다.

"환자들은 대부분 농촌 지역에 사는 매우 소박한 사람들입니다. 그들의 집은 대부분 라운드업을 살포해 경작하는 콩밭으로 둘러싸여 있지요." 레스카노 박사는 설명했다. "그들은 또한 파비안 토마시처럼 대형 농장에 고용된 노동자이기도 합니다. 그들은 형편없는 급여를 받고 기업형 농장에 고용되어 농약을 살포해온 사람들이지요. 이 같은 유전자 변형 농업 모델에서 땅은 한 사람이 소유하고—아르헨티나의 혹은 외국의 투자자—여러 가지 작업을 하청업체를 통해 진행합니다. 씨뿌리기, 농약 살포, 추수. 토지 주인은 거기에 살지 않기 때문에 결코 농약 살포의 결과를 체험하는 일이 없지요."

이 말을 하며 로베르토 레스카노 박사는 "확신 자료pièces à conviction"라는 이름의 파일을 열었다. "이걸 보십시오. 집 마당에 놀러 나온 작은 소년에게 글리포세이트 살포가 끼친 영향을 잘 볼 수 있습니다. 소년의 집은 콩밭으로부터 100m 정도 떨어져 있습니다. 아이의 엄마는 아이 얼굴에 두드러기가 돋아나고 심각한 호흡 장애가 천식 형태로 나타나는 사실을 발견했습니다. 또 다른 사진을 보시면 12세 소녀의 다리가 상처로 덮여 있는 게 보이실 겁니다. 소녀는 집으로 귀가하기 위해 글리포세이트로 적셔진 밭을 그저 가로질렀을 뿐이었습니다. 여기에서는 농약 살포 노동자의 곪아 터진 등을 보실 수 있습니다. 그의 몸은 이제 화학약품에 극도로 민감해져서, 더 이상 부신피질 호르몬제 없이는 살아갈 수 없습니다. 이 비디오는 산타아니타 학교 교장인 마리엘라 레이바가 촬영한 것입니다. 이 비디오에는 학교 바로 옆으로 날아다니며 글리포세이트를 대량 살포하는 비행기의 여러 항로가 담겨 있습니다. 이날, 바람이 불었습니다." 바람에 아르헨티나 국기가 거의 수평으로 나부끼는 모습을 그는 가리켰다. "교장 선생의 입이 지금 어떤 상태인지 한 번 보십시오. 붉게 퉁퉁 불어터졌습니다. 아이들은 구토하고 있습니다! 저한테는 이 모든 것이 범죄적 농업 모델이 저지른 범행의 현장입니다. 그들은 이윤 추구를 위해서 생명을 존중하지 않았습니다." 그는 "범죄"라는 단어를 일부러 딱딱 끊어 발음했다. "여기 이 자료들은 급진성 중독만을 다룬 것입니다. 제 캐비닛 안에는 만성적인 중독에 의한 장기적인 피해 사례도 있습니다. 선천성 기형, 유산, 암 그리고 화학 농약에 중독된 아이들에게서 흔히 나타나는 알레르기 증상은 공격적 성향을 동반한 집중력 감퇴 혹은 또 다른 형태의 자폐 증상입니다. 몬산토의 유전자조작 작물들이 등장하고 나서, 모든 종류의 병리 현상이 폭발적으로 증가했습니다. 저는 단언합니다! 첫 번째 책임은 정부에 있습니다. 1996년 간단한 장관령 하나를 근거로 의회의 그 어떤 법도 승인하지 않은 상태에서 정부는 몬산토의 '테크놀로지 세트' 상업화를 승인해주었지요. 그것이 비극의 시작이었습니다…."

이것은 다미안 베르제냐시가 몬산토 국제법정에서 증언한 것과 정확히 일치한다: "우리를 놀라게 한 사실은, 의사들이 방문한 26개 마을 주민들이 겪는 건강상의 문제가 전에는 존재하지 않았다는 점입니다. 질병의 종류나 사망 원인 등에서 변화가 생긴 시점은 이 마을에 글리포세이트에 중독된 유전자조작 식품을 위한 기업농이 자리 잡게 된 시점과 일치합니다. 1996년은 오늘 우리들이 마을 주민들에게서 발견하는 건강상의 문제 대부분이 출현하기 시작한 전환점입니다."

26회에 이르는 '보건 캠프'를 종합한 결과가 나왔다: "당시, 4개 지방의 96,874명의 주민들이 우리의 설문 조사에 참여해주셨습니다. 1995년부터 1999년 사이에 유산율은 6%, 2010년에서 2014년 사이 이 비율은 22.5%가 되었습니다. 기형아 출산율 역시 끔찍하게 늘어났습니다. 2000년과 2004년 사이에 태어난 아이들 중 0.88%가 기형으로 태어났으나, 2010년에서 2014년 사이에 이 비율은 1.79%로 늘어났습니다. 또한 우리가 방문했던 26개 마을 중 25개에서 암이 사망 원인 1위를 차지했습니다. 조사 결과를 통계적으로 분석한 결과, 암의 이환율, 즉 새롭게 드러난 사례들의 숫자가 같은 시기에 비슷한 규모의 인구를 가진 타 지역에 비해 괄목할 만큼 증가했습니다. 지난 20년을 5년씩 잘라서 보면, 가장 최근의 5년 동안 발병한 새로운 암 숫자는 지난 15년 동안 나타난 전체 암 숫자에 필적합니다. 이는 모든 세대를 관통하면서 나타난 진정한 유행병이라 할 수 있습니다. 가장 많이 발생한 암은 폐, 유방, 대장, 간, 췌장 그리고 높은 백혈구와 림프구 수치를 동반한 혈액과 뇌에서의 것이었습니다. 우리는 또한 갑상선기능부전증의 폭발적인 증가를 목격할 수 있었습니다. 1만 명당 47명이 이 같은 증상을 앓고 있었으며 이는 스페인의 평균에 비하면 10배나 높은 수치입니다.*

아이들은 더욱 심각한 피해를 입었습니다. 우리는 2,000명이 넘는 초등학생들의 사례를 검토하고, 그들의 신체 치수를 쟀습니다. 43%의 아이들이 과체중, 때로는 심각한 비만으로 고통받고 있었습니다. 많은 연구들은 글리포세이트가 내분비선의 작용을 방해한다는 사실을 보고하고 있습니다. 우리는 호르몬처럼 작용하는 글리포세이트 입자들이 자궁 안에서부터 그것에 노출되었던 환자들에게 비만을 부추길 수 있음을 알고 있습니다. 이 사례는 특히 비스페놀 A의 사례에서 잘 드러났습니다. 우리가 검사했던 대부분의 아이들은 천식을 앓고 있었습니다. 이러한 병증은 그들에게서 너무 흔한 나머지 가족들이 아이들의 천식을 자연스럽게 여길naturalizar** 정도였지요. 그들은 신체적 고통을 호소하지 않는 아이를 오히려 비정상으로 여겼습니다. 아이들은 기업농 모델의 첫 번째 피해자였던 것입니다. 새로운 농사 방식은 아이들을 전방위적으로 공격했습니다."

---

* 갑상선기능부전증은 갑상선 고장으로 더 이상 충분한 호르몬을 발출하지 않으면서 발생하는 증상이다. 어린 아이들에게서 이러한 증상은 성장을 둔화시키고 심리 발달에도 장애를 초래한다(심한 경우 백치가 되는 지경까지 갈 수 있다).

** 스페인어 신조어 naturalizar는 "과거에는 그렇지 않았던 것을 자연스럽게 여기게 되었음"을 의미한다.

3장

암 : 몬산토가 벌인 공작

“저에게는 누군가가 이 서류들을
찬찬히 살펴보겠다고 나선 것 자체가
진정한 의미의 위로였습니다.”

—

몬산토를 고발한 최초의 미국 농민 크리스틴 셰파드

×

"존경하는 재판관님, 불행하게도 자신이 희생자라는 사실을 스스로 입증해야만 하는 현 시스템에서 희생자들의 목소리를 전 세계에 전하는 이 법정은 역사적인 의미를 지니고 있습니다."

다미안 베르제나시는 매우 단호한 목소리로 말했다. "존경하는 재판관님, 그들은 우리에게 생태계 파괴를 강제했습니다. 그리고 지금 여기에서 우린 그 사실을 폭로합니다."

"극도로 명확한 당신의 증언, 대단히 감사합니다. 박사님." 증언을 끊임없이 노트하던 엘레오노라 람 판사가 그에게 답했다. 몬산토 국제법정이 끝난 후 나와의 인터뷰에서 이 아르헨티나의 법률가는 자신의 나라를 강타한 "보건위생상의 재앙"이 어느 정도 규모였는지에 대해 알지 못했다고 고백했으며 환경적 범죄에 대한 변호사와 판사에 대한 교육이 "시급"하다고 강조했다.

전도된 증명의 의무

"판결을 위해, 법정은 과학적인 증거를 필요로 한다는 것을 여러분은 아실 겁니다. 오직 통계적 근거만으로 증거를 제시하지 않기 위해서, 글리포세이트가 여러분이 말씀하신 그 암들을 유발했다는 사실을 어떤 방식으로 입증할 수 있는지 설명해주실 수 있겠습니까?"

"그렇습니다. 법정은 비난받는 제품과 드러난 병리 현상 사이의 인과관계를 드러낼 과학적 증거물들을 요구하는 것이 사실입니다." 다미안 베르제나시는 답했다. "저는 우선 이 시스템이 상식을 벗어난 것이라는 점을 지적하고 싶습니다. 의무가 전도되어 있기 때문입니다. 피해자가 아니라 바로 기업들이 상품을 시장에 내놓기 전 그들의 상품이 무해하다는 증거를 제시하는 것이 먼저이고 순리이기 때문입니다. 그러나 그들은 우리에게 유전자조작 식품 모델을 경작하면 훨씬 적은 양의 화학약품을 쓰게 될 거라고 말하고, 심지어는 그 독성 물질이 인체 건강에 무해하다고 우리를 속였습니다. 그들은 제품이 무해하지 않다는 사실을 잘 알고 있었습니다. 피해를 발생시킨 메커니즘을 설명하는 견고한 과학적 증거물에 대한 요구는 제조회사들과 그 회사들을 통제해야 하는 기구들에게 시간을 벌어주는 게 유일한 목적인 정치적 도구일 뿐입니다. 재판관님의 질문에 대해 보다 선명한 답변을 하자면, 과학 잡지에 게재된 수많은 연구들은 글리포세이트가 유전적 독성을 지니고 있다는 사실을 보고하고 있습니다. 다시 말해서 글리포세이트는 한 유기체의 유전물질 내에서 암의 성장을 부추겨 그 유기체에 피해를 유발한다는 것입니다. 바로 이것이 페르난다 시모니엘로 같은 아르헨티나의 연구자들이 찾아낸 것입니다. 그들은 법원이 요구하는 바로 그 '과학적 증거'를 찾아내기 위해 자신들의 능력을 사회적 이익을 위해 사용했습니다."

나는 2016년 6월에 생화학자 페르난다 시모니엘로를 산타페 대학 내 그녀의 연구소에서 만났다. 그날, 그녀는 리오콰르토 대학의 유전공학자인 자신의 동료 델리아 아이아사와 함께 회의에 참석하고 있었다. "우리는 농약 대량 살포 지역에 사는 주민들에게서 수많은 유전적 이상을 발견했습니다." 그녀가 설명했다. "그러나 이러한 이상을 오직 글리포세이트 한 가지만 가지고 설명하는 것은 불가능합니다. 대부분의 주민들은 다양한 합성 살충제(제초제, 해충제, 살진균제 등)에 노출되어 있기 때문이지요. 이중 글리포세이트가 단연 지배적 위치를 차지하고 있긴 하지만요. 하지만 글리포세이트가 발견된 모든 인체 기능 장애에 유일한 책임이 있다고 결론을 내리기엔 충분치 않습니다. 우리가 동물들을 대상으로 실험을 해야 하는 이유가 바로 거기에 있습니다. 저의 실험실에서, 우리는 야카레yacare라고 불리는 이 지역의 악어를 대상으로 많은 실험을 진행했습니다. 이 악어는 유전자조작 콩에 글리포세이트가 살포될 때 부화했다는 특징을 가지고 있기 때문에 생태계 오염 측정의 완벽한 지표가 될 수 있습니다. 나의 동료인 지젤라 폴레타는 그 알들을 아주 약한 농도의 글리포세이트에 노출시켰습니다. 그녀는 그 정도의 글리포세이트 노출도 소핵에 영향을 끼쳐 세포 분열에 이상을 일으키고, 염색체 변이를 일으킨다는 사실을 발견했습니다. 우리는 쥐 실험에서도 비슷한 결과를 얻어냈으며, 양서류와 양파 구근에서도 마찬가지 결과를 목격할 수 있었습니다." 델리아 아이아사는 답했다. "우리는 농작물에 살포한 것에 비해 1/10,000 수준으로 낮은 농도의 글리포세이트를 혈액세포에 노출시켰습니다. 모든 경우에서 글리포세이트가 DNA 변형을 가져오는 것을 발견할 수 있었습니다."

"이것이 이후에 암을 유발할 수도 있나요?" 내가 물었다.

"유전물질 변환은 복구 메커니즘이 정확히 기능할 경우 교정될 수 있습니다. 그러나 글리포세이트 노출이 긴 시간 동안 지속되었다면 그 피해는 제초제에 정기적으로 노출되어온 주민들에게서 우리가 발견한 것처럼 암으로 진화할 수 있을 것입니다. 우리는 또한 제초제 노출 그룹에서 채혈을 해보았습니다. 흡연자나 의학적 치료를 받은 사람들을 제외한 후, 우리는 동물이나 식물 모델에서와 같은 유전적 피해를 목격할 수 있었습니다. 유전자 변형 콩밭 근처에 살았던 아이들 입 내부의 점막세포 채취 검사 결과에서도 비슷한 결론을 얻을 수 있었습니다." 델리아 아이아사는 답했다.

"당신은 순수한 글리포세이트와 라운드업처럼 상업화된 제품 사이에서 차이점을 발견할 수 있었나요?"

"아니요." 델리아 아이아사는 연구소장의 전폭적인 지지를 받으며 단호하게 답했다. "글리포세이트와 그것을 상업화한 상품은 유전물질에 대하여 같은 형태의 피해를 불러일으킵니다."

인체에 암을 유발할 수 있는 물질

"과학이 실험실에서 우리에게 말하는 것, 어머니들이 그들의 아이들에게 말하는 것, 농부들이 그들의 땅에서 보는 것을 우리는 우리의 땅에 있는 인간들에게서 봅니다." 다미안 베르제나시는 엘레오노라 람 판사가 그에게 던진 질문에 대하여 대학 연구원들이 진행한 수많은 작업들을 예로 들며 단언했다.

"2015년 2월 세계보건기구 산하의 국제암연구센터가 글리포세이트를 '인간의 몸에 암을 유발할 수 있는' 물질로 분류했습니다. 당신은 당신 나라의 지도자들이 국제암연구센터의 이러한 결정을 고려하여 판단할 것이라고 보십니까?" 캐나다 출신의 스티븐 슈리브만 판사가 이렇게 말하며 끼어들었다.

이 질문은 베르제나시 박사가 원통한 표정을 짓게 만들었다. 그는 갑자기 매우 침울한 어조로 이렇게 답했다. "저는 2015년 12월부터 더 이상 농림부 장관이 존재하지 않는 나라에서 왔습니다. 마우리시오 마크리 정부는 농림부를 농산업부*로 대체하였기 때문입니다. 오늘날 아르헨티나에서는 몬산토 같은 다국적기업이 과학기술 연구 예산을 지원합니다. 왜 공립대학들이 독립적 과학지식을 생산해내는 임무를 완수하기가 그토록 힘든지 여러분은 이해할 수 있을 것입니다. 규제 기관들이 제조업체에 의해 제시된 자료보다 우선시해야 할 자료들이 대학에서 만들어지기 힘든 이유를. 불행하게도 우리 나라 규제 기관들은 그렇지 않지요. 국제암연구센터의 발표에 대해 말씀드리자면, 우린 그 소식을 듣고 환호했습니다. 그러나 그 소식은 너무 늦게 찾아왔습니다. 담배나 린덴(독성을 함유한 살충제)에 대한 그들의 판단이 그러했던 것처럼."

다미안 베르제냐시의 지적은 정확했다. 이후 따로 다루겠지만 그의 지적은, 그럼에도 불구하고 존재의 의미가 절대적인 유엔 국제암연구센터의 작동 방식을 겨냥하고 있다. 1965년 프랑스 리옹에서 창립된 이 유엔 산하 기구는 〈인간에 대한 발암 위험도 측정에 대한 연구〉라 명명된 보고서 작성을 목적으로 태어났다. 화학제품, 산업 재료, 일상생활에서 흔히 쓰이는 소비재들 속 발암 성분을 분석하여 분류하는 것이 그들에게 주어진 사명이었다. 이 작업을 수행하기 위해 국제암연구센터는 전 세계 각지의 전문가들을 불러 모았다. 전문 영역에서의 능

---

* 2015년 12월 10일 임명된 농산업부 장관은 리카르도 부르아일레다. 많은 논란의 대상이었던 이 남자는 포르모사 지방 출신으로 군사정권(1976~1972)을 지지했던 덕에 1970년대 말 수천ha의 땅을 소유하게 된 대지주 집안의 자손이다. 그는 산림을 황폐화시키고 그 자리에 유전자조작 콩 농사를 짓고자 고용한 파라과이 노동자들을 노예적으로 부린 혐의로 기소된 바 있다.

력을 바탕으로 선발이 이뤄졌지만, 동시에 그들이 평가할 제품들과 갖는 관계의 독립성도 선발 기준이 되었다. 2009년부터 이 보고서 작성에 참여한 "전문가 그룹"의 멤버들은 이해 충돌을 일으킬 수 있는 "연구 프로그램과 직접 활동, 재정과 수입"을 신고해야 했다. 보고서의 112번 항목에 해당하는 글리포세이트에 대한 평가를 위해서[39] 전 세계에서 17명의 전문가들이 2015년 3월 3일부터 10일까지 리옹에 모였다. 그들의 신원은 한 가지만 빼고 모두 공식적으로 공개됐다. 이에 대해선 8장에서 다시 상세히 다루고자 한다. 그들은 자신들이 속한 정부나 단체를 대표한 것이 아니라, 각자의 과학자적 역량을 평가받고 개인 자격으로 그 자리에 왔다. 글리포세이트 관련 모집 연구 그룹에서 단 한 사람, 미국 환경보호 에이전시에서 근무하는 피터 에게히peter egeghy는 글리포세이트 생산업체와 관계가 있다고 신고했다. 지난 4년간 그는 미국의 화학 산업 분야 연구자들을 모아 미국화학연구소가 개최하는 세미나에 참석한 대가로 연간 교통비 2,000달러를 받은 바 있다. 그가 받은 금액에 대해 국제암연구센터는 이해 충돌을 빚을 정도는 아니라고 판단했다.

모든 정보는 보고서의 초반에 기록되어 있고, 인터넷을 통해서도 접근 가능하다. 리옹 회의에 앞서 12개월 동안 전문가들은 글리포세이트와 라운드업에 관하여 **과학 잡지들에 실린 모든 논문**을 검토했다. 앞 문장에서 굵은 글씨로 쓴 부분은 그것이 절대적으로 중요하기 때문이다. 이들은 연구 보고서의 도입부 "일러두기"를 통해 이렇게 설명하고 있다. "국제암연구센터의 평가는 기존에 존재하는 연구 자료들을 통해 제공된, 특정 제품의 발암 성분을 입증하거나 반증하는 증거들에 대한 과학적 판단"이라고. 연구 대상 자료들이 이 과학자들 손에 전해지기 위해서는 이전에 모두에게 접근 가능하도록 발표되었어야 한다.

전문가들은 글리포세이트와 관련된 수천 개의 연구 보고서들을 검토했다. 리옹에서 그들은 공동으로 250개의 우수 연구 논문을 추려냈다. 17명의 전문가 외에 1명의 학자가 초대되어 그들의 작업에 합류했다. 그의 이름은 크리스토퍼 포르티에*로 차후에 다시 언급할 것이다(8장 참조). 그리고 두 명의 '참관자'가 함께했다. 몬산토에서 보내온 영국인 토마스 소라한Thomas Sorahan과 유럽 전역의 살충제 제조업체 연대 기구인 유럽작물보호협회European Crop Protection Association를 대표하는 독일인 크리스티안 스터프Christian Stupp**가 그들이었다.

당시 리옹에 모인 전문가들의 목표는 글리포세이트를 국제암연구센터가 만든 4단계 발암 물질 카테고리 어딘가에 등재하는 것이었다. 1그룹은 '인체에 암을 유발하는 물질'이다: 이는 예외적인 카테고리로, 1그룹으로 분류되기 위해서는 사람에 대한 역학조사 자료를 근거로 해야 한다. 그러나 사람을 대상으로 한 역학조사 결과를 얻기는 매우

---

* 크리스토퍼 포르티에는 국제적으로 명성이 높은 과학자로 지금은 은퇴했다. 이해 충돌과 관련하여, 그는 워싱턴의 생태 시민단체인 환경보호펀드를 위해 파트타임으로 일했다고 신고했다.

** 토마스 소라한은 버밍험 대학, 크리스티안 스터프는 살충제 회사(ADAMA)에서 일한다.

힘들다. 2016년 기준 119개 물질이 1그룹 판정을 받았다(석면, 벤젠, 다이옥신, 포름알데히드, 담배, 임신 촉진제, 겨자 가스 등). 그 다음이 2A그룹이다. 이는 '인체에 암을 유발할 유력한 가능성이 있는' 물질에 대한 등급으로 "인체에 암을 유발한다는 제한적 증거가 있으며, 실험실의 동물에게는 충분한 증거가 있는" 경우에 해당한다(2016년 81개). 글리포세이트는 바로 이 2A그룹 판정을 받았다. 2B그룹은 동물 실험에서 나온 자료로만 입증된 경우로 상대적으로 덜 심각한 발암 물질이다(292개). 3그룹(505개)은 발암 물질이라고 간주하기엔 증거 자료가 충분치 않은 경우에 해당한다. 마지막으로 4그룹은 '인체에 암을 유발하지 않을 것이 유력한' 물질로 2016년 현재, 단 하나만이 이에 해당하는 판정을 받았다. 카프로락탐(나일론 합성에 이용되는 유기 성분)이 그것이다.

2차 세계대전 이후 우리의 환경을 침범해온 10만여 개 화학제품 가운데, 30여 종의 살충제를 포함한 998개 제품이 국제암연구센터에 의해 검증되었다. 너무 적은 숫자다! 2010년 2월, 보고서 프로그램을 지휘하는 빈센트 코글리아노를 인터뷰하면서 도대체 왜 이토록 더디게 작업이 진행되는지에 대해 이해하고자 했다. 《우리 일상의 독》을 만드는 과정에서 진행했던 매우 교육적인 내용의 인터뷰 일부를 여기에 옮긴다.

"말씀하신 10만 개의 제품 가운데, 2,000~3,000개의 제품들에 대해서만 발암 가능성 여부에 대한 테스트가 이뤄졌다는 사실을 알아야 합니다." 미국의 역학자는 내게 설명했다. "살충제가 암을 유발할 수 있는지 여부를 측정하는 것은 매우 어렵습니다. 대부분의 살충제에 관한 실험 연구들은 공개되지 않기 때문입니다. 물론 살충제를 생산하는 기업은 규제 기관에 독물학 관련 자료들을 제출하도록 되어 있습니다. 그리고 규제 기관들은 이 제품들의 성분에 대하여 테스트를 하지요. 그러나 이러한 연구 결과들은 결코 공개되는 법이 없습니다. 게다가 자료들은 영업상의 비밀이란 이유로 철저히 보호받습니다. 우리가 평가할 수 있었던 살충제들은 아주 오래된 제품들이고, 심각한 논란의 대상이 되어왔던 것들로 독립 연구자들에 의해 많은 연구들이 이뤄졌고 그 결과가 과학 잡지에 수록된 경우입니다. 디디티라던가 린덴 같은. 오늘날 이들은 사용이 금지되었지요."

"살충제 제조업체들의 연구 결과가 과학 잡지에는 게재되지 않는다는 사실을 어떻게 설명할 수 있을까요?"

"음… 기업 입장에서는 제품이 유해할 수 있다는 내용의 연구 결과를 공개하는 것이 그들의 이해에 꼭 부합하는 게 아니겠지요." 빈센트 코글리아노는 적당한 말을 찾으려 애쓰며 이렇게 답했다. "어쨌든 기업 입장에서는 자신들이 진행한 연구 결과[40]를 공개하는 게 의무사항은 아니니까요…." 국제암연구센터 연구 보고서 디렉터가 밝힌 이 놀라운 정보를 독자들이 좀 더 잘 이해할 수 있도록, 정리를 한 번 해보자면: 살충제 제조업체는 제품의 독성을 검사하는 연구를 진행한다. 규제 기관들이 그것을 강제하고 있기 때문이다. 그러나 그들은 그 결과를 과학 잡지에 공개하지는 않는다. 그렇게 되면 그들의 자료는 연구 센터의 분석 자료로 취합될 것이고, 비판적인 검토의 대상이 될 것이기 때문에. 바로 이러한 구조가 국제암연구센터가 그들의 제품들에 대한 평가를 할 수 없도록 만든다. 이는 곧 유독한 화학제품을 만드는 업체들이 자신들의 제품은 발암 물질이 아니라고 소리 높여 강력하게 외치는 근거를 제공한다!

이 아름다운 꼼수를 몬산토는 40년 넘게 이용해왔다. 그러나 글리포세이트가, 빈센트 코글리아노의 말에 따르면 "논란의 대상"이 되어감에 따라, 속임수 메커니즘은 점점 녹이 슬기 시작했다. 정확히 말하자면, 이 제초제가 일으킨 피해가 갈수록 명확해져서, 이 문제에 천착해온 10여 명의 독립 연구자들이 내놓은 결과들을 국제암연구센터에서 평가할 수 있게 되었기 때문이다. 그러나 다미안 베르제냐시가 말했듯이, 글리포세이트가 일으킨 보건 재앙은 이미 거대한 규모다….

2015년: 몬산토, 국제암연구센터의 작업을 부인하다

글리포세이트를 2A그룹, 즉 '인체에 암을 유발할 유력한 가능성이 있는' 물질로 분류한 국제암연구센터의 결정은 2015년 3월 20일 금요일 웹사이트에 공개되었다. 이는 폭발적인 효과를 가져왔다. 몬산토는 이 결정에 참여한 전문가들의 보고서 전체가 공개되기도 전—최종 보고서는 2015년 7월에서야 공개된다—에 즉각 반응을 보였다. 몬산토의 부사장이자 국제 규정과 관련한 업무 책임자인 필립 밀러가 서명한 보도자료를 통해 그들은 첫 반응을 드러냈다. 그들의 방어, 아니 공격 포인트는 아래의 세 가지 논거로 구성되었다.

1 글리포세이트의 모든 허가된 사용처는 인체 건강에 있어 안전하며, 하나의 농업용 화학제품을 위해 수집된 가장 많은 근거 자료들을 통해 그 안정성이 입증되어왔다.
2 우리는 어떻게 국제암연구센터가 세계의 다른 모든 규제 기구에서 얻은 결론과 극단적으로 다른 결론에 이르게 되었는지 이해할 수 없다.
3 국제암연구센터는 글리포세이트가 인체 건강에 위험하지 않다는 결론을 뒷받침하고 있는 12개의 과학적 연구 결과[41]를 접수하였으나 의도적으로 배제하였다.

며칠 뒤, 《로이터》와 진행한 인터뷰에서 몬산토 대표는 국제암연구센터의 보고서를 정크 사이언스, 즉 "시궁창 과학"[42]이라고 공격하길 주저하지 않았다. 전쟁이 선포되었다고 말할 수 있는 상황이었다. 앞으로 보게 되겠지만, 그 전쟁은 극도로 난폭했다(8장 참조).

밀러 부사장이 국제암연구센터의 평가를 부정하려고 언급한 세 가지 논거는 몬산토와 그들과 공동의 이해관계를 가진 모든 기업의 대표단 입을 통해 이후 반복되었다. 적대 행위가 발발한 지 한 달이 채 되기 전인 2015년 4월 17일, 반복되는 논거를 나 역시 확인할 수 있었다. 그날 나는 미주리 주 세인트루이스 웹스터 대학의 컨퍼런스에 초대받았다. 몬산토의 본사*가 자리하고 있는 도시였다. 컨퍼런스는 주미 프랑스 대사관에서 주재한 것으로 나의 영화 〈젠장 할 성장!〉의 유엔본부 상영과 나의 책 《우리 일상의 독》 미국 출간을 즈음하여, 뉴욕, 겐스빌(플로리다), 시카고, 보스턴 등의 도시에서 주최한 순회 초청 강연의 일환으로 열렸다. 나는 강연회의 주제를 화학제품에 대한 기관의 규제 절차에 집중시켜, 시민들의 건강을 지켜야 하는 규제 기관이 어떤 방식으로 화학제품 제조업체들에게 호의를 베풀면서 시민들의 건강을 파괴하는지 설명했다. 세인트루이스—피해 갈 수 없는 도시—에서, 나는 내 강연의 초점을 글리포세이트에 맞추기로 했다.

내 강연이 시작되기 몇 분 전, 강연장에 두 명의 몬산토 대표자—필립 에파르드와 사무엘 머피—가 참석했다는 사실을 알게 되었다. 그들은 특이한 임무를 맡고 있었는데, 첫 번째 인물은 '학술적 참여academic engagement'라는 분야를, 또 다른 사람은 '신속한 답변rapid response'이라는 분야를 책임지고 있다고, 내가 소중히 보관하는 그들의 명함에 적혀 있다. 나는 항상 그랬듯 국제암연구센터의 글리포세이트에 대한 최근의 결정을 소개하였고, 이후 나의 두 저명한 청중께 의견을

* 웹스터 대학 프랑스학과를 이끄는 리오넬 뀌이에 교수가 컨퍼런스를 조직했다. 그는 시카고와 세인트루이스에서 프랑스 영사를 맡고 있었다.

물었다. 그들은 다소 당황한 듯 보였고, 모든 청중의 시선은 그들을 향하고 있었다. '신속한 답변' 책임자는 이윽고 필립 밀러 부회장이 발표한 바로 그 보도자료를 꺼내들었다. 사무엘 머피가 정성스럽게 읽은 그 3가지 논거에 대해 나는 일목요연하게 반박해주었다.

1 수많은 독립 과학자들에 의해 진행된 연구들은 글리포세이트가 "인체 건강"에 안전하지 않다는 것을 입증하고 있다. 다만, 신기하게도 그 연구 결과들은 몬산토의 "기초 자료"에 포함되지 않는다.
2 강연 중에 설명해 드렸듯이, 규제 기관의 작업 방식은 이해의 충돌이라는 측면에서 논란을 야기하고 있다. 그들은 기업에 의해 제공된 연구 결과를 받아들이는 반면, 독립 연구자들에 의해 제시된 결과들에 대해서는 지속적으로 거리를 두는 태도를 취해왔다.
3 저 또한 국제암연구센터가 거리를 뒀던 몬산토 측이 제공한 12개의 연구 자료가 어떤 것들인지 알고 싶다. 어디서 그 자료들을 찾아볼 수 있을까?

나의 질문에 몬산토의 두 간부는 심각하게 당황했고 횡설수설하기 시작했다. 학생들과 대학 연구자들, 환경 단체 활동가들로 구성된 청중은 폭소를 터뜨렸다.* 나는 여세를 몰아, 내가 새 영화와 새 책을 준

* 이날의 모든 장면들을 내가 세인트루이스에 도착하기 전 섭외한 한 아마추어 카메라맨이 촬영했다.

비 중이며 이 작업은 온전히 글리포세이트와 라운드업에 바쳐질 것임을 공식적으로 발표했다.

강연이 끝날 무렵, 그럼에도 매우 정중했던 몬산토의 두 간부 필립 에파르드, 사무엘 머피와 몇 마디 주고받았다. 그들은 나에게 다음 취재에 나설 때 몬산토의 공식 대리인과 인터뷰할 것을 요청했다. 15개월 뒤인 2016년 7월 15일, 미국에서의 순회 촬영을 준비할 무렵 나는 몬산토의 두 남자에게 이메일을 썼다. "지난 세인트루이스 대학에서의 만남에서 언급했듯이 저는 현재 국제적으로 엄청난 관심사가 되고 있는 글리포세이트에 대한 영화를 준비 중입니다. 저는 글리포세이트라는 물질에 관한 모든 과학적 자료들을 검토하고 있는 중이지요. 바로 그 때문에 필립 밀러 씨를 인터뷰할 수 있다면 매우 기쁘겠습니다. 그날 밀러 씨는 공개적으로 국제암연구센터가 매긴 등급에 대해 동의하지 않는다는 의견을 표명하셨고, 그들이 12개의 과학적 연구 자료를 배제했다고 말씀하셨지요. 8월 16일과 22일 사이에 밀러 씨가 편하신 날짜에 만나 뵙길 바랍니다."

내가 필립 에파르드에게 보낸 메일은 잘못 보낸 주소라며 되돌아왔다. 반면 사무엘 머피는 나의 메일에 답을 줬다. 그는 8월 1일 내게 몬산토와 유럽식품안전청EFSA이나 독일연방위해평가연구원BfR—이 책에서 자주 언급되는—같은 규제 기관들, 혹은 '1분짜리 비디오'로 구성된 여러 유튜브에 연결되는 10여 개의 링크를 보내며 내 영화를 위해 이 자료들을 잘 합성해보라고 했다. 메일의 마지막 대목에는 결정적으로 이렇게 적었다. "그러나 우리 팀원들과 상의해본 결과, 밀러 씨도 몬산토의 또 다른 어떤 대리인도 말씀하신 인터뷰에는 응하기 어려운 상황임을 알려드립니다."* 이상 무!

솔직히 말하자면, 나는 인터뷰를 거절하는 마지막 대목에 이르러 전혀 놀라지 않았다. 나는 이미 〈몬산토: 죽음을 생산하는 기업〉을 준비할 때 그들을 경험한 바 있기 때문이다. 리옹에 위치한 몬산토의 프랑스 지사에서 대정부 업무를 책임지는 얀 피셰와의 역시나 매우 정중했던 만남 이후 수 개월간 결실 없는 지연이 이어졌다. 난 결국 내 팀과 직접 몬산토의 본사가 있는 세인트루이스의 크리브-코어라는 동네에 가기로 결정했다. 호텔 방에서 나는 대외 관계를 책임지는 크리스토퍼 호너와의 마지막 전화 통화를 녹음했다. 그 역시 나의 요구를 결국 모두 거절하기 전까지 "수차례 내부 논의"가 있었다고 확인해주었다.[43] 유전자조작 식품의 세계적인 리더 몬산토가 어떤 방식으로 작동하는지를 2년간 충분히 연구했기에, 나는 몬산토의 지도자들이 그들에게 상세한 질문을 던지고자 하는 언론인들을 각별히 멸시하는 태도를 갖고 있다는 것을 잘 알고 있었다. 반면에 그들의 하이테크 연구소의 이미지를 촬영한다거나 '유전자조작 식물'이 갖는 미덕에 대해 홍보 전문가에게 질문을 하거나, 글리포세이트의 무독성에 대해서 묻고자 한다면, 몬산토의 문은 아무 문제없이 열린다. 그 언론인은 세

* 사무엘 머피의 역할은 그새 바뀌어 있었다. 그는 메일 말미에 "대외 업무, 화학국장"이라고 서명했다.

계 최고를 자랑하는 몬산토의 완벽한 시설들을 보여주는 버스를 타고 '신세계'를 한 바퀴 돌아볼 수 있다. 그러나 그 기자를 가장한 자가 특정인—예를 들어 필립 밀러 같은 사람 혹은 국제암연구센터가 거부한 12개의 연구와 관련된 사람—에게 특정한 질문을 하고자 만나겠다고 하면 모든 게 사라진다.

2016년, 국제암연구센터의 두 대표와 만나다

그런들 어떠하리! 노새처럼 고집 센 내가 아니던가. 질문에 대한 답을 얻겠다는 희망을 버리지 않고 국제암연구센터의 지도자들과 접촉했고, 그들은 마침내 나와의 인터뷰를 받아들였다. 이렇게 해서 나는 2016년 3월 23일 독일의 역학자 커트 스트라이프Kurt Straif를 만나게 되었다. 그는 빈센트 코글리아노의 뒤를 이어 연구 조사 프로그램을 지휘하던 사람이다. 그리고 2016년 6월 29일에 글리포세이트에 관한 작업을 지휘하던 미국인 독물학자 캐스린 규턴Kathryn Guyton을 만났다. 인터뷰 준비를 위해 나는 왜 몬산토가 유럽연합과 미국이 글리포세이트에 대한 인가를 재검토하는 시기에 즈음하여 세계보건기구WHO 산하 기구를 향해 전쟁을 선포했는지 알려주는 매우 자세한 정보들이 담긴 연구 논문 112개를 탐독하였다.

"연구 보고서들을 통해, 국제암연구센터는 인간의 암 유발 요인을 파악해내고자 했다"는 점을 연구자들은 먼저 강조한다. "전 지구적으로 암 환자들의 숫자는 점점 증가 추세에 있다. 신규 암 발병 환자 수는 2000년에 1,010만 명이며, 2020년 이 숫자는 2,000만 명에 이를 것으로 예측된다. 이 보고서를 통해 우리는 20개 나라에 소재하는 최소 91개의 업체들이 글리포세이트를 생산하고 있으며, 가장 많은 제조업체를 보유한 곳은 중국으로 53개 공장에서 글리포세이트를 생산하고 있다(이는 전 세계 총량의 40%에 이른다)는 사실을 알 수 있다. 그 다음은 인도(9개), 세 번째 국가는 미국(5개)이었다. 2010년 글리포세이트는 130개 이상 국가들에서 사용을 허가받았고, 전 세계에서 가장 많이 쓰이는 제초제로 2008년에 60만t, 2011년에 65만t, 2012년에 72만t 사용되었다." 보고서의 내용이다.

첨언하자면 2016년에 이 수치는 80만t으로 증가한다. 급격한 사용량 증가는 2000년에 몬산토의 특허권이 만료된 것, 1996년에 글리포세이트에 적응한 유전자조작 식물들이 도입된 것에 기인한다. 특허권이 사라지면서 일반적으로 널리 사용되는 수준의 제초제가 되었음에도 라운드업은 세인트루이스의 몬산토에게 등대 같은 제품이다. 몬산토 전체 매출에서 30% 이상을 차지하며, 2016년에 매출액 약 150억 달러를 기록했다.* 나머지 매출은 주로 유전자조작 식물 종자를 판매

* planetscope.com에 따르면, 몬산토는 라운드업을 1초에 150달러어치 판다!

한 결과이며 그중 90%는 라운드업에 견디도록 조작되었다! 다시 말하자면, 글리포세이트가 금지된다면 대다수 유전자조작 농산물 경작은 사라질 것이라는 결론이 나온다.

미국에서 라운드업 사용은 1987년 4,000t 미만에서 2007년 8만t으로 늘어났다. 2012년 "라운드업 레디"라 불리는 유전자조작 작물 농업은 전 세계 농업 생산물 전체 중에서 45% 이상의 비중을 차지했다. 유전자조작 식물이 아니어도 글리포세이트로 만든 제초제는 수많은 일반적인 식물들(즉 유전자조작이 아닌)의 파종 전에 사용되었으며, 수확 직전에 건조제로도 사용되었다(7장 참조).* 또한 포도밭, 과수원, 초원이나 숲, 심지어는 연못이나 강, 그리고 습지에서도 사용되었다. 결국 전 세계 곳곳에서 널리 쓰이는 제초제는 미국에서만 연간 2,000~4,000t 사용되었다. 그 결과 글리포세이트는 곳곳에 퍼졌다! 글리포세이트는 "토양에, 공기 중에, 지표면을 덮고 있는 물에, 지하수층에" 있다고 연구 보고서의 저자들은 상황을 요약한다. 내가 인터뷰한 두 명의 국제암연구센터 대표는 글리포세이트가 엄청난 경제적 쟁점임을 확인시켜줬다.

"국제암연구센터의 결정 뒤 얼마 지나지 않아, 몬산토는 당신들의 판단을 '시궁창 과학'이라는 말로 평가 절하 했습니다. 이 심각한 지적에 대해 당신들은 뭐라고 답하셨나요?" 내가 물었다.

---

* 라운드업은 특히 수확 직전의 밀과 유채, 렌즈콩 등을 건조시킬 때 이용되어왔다. 이러한 방식은 유럽에서 허용되었으며, 미국에서는 매우 널리 사용되었다.

"엄청난 규모의 돈이 걸린 문제지요. 우리는 우리의 평가가 불러일으킬 이해관계 충돌의 수위에 대해서 미리 예측하지 못했다고 생각합니다." 당황한 기색이 역력했던 캐스린 규턴이 답했다.

"우리의 연구 보고서에 엄청난 기업들의 이해가 달려 있지요. 단지 이 보고서가 접근 가능한 모든 연구 자료들을 참고해서 만들어졌으며, 그 결과는 이 분야에 대한 그 어떤 사적인 이해관계도 갖지 않은 독립적인 전문가들에 의해 작성되었다는 사실만을 환기시키고 싶습니다." 커트 스트라이프가 덧붙였다.

"보도자료를 통해, 몬산토의 부사장 필립 밀러는 국제암연구센터가 그들이 보낸 12개의 연구 결과를 접수했으나, 그것들을 제외시켰다는 사실을 비난한 바 있습니다. 제외된 연구 보고서는 어떤 것들이었나요?"

"실제로 몬산토는 우리에게 몇 개의 연구 결과를 전달한 바 있습니다. 그러나 그것들은 과학 잡지에 게재된 바 없는 것들이었지요. 우리 연구팀은 그것이 충분하고 자세한 가치 있는 자료들을 제공하지 않는다고 판단했습니다." 연구 프로그램 디렉터는 이렇게 설명했다.

"그 연구들이 충분히 엄격하지 않았다는 말씀이신가요?"

"정확히 그렇습니다."

"특히 한 연구의 경우 글리포세이트에 노출된 쥐들이 종양을 갖게 되었는데, 연구 논문의 저자는 그것을 '동물들이 감염되었기 때문이었다'라고 적었습니다. 저희 그룹의 연구자들은 이러한 결론을 도출할만한 충분한 자료가 제출되지 않았다고 판단했지요. 우리는 몬산토

커트 스트라이프는 국제암연구센터에서 연구 프로그램을 이끌고 있다.

가 우리에게 제시한 모든 연구들을 검토할 의향을 갖고 있었다는 사실을 확실히 말씀드리고 싶군요. 그리고 몬산토는 우리가 검토 작업을 하는 동안 그들의 대리인을 파견해서 우리의 작업을 관찰할 수 있었습니다. 이런 지적은 우리의 결정이 나온 뒤에 하는 것보다는 그 이전에 하는 게 더 나았겠지요."

연구 보고서를 완성하기 위해서, 국제암연구센터의 전문가들은 '세 가지 유형의 과학적 증거'들을 참고 자료로 삼았다. 첫 번째는 인체에서 발병한 암에 관한 자료들이다. 이는 글리포세이트를 사용한 사람들을 대상으로 진행한 역학 연구를 말한다. '통제 사례'*라 불리는 세

---

* 통제 사례 연구에서 연구자들은 비호지킨림프종처럼 특정한 병을 앓는 사람들의 그룹과 아프지 않은 사람들이면서 비교할만한 그룹(키, 나이 등의 요소에서)을 연구했다. 그리고 그들은 병의 스토리를 특징지을 수 있는 공통의 요소(예를 들어 글리포세이트 사용 같은)가 있는지 판별해내고자 했다.

가지 연구는 캐나다와 미국, 스웨덴에서 이뤄졌으며 이 결과는 "비호지킨림프종과 인간에게 매우 드물게 나타나는 림프 계통 암의 발병 위험 증가를 입증해주었고, 특히 캐나다에서의 연구는 일 년에 단 이틀만 글리포세이트에 노출되어도 심각한 수준으로 그 위험이 증가함을 보여주었습니다"라고 커트 스트라이프는 덧붙였다.

두 번째 종류의 증거자료는 '동물실험 증거'로, 실험실에서 동물실험에 의해 입증된 발암 물질 관련 결과들을 말한다. "글리포세이트를 주입한 쥐들에게서 암이 발견되었다는 증거를 입증하는 충분한 연구들이 있었습니다"라고 커트 스트라이프가 단호히 말했다.* 세 번째 자료들은 아르헨티나의 페르난다 시모니엘로와 델리아 아이아사가 입증한 것처럼 글리포세이트가 살아 있는 유기체의 DNA를 훼손시키는 능력에 대한 증거들이다. "글리포세이트가 가진 유전자 파괴 독성은 명확히 입증되었습니다." 콜롬비아에서 비행기로 살포된 글리포세이트에 노출되었던 마을 사람들에 의해 입증된 사례를 예로 들며 캐스린 규턴은 확언했다. 연구자들은 글리포세이트 살포 전과 살포 후에 같은 사람에게서 채취한 피를 분석한 결과 글리포세이트가 사람의 염색체를 파괴했다는 사실을 확인했다.[44] 게다가 시험관 내에서 진행한 수많은 실험의 결과는 인간과 동물에게서 같은 피해가 발견되었음을 확인해주었다.

---

* 8장에서 국제암연구센터 연구자들이 채택한 동물 연구에 대해서 더 자세히 다룬다.

글리포세이트는 실험동물들의 세포와 시험관 내에 있는 인간의 세포에 산화 스트레스를 유발한다는 "단단한 증거들"이 있다고 연구 보고서의 저자들은 적었다. "이 메커니즘은 산화 스트레스에 대한 글리포세이트의 효과를 제거하는 산화 방지제를 투여하는 것으로 실험적으로는 개선될 수 있지요."*

"글리포세이트를 금지시켜야 한다고 생각하십니까?" 나는 국립암연구센터를 대표하는 두 사람에게 물었다.

"이 질문은 나와 국제암연구센터의 관할 영역이 아닙니다. 우리의 연구는 정부 기관들이 사용할 수 있도록 제시된 하나의 도구이지요. 그들이 각 제품의 적정 노출 정도에 대한 규범을 확정짓고, 식품에 허락되는 잔류물의 수준을 규정하는데 사용할 수 있도록 말이지요. 그러나 우리 스스로 직접 제품에 대한 권고를 하지는 않습니다…." 미국의 독물학자는 이렇게 답했다.

크리스틴 셰파드의 비호지킨림프종

"저는 2015년 9월 국제암연구센터가 입증해낸 라운드업 사용과 비호지킨림프종 사이의 연관성을 알게 된 그

* 산화 스트레스는 자유 전자를 포함한 '활성산소종'에 의한 세포 구성 요소 공격을 의미한다. 산화 스트레스는 암의 발달에서 염증과 돌연변이를 유발하는 원인이다.

날을 결코 잊지 못할 겁니다. 저는 제 컴퓨터 앞에 앉은 채로 남편을 불렀지요. 이리 와봐!" 이 에피소드를 털어놓은 2016년 5월 21일, 크리스틴 셰파드Cristine Sheppard의 눈은 여전히 흥분으로 반짝였다.

"믿을 수가 없었습니다. 저는 결국 제 병의 원인을 알게 된 겁니다. 캘리포니아환경보건위험평가국OEHHA 사이트를 통해 이러한 정보를 얻게 되었지요. 글리포세이트를 정부가 인정하는 발암 물질의 리스트에 넣을 것을 국제암연구센터가 제안했다고 사이트는 전하고 있었습니다. 이것은 캘리포니아에서 팔리는 모든 라운드업 통에 그것이 고지되어야 한다는 사실도 의미하는 것이었지요. 그리고 얼마 지나지 않아 한 법률사무소에서 몬산토에 대한 소송을 전개하려고 피해자를 찾는다는 소식을 접하게 되었습니다. 그건 마치 캄캄한 밤에 마침내 반짝이는 작은 불빛을 발견한 것과도 같았습니다…."

몬산토 국제법정에 나온 크리스틴 셰파드는 긴 시간 자신이 겪었던 '시련'을 설명했다. 영국 출신인 그녀는 1980년 캘리포니아에 정착해 컴퓨터 회사에서 마케팅 디렉터로 일했다. 항공업계에서 엔지니어로 일하는 그녀의 남편 켄이 승진을 하며 옮겨온 곳이었다. 1995년 그들은 삶을 바꿔보기로 결정한다. "우리는 딸과 떨어져야 하는 출장에 지쳐 있었어요. 우리는 뭔가 함께해보고 싶었고, '땅에서 일을 한다'는 우리의 오랜 꿈을 실현해보고 싶었어요." 그렇게 해서 셰파드 가족은 하와이 근처의 섬인 코나로 이사했고 커피 농장을 구입했다. "우린 커피 농장에 대해 아무것도 몰랐기 때문에 아열대 농업 학교에서 교육

받은 그대로 따라했습니다. 커피나무 사이의 잡초를 제거하기 위해서는 '라운드업을 사용해야 한다!'고 그들은 말했습니다. 그리고 우리에게 라운드업을 뿌리는 사람들의 사진을 보여주었습니다. 그들은 마스크도, 장갑도, 그 어떤 보호 장치도 없었습니다. 우리를 가르치던 농업기술자는 등에 지고 다니며 뿌릴 수 있는 농약 살포기를 권했습니다. 저는 그걸 등에 지고 추수 전, 채취 전에 2ha에 이르는 커피 농장에 라운드업을 뿌렸지요. 1년에 4~5번은 뿌렸을 겁니다. 남편은 생산 작업을 주로 맡았기 때문에, 제초는 제 일이었지요. 아무도 우리에게 위험하다고 말해준 사람은 없었습니다⋯."

셰파드 가족의 새로운 직업과 그들의 농장은 코나 지역에서 급속히 유명세를 얻게 되었다. 탁월한 마케팅 능력에 힘입어 크리스틴은 인터넷 커피 직판 1위의 판매망을 구축했다. 주문받은 커피의 발송, 농장을 방문하는 고객들을 맞이하는 역할은 그녀의 몫이었다. 켄은 커피 볶는 일을 담당했다. 2001년 부부는 유기농업으로 전환하기로 결정하고 준비하기 시작했다. "그런데 2003년 8월 저는 비호지킨림프종을 앓고 있다는 진단을 받았습니다. 생존 확률이 4~10%라고 했지요." 이렇게 말하는 크리스틴의 목소리는 감정에 휩싸였다. "우리 부부는 내가 죽으리라 생각했지요. 저는 의사에게 계속해서 물었습니다. 왜 제가 그 병에 걸렸지요? 그러나 아무도 제가 왜 그런 암에 걸렸는지 말해줄 수 없었습니다. 저는 왕성하게 육체적으로 활동하고 담배도 피우지 않는 매우 건강한 생활을 영위하고 있었거든요. 저는 호놀룰루에서 매우 독한 화학요법 치료를 받았습니다. 그러나 1년 후에도 암은 그대로였습니다. 담당 의사는 저에게 로스앤젤레스에 가서 줄기세포 이식을 해야 한다고 말했습니다. 이 위험천만한 수술의 비용을 지불하기 위해 우리는 커피 농장을 팔아야 했습니다. 끔찍한 일이었지만 다른 선택지가 없었습니다. 보험은 수술비 중 겨우 일부만 지불해주니까요. 수술 이후 화학요법과 방사선 치료를 병행했던 4개월간의 입원 치료 후에도, 줄기세포 이식에도 불구하고, 종양이 여전히 제 뱃속에 버티고 있다는 걸 알게 되었습니다. 망연자실했지요. 암 전문의는 저에게 신약을 통한 치료를 시도해보자고 제안했습니다. 2015년 4월 약을 제 몸에 투여했고, 곧 효과가 나타났습니다!

그날 이후 저는 회복되기 시작했습니다. 그러나 저는 치료의 부작용 때문에 고통을 겪어야 했습니다. 저는 손과 발에서 참을 수 없는 화기를 느끼는 말초신경증을 앓았습니다. 야맹증과 심장 질환을 겪기도 했습니다. 어지간하면 저는 여행을 하지 않습니다. 그리고 사람들이 많이 모이는 곳에 가는 것을 피합니다. 그럼에도 불구하고 저는 헤이그에 오는 모험을 감행했습니다. 이 재판에 참여하는 것이 매우 중요한 일이기 때문이지요. 저는 다른 누군가가 제가 겪었던 일을 겪는 것을 원치 않습니다. 저는 몬산토가 우리가 살고 있는 땅에 독을 뿌리는 일을 멈추길 바라며, 그 회사가 자신들이 저지른 일을 인정하고 죗값을 치르기를 바랍니다. 그것이 바로 제가 여기 있는 이유입니다."

2015~2017년: 3,000명의 미국인이 몬산토를 고소하다

2015년 9월, 크리스틴과 켄은 밀러변호사사무소를 찾았다. 밀러변호사사무소에서는 라운드업 사용을 입증할 수 있는 비호지킨림프종 환자들을 찾고 있었다. 집단 소송 전문 변호사사무소는 버지니아 주 오렌지카운티에 있었다. 그들은 다국적기업에게 피해 입은 사람들을 위해 민사소송을 진행하고 금전적 보상, 피해 배상, 징벌적 이자 등을 받아내는 일을 한다. 미국에서 이러한 종류의 재판은 시민들 가운데 추첨을 통해 뽑힌 배심원들의 시민 재판으로 이루어진다. 고소당한 기업이 신문 1면을 배상금으로 장식하는 것을 피하기 위해 재판 이전 합의를 통해 문제 해결을 하려고 하지 않는다면 말이다. 후자가 바로 2002년, 앨러배마 주 애니스톤의 주민 5,000여 명이 참여한 두 개의 집단 소송에 맞서 몬산토가 택한 방법이었다. 몬산토는 애니스톤에 폴리염화바이페닐PCB 공장을 가지고 있었다. 수십 년 동안 전기변압기에서 절연제로 쓰였던 극도로 강한 독성을 가진 화학 기름의 생산은 도시의 공기와 물, 토양을 모두 오염시켰다. 결국 수년에 걸쳐 수백만 달러의 비용을 발생시킨 소송 이후 몬산토는 7억 달러를 지불하기로 했다. 이는 미국 산업 역사에서 한 번도 지불된 적 없는 최대 규모의 벌금이었다. 피해자들에 대한 보상금으로 책정된 6억 달러에서 변호사들이 가져간 금액이 40%에 이르렀다.

크리스틴 셰파드는 하와이에서 커피 농장을 운영했다. 그녀는 비호지킨림프종에 걸렸다가 회복 중이다. 그녀는 몬산토를 고발한 최초의 미국 농민이다.

미국식 재판 시스템은 전형적으로, 변호사들이 소송에서 승리할 경우 누리게 될 잭팟을 기대하며 재판 비용을 먼저 지불하는 방식으로 진행된다.

글리포세이트에 있어서 밀러사무소는 진정한 의미의 집단 소송을 포기해야만 했다. 핏속의 폴리염화바이페닐 농도를 정확하게 측정할 수 있었던 애니스톤의 경우와 달리, 비호지킨림프종의 원인은 다양할 수 있기 때문이다. "미국 법원은 각각 피해자들의 사례가 모두 다르기 때문에 피해자들이 각자의 소송을 진행해야 한다고 주장했지요." 밀러사무소에서 이 사건을 맡은 변호사 티머시 리젠버그Timothy Litzenburg는 설명했다.

크리스틴 셰파드는 이 소송의 첫 번째 고객이었다. 2016년 5월, 500명의 '고객'이 전 커피 농장주가 나선 소송에 합류했고, 2016년 10월 헤이그에서 몬산토 국제법정이 열리던 무렵 그 숫자는 1,000명을 넘어섰으며 2017년 7월에는 3,000명 이상으로 늘어났다.

"여러분은 모두 미국에서 오셨습니다." 티머시 리젠버그는 2016년 5월 21일 오렌지카운티의 사무실에서 가진 첫 만남에서 크리스틴에게 이렇게 설명했다. 그전까지 변호사와 그의 고객들은 전화나 메일로만 이야기를 주고받았다. 수천km 떨어진 거리가 그들을 갈라놓았기 때문이다. 그날 처음 도착한 사람은 워싱턴 근처, 두 번째로 온 사람은 캘리포니아에서 살고 있었다. "고객 대부분은 농업에 종사하는 분들입니다. 당신처럼요. 그들은 농사를 짓기 위해서 몬산토의 제품을 정기적으로 사용했지요. 그들 중에는 고객의 정원을 가꾸는 일을 하거나 골프장에서 일하는 정원사도 있고, 또 몇몇은 땅 주인입니다. 자신의 정원에 직접 정기적으로 제초제를 사용한 것이지요. 몬산토의 라운드업에 노출된 후 모든 분들이 비호지킨림프종을 앓았습니다."

2015년 11월, 밀러변호사사무소는 크리스틴 셰파드의 이름으로 첫 소송을 제기했다. 몬산토는 즉각 이 사건이 캘리포니아연방법원과 무관하다는 이유로 이의를 제기했다. 해당 소송에서 거론된 사건은 하와이에서 일어났으며, 몬산토 본사는 미주리 주에 있기 때문이다. 2016년 2월 2일, 그리하여 호놀룰루 재판소에서 두 번째 소송이 제기된다. 이 소송은 "셰파드 외 대vs 몬산토"라 불렸다. 소송은 몬산토가 "라운드업이라는 제품이 본질적으로 위험하며 피고(몬산토)가 제공한 사용법에 따라 그 제품을 사용하였을 때 안전하지 않다는 사실을 알고 있거나, 그 사실을 알아야 할 이유가 있음"을 분명히 지적했다. 몬산토는 위조된 자료가 입증하는 바를 강조하고 제품의 위험을 폭로하는 적법한 연구 결과를 공격하면서 여전히 라운드업이 위험하지 않다고 주장했다. 몬산토는 정부 당국, 농산업자, 그리고 대중을 향해 라운드업이 안전하다는 사실을 설득하기 위해 정보 왜곡 작전을 이어갔다.

"아시는 바와 같이 몬산토는 자신들의 제품이 암과 비호지킨림프종을 유발하지 않는다고 확언하고 있습니다"라고 2016년 5월의 만남에서 티머시 리젠버그는 크리스틴에게 말했다. "거기다 한술 더 떠서, 몬산토는 캘리포니아환경보건위험평가국을 제소했습니다. 캘리포니아환경보건위험평가국이 글리포세이트를 '제안 65' 리스트에 포함시켰기 때문이지요." 캘리포니아식 표현인 제안 65Prop 65는 1986년 채택된 법으로 정부가 매년 새롭게 갱신되는 암과 유전적 기형, 출산 장애를 유발하는 화학약품의 리스트를 공시할 것을 요구한다.* 우리가 본 것처럼, 국제암연구센터의 결정 이후 환경보건위험평가국은 글리포세이트가 900여 개의 목록에 포함되어야 한다고 제기했다. 2016년 1월 21일, 몬산토는 프레노 고등법원에 캘리포니아환경보건위험평가

---

* '제안 65'의 공식 명칭은 "Safe Drinking Water and Toxic Enforcement Act"다. 리스트에 속하는 제품을 판매하는 상인들에게 그 제품을 사용하면서 소비자가 처할 수 있는 위험에 대한 정보를 알리도록 하는 내용의 법이다.

국에 대한 소송을 제기했다. 필립 밀러가 서명한 보도자료에서 몬산토는 "글리포세이트는 암을 유발하지 않는다. 따라서 캘리포니아의 '제안 65' 리스트에 글리포세이트를 포함하는 것은 과학적 근거가 없는 일이며, 소비자들에게 정당하지 않은 불안을 야기하는 일이 될 것이다. … 프랑스에서 열린 회의에서 내려진 글리포세이트에 대한 국제암연구센터의 결론은 잘못된 것이며, 선택적으로 해석된 데이터에 근거한 투명하지 않은 결과였다"[45]라고 했다.

"우리는 거의 무제한적인 재원을 확보한 억만장자 다국적기업에 맞서고 있습니다." 크리스틴을 만났을 때 그의 변호사 티머시 리젠버그가 한 이야기다. "우리의 무기는 독립적이고 엄격한 과학자들을 우리 편으로 두고 있다는 사실이지요. 반면 몬산토는 그들을 위한 자체 연구를 재정 지원할 능력을 가지고 있습니다. 우리는 몬산토 내부 문서들과 몬산토가 환경보호 기구에 건넨 자료들을 검토하기 시작했습니다. 누가 무엇을 언제 알았는지를 밝혀내기 위해서 비밀문서 목록에서 해제해주길 요구하여 입수한 것이지요. 이 싸움은 험난하고 길 것입니다. 하지만 우리에겐 이 싸움을 이길 것이라는 희망이 있습니다…."

"저에게는 누군가 이 서류들을 찬찬히 살펴보겠다고 나선 것 자체가 진정한 의미의 위로였습니다." 눈에 보일 정도로 역력히 감동한 크리스틴의 말이다. "저는 이 일을 맡아주기로 한 변호사사무소에 감사드립니다. 한 개인이 몬산토에 맞서 재판을 진행한다는 것은 상상하기 힘든 일이거든요. 저는 그들에 맞설 수 있을 만큼 주머니가 넉넉지 않습니다. 소송을 시작도 하기 전에 재정적으로 파산할지도 모르지요. 이 일을 혼자 하는 것은 불가능합니다. 저에겐 도움이 필요합니다."

1978년:
글리포세이트에 대한 몬산토의 첫 번째 거짓말

"우리는 몬산토가 이해하는 언어로 이야기합니다. 그것은 다국적기업들이 이해하는 유일한 언어이기도 합니다. 돈과 이윤에 대한 언어가 그것입니다." 티머시 리젠버그는 몬산토 국제법정에서 이렇게 증언했다. "이러한 방식의 대화가 그들의 마음을 편하게 하진 않겠지만, 그들의 아픈 곳을 건드리겠지요. 이 방식으로 우리는 환경을 오염하고 사람들을 아프게 만드는 기업들의 태도를 바꾸려 합니다."

"크리스틴 씨에게 한 가지 질문을 드리고 싶습니다." 판사 디오르 폴 소우가 질문했다. "크리스틴 씨는 당신의 심각한 문제들을 몬산토에 알리셨나요? 만일 그러셨다면, 몬산토의 반응은 어떠했나요?"

"아니요. 저는 그렇게 하지 않았습니다. 그들은 제 말을 듣지 않을 것이기 때문입니다." 크리스틴 셰파드는 답했다.

"불행하게도, 몬산토와 직접 대화하는 것은 시간 낭비일 뿐이라고 생각합니다." 티머시 리젠버그가 말을 이어갔다. "그들의 입장은 글리포세이트가 발암 물질이 아니라는 것이며 미국에서 몬산토는 '유해하지 않은' 제품으로 판매되고 있습니다. 심지어 그들은 글리포세이트가 식탁 위에 놓이는 소금보다 위험하지 않다고 말하고 있습니다."

"하와이 대학은 심지어 우리에게 글리포세이트를 마셔도 무방하다고 말했습니다." 크리스틴이 덧붙였다.

몬산토 프랑스의 사이트에서는 2010년 9월에 게시된 〈발아래에서 자라고 있는 몇 가지 통념을 잘라냅시다!〉라는 제목의 자료[46]를 찾아볼 수 있다. 8페이지에 보면 다음과 같은 내용이 있다. "글리포세이트에 들어 있는 급성 독성은 카페인이나 소금처럼 일상적으로 사용되는 식품에 들어 있는 것보다 현저하게 적은 수준이다."

"몬산토는 과연 어떤 연구 결과에 근거하여 이런 내용을 주장하고 있는가?" 북극권에 자리한 도시, 노르웨이 트롬쇠Tromsø 대학 연구자 토마스 뵌Thomas Bøhn은 질문을 제기했다. 2017년 2월 14일, 나는 북극의 오로라를 볼 수 있기를 바라는 비밀스러운 희망을 품고 트롬쇠에 도착했다. 결과는 "꽝!"이었다. 오로라는 볼 수 없었지만, 한 가지 근사했던 일은 생명 안전을 전문으로 하는 이 생물학자가 열정적인 아마추어 사진작가이기도 했다는 사실. 덕분에 황홀한 피오르해안에서 자신의 카메라를 들고 맹금을 추격하는 그의 모습을 카메라에 담을 수 있었다. 이 지역은 고래들이 떼 지어 춤추는 광경을 목격할 수 있는 곳으로도 유명하다. 그와 함께했던 이 작은 일탈은 기꺼이 환영할만한 것이었다. 이것마저 없었다면, 우리는 트롬쇠에서의 짧은 체류 시간을 오로지 실험실 안에 갇혀서 보냈을 테니!

수년 전부터 토마스 뵌은 글리포세이트와 유전자조작 식품이 보건과 위생에 끼치는 영향에 관해 연구해왔다. 그는 미국환경보호청에 1978년 8월 31일 자로 보고된 몬산토의 연구 결과를 기밀문서 리스트에서 제외해줄 것을 요청하는 기막힌 생각을 해냈다. 〈다프니아 마그나(물벼룩)에 대한 글리포세이트의 급성 독성〉이라는 제목이 붙은 이 연구를 몬산토의 요구에 의해 민간 연구소의 독성학 연구자 두 명이 진행했다.* 사본을 구해서 볼 수 있었던 연구 보고서에서는 아래와 같은 스탬프가 찍혀 있었다: "이 보고서는 대외 기밀 정보와 몬산토의 영업 비밀을 담고 있음." 연구 보고서는 중대한 자료였다. 규제 기관들이 화학제품 승인과 관련해서 요구한 긴 목록의 연구들 중 첫 번째였기 때문이다. 이 연구는 소위 우리가 말하는 "치사량" 혹은 업계 용어로는 "DL50", 즉 실험 대상인 쥐, 일반적으로는 민물에 사는 작은 갑각류 동물인 물벼룩이 절반 이상 죽는 시점의 실험 물질의 양을 측정하는 데 초점을 맞췄다. 이 실험을 위해 물벼룩은 실험 물질을 높은 함량으로 투입시킨 욕조에 노출된다. 실험 결과를 통해 mg/l로 치사량을 표시한다. 이는 해당 제품 독성 정도를 가리키는 표시 값이 된다. 실험 결과 1l의 물에 930mg의 글리포세이트가 있으면 48시간 안에 물벼룩이 절반 이상 죽는 것으로 나타났다. 몬산토를 위한 완벽한 결론

---

* 윌리엄 맥알리스터William McAllister, 알란 포비스Alan Forbis, 분석생화학연구소des Analytical Biochemistry Laboratories Inc.

은 여기서 비롯된다. "거의 독성 없음." 토마스 뵌은 같은 조건에서 똑같은 실험을 했다. 그리고 그 결과는 매우 달랐다.[47]

"우리는 같은 동물을 죽이는데 1l 당 단 10mg의 글리포세이트가 필요했습니다. 우리는 1978년의 이 연구 결과가 말하는 것보다 실제 글리포세이트의 독성은 100~300배에 이른다는 것을 입증했지요. 우리는 당시 연구자들이 다른 종류의 글리포세이트를 이용했다고 가정했습니다. 그들이 우리와 같은 글리포세이트를 이용하여 실험을 했다면, 그들의 결과는 우리와 비슷했을 것이기 때문이지요…."

"'다른 종류의 글리포세이트'라고 말하시는 건 어떤 의미인가요?" 나는 생물학자가 계란 위를 걷는 것 같다는 느낌을 받으며 물었다.

"물에 타서 제초제로 사용하는 것과는 다른 종류의 글리포세이트가 있습니다." 그가 답했다. "물에는 녹지 않는 글리포세이트가 있거든요. 하지만 이번 실험처럼 수중 환경이나 농업에 쓰이는 제품의 독성 실험에 물에 녹지 않는 글리포세이트를 이용했다면, 말도 안 되는 것이지요."

"그들은 속임수를 쓴 건가요?"

"그들이 무슨 짓을 한 건지 저는 알 수 없습니다…. 그러나 제가 말씀드릴 수 있는 건, 글리포세이트가 '거의 독성이 없는' 제품이라는 이야기는 이 연구 이후 곳곳에서 반복되었는데, 그 실험은 완전히 잘못된 것이었습니다."

이윽고 우리는 물벼룩이 사는 물속에 소량의 글리포세이트를 넣고,

만성 독성을 테스트하는 실험을 진행했다. 우리는 1l 당 1.35mg의 글리포세이트를 섞은 물속 물벼룩의 사망률이 글리포세이트를 섞지 않은 물의 물벼룩 사망률보다 높은 것을 발견할 수 있었다. 또한 1l 당 0.45mg 글리포세이트 함량 물속 물벼룩의 출산율은 심각한 수준의 타격을 입었으며, 1l 당 0.05mg 글리포세이트 농도 물벼룩 자손의 개체수도 심각한 수준으로 줄어들었다.

"그러나 물벼룩과 사람은 다르지 않나요?"

"물론입니다." 토마스 뵌이 미소 지으며 답했다. "그러나 물벼룩은 화학제품의 독성을 측정하기 위한 완벽한 모델입니다. 글리포세이트가 물벼룩에게 위험한 독성 물질을 가지고 있다면, 우리는 이 제품의 사용에 대해 매우 신중해야 하며, 생쥐 또는 쥐 실험을 이어가야 합니다. 물벼룩은 인간의 건강을 지키기 위한 보초병인 셈입니다."

30년 동안 몬산토와 미국환경보호청이 글리포세이트의 발암 성분을 감춰왔다

"우리 모두가 아는 것처럼, 몬산토는 전 세계의 정부와 정부 산하의 규제 기관에 침투하였습니다." 몬산토 국제법정에서 티머시 리젠버그는 단언했다. "미국에는 화학제품에 대한 규제를 담당하는 환경보호청이 있습니다. 화학제품 규제를 진행하는 과정에 환경보호청에서 일하는 수많은 몬산토 전 간부들이 개입합니다. 전직 환경보호청 직원들이 몬산토에 가서 일하거나 고문으로 일하는 경우도 있습니다. 글리포세이트에 관해서는, 모든 증거가 몬산토가 자신들의 제품이 가진 발암 성분을 감추기 위해 과학 실험과 규제 과정을 조작했다는 사실을 가리키고 있습니다."

2016년 10월의 그날, 변호사 티머시 리젠버그는 그 이상은 말하지 않았다. 법정이라는 곳의 게임의 법칙상 어쩔 수 없는 노릇이었다. 그로서는 그가 몬산토에 대항하는 재판에서 쓰기 위해 인내심을 가지고 모은 모든 증거들을 누설할 수는 없는 노릇이었다. 증거 문서 중에는 몬산토가 미국환경보호청에 보낸 독소 관련 서류 전체도 있다. 밀러변호사사무소는 티머시 리젠버그의 여러 고객들에 의해 제기된 소송을 맡은 한 캘리포니아 판사에게 "영업 기밀"이라며 봉해진 수많은 정보 산더미의 일부를 기밀문서에서 해제해달라고 요청했다. 그리고! 그 서류는 (내가 이 책의 8장에서 다시 다루게 될) 몬산토 서류의 일부를 차지한다. 나는 2016년 5월 뉴햄프셔에서 만난 생명화학자 앤서니 삼셀 덕분에 수천 쪽에 달하는 그 서류들을 들춰보는 특권을 누릴 수 있었다.

앤서니 삼셀Anthony Samsel은 정보자유행동Freedom of Information Act—국가안전 관련 문제를 제외한 행정 서류들에 대한 미국 시민들의 기밀문서 해제 요청 권리를 보장하는 법적 장치—의 도움으로 자료를 확보할 수 있었다. 그는 몬산토가 미국환경보호청에 1980년 제출한 글리포세이트 승인 관련 서류에 대해 정보 공개를 요청하였다. 환경보호청은 요구를 거절했다. 앤서니 삼셀은 상원 의원에게 도움을 요청했고, 결국 요구를 관철할 수 있었다. 환경보호청은 그에게 100여 종의 서류를 피디에프 파일로 보내왔다. 즉, 글리포세이트의 급성 독성을 검사해야 했던 몬산토와 민간 연구소들에 의해 진행된 모든 연구 자료(노르웨이의 토마스 뵌이 손에 넣은 것과 같은)와 만성 독성 연구에 대한 자료 모두가 도착한 것이다.

“여기 모든 것이 있지요!” 컴퓨터를 켜며 앤서니 삼셀은 맛깔스러운 먹잇감을 대하는 표정으로 이렇게 말했다. “한 가지! 이 자료들을 누군가에게 주지 않을 것, 보여주지도 않을 것을 서약했어요. 각 서류의 첫 장들을 촬영할 수 있게 해드리지요. 하지만 그 이상은 안 됩니다. 하지만 저에게는 이 자료들에 대한 의견을 전할 권리는 있습니다. 과학 논문을 통해 언급할 수 있는 권한도 있지요. 이 모든 연구 자료는 기업의 영업 기밀문서로 대외비이며, 과학 잡지에 한 번도 게재된 바 없습니다. 여러 종류의 동물들—물벼룩, 쥐, 생쥐, 토끼, 물고기—을 대상으로 실시한 여러 종류의 만성 독성 실험 결과가 있습니다. 90일에서 2년에 이르기까지 긴 기간 동안 동물들을 글리포세이트에 노출시켜 그 영향을 측정한 것들이지요. 이 실험들은 글리포세이트가 기형을 유발하는지, 즉 이것이 선천적 기형의 원인이 되는지, 혹은 DNA에 영향을 끼쳐 돌연변이를 일으키는지, 아니면 암을 유발하는지 등을 측정하였습니다. 저는 몬산토가 2년이나 걸리는 여러 가지 연구를 진행했다는 사실을 보고 놀랐습니다. 저는 프랑스 연구자인 질-에릭 세랄리니가 그 실험을 한 유일한 사람인 줄 알고 있었지요."

"그 연구들은 글리포세이트가 암을 유발한다는 것을 입증했나요?" 내 앞에서 펼쳐진 엄청난 양의 정보에 문자 그대로 경악하며 그에게 물었다.

"그렇습니다! 게다가 이 자료의 가장 인상적인 대목이 바로 그것입니다. 저는 모든 자료들을 도표로 정리했습니다. 글리포세이트가 유발하는 다양한 암들에 대해 한눈에 볼 수 있도록. 1981년[48]에 진행된 2년짜리 연구가 있습니다. 라운드업이 쥐에게 제공되는 먹이 1kg당 3~30mg까지 3단계의 다른 함유량으로 섞여 있었습니다. 그들은 신장암, 방광암, 뇌암, 뇌하수체암, 갑상선암, 전립선암(수컷), 유방암(암컷) 등을 라운드업이 가장 적게 함유된 먹이를 먹은 쥐들에게서 발견했습니다. '함유량-효과' 관계가 정반대로 나타난 셈이지요. 1981년에 실행된 26개월짜리 연구에서, 연구자들은 수컷들의 신장 손상을 발견했습니다. 환경보호청은 몬산토에게 좀 더 진전된 조직 검사를 요구했지요. 그 연구에서는 만성 신장병에서 전형적으로 나타나는 세포 염증을 확인할 수 있었습니다. 실험 결과들은 여러 림프선과 장기에서 다양한 형태의 암들이 자라나고 있음을 확인해주었습니다. 췌장의 예를 들어보자면, 자료들이 통계적으로 보여주는 것은 매우 의미심장합니다. 대조 그룹에서는 암이 발견되지 않았습니다. 그러나 하루 3mg/kg의 라운드업에 노출된 쥐 49마리 중 5마리, 10mg/kg에 노출된 쥐 50마리 중 2마리, 30mg/kg에 노출된 쥐 50마리 중 3마리가 암에 걸린 것으로 드러났습니다."[49]

"그럼 몬산토와 환경보호청이 30년이 넘게 글리포세이트의 발암 성분을 일부러 감춰왔단 말인가요?"

"사실, 이 결과들을 희석시키기 위해 몬산토는 과거에 진행된 실험들의 통제 집단에서 얻은 결과와 비교했습니다. 출처가 모호한 연구들이었지요. 분명히 실험실 기술자들의 실수에 의해서 또는 실험동물들이 살았던 물이나 그들이 먹었던 먹이가 오염되었거나 하는 방식으로 진행된 부정직한 연구였을 것입니다. 결국 통제 그룹에 있던 동물들은 암에 걸렸음이 확인되었습니다. 이렇게 통계적으로 의미 있는 조사가 의미 없는 조사로 둔갑하게 되는 것이지요.* 이런 걸 두고 저는 '부정직의 마술'이라고 부른답니다. 같은 간계가 1983년에 생쥐들을 대상으로 진행된 18개월짜리 연구 결과를 희석시키기 위해서도 사용되었습니다. 연구 결과는 실험 그룹[50]에서 신장염 증가를 명백하게 드러내고 있습니다. 조작이 없었다면 글리포세이트는 판매 승인을 받을 수 없었을 겁니다. 게다가 환경보호청의 내부 문서는 글리포세이트와 관련해 열린 위원회에서 만장일치 결의가 이뤄지지 않았음을 드러내고 있습니다. 일부 회원들은 자신의 이름 밑에 '나는 동의하지 않습니다'라고 썼고 이 제품의 판매 허가에 반대한다는 뜻을 표명하였습니다."

---

* (옮긴이 주) 실험 그룹에서 암이 발생했지만, 통제 그룹 역시 어떤 방식으로든 환경을 조작하여 암이 발생하게 함으로써, 실험 그룹에서 나타난 암 발생률을 의미 없게 만들어버렸다는 말이다.

앤서니 삼셀은 이렇게 결론을 내렸다. "몬산토는 뛰어난 연구를 진행했습니다. 저는 작업의 질에 깊은 인상을 받았습니다. 그러나 불행하게도 그들은 이 모든 정보를 감췄습니다!" 우리는 이 범죄적 은폐에 대한 책임이 세인트루이스에 본사를 둔 몬산토에게만 있는 것은 아니라는 사실을 차차 보게 될 것이다. 범죄는 규제 당국의 공모 없이는 이루어질 수 없는 일이었다. 그에 대한 더 자세한 정황을 앞으로 보게 될 것이다….

4장

스리랑카: 논에 가득 찬 죽음

"스리랑카는 작은 나라입니다.
그러나 우리는 우리의 역할을 했습니다.
모든 나라가 스리랑카의 사례를 따라줄 것을 요청합니다."

—

스리랑카 라자라타 의과대학 약학과 학과장, 31세 의학자 샤나 자야수마나

"라타나 스님이 급히 전화 달라고 하십니다!" 2016년 9월 20일 아침 6시였다. 나는 마크 뒤플루아예, 기욤 마르탱과 함께 파리에서 출발해 아부다비를 경유해 14시간의 비행 끝에 스리랑카의 수도인 콜롬보에 도착했다. 당연히 그다지 생생한 상태가 아니었다. 그랜드오리엔탈 호텔에 우리의 짐을 놓자마자, 호텔 지배인이 한 손으로는 전화번호가 적힌 쪽지를, 나머지 한 손으로는 전화기를 건넸다. 라타나 스님의 '희망 사항'이 우리가 거부할 수 없는 명령에 가까운 것임을 의미하는 행동이었다. "위대한 인물입니다. 그 분은 만인의 존경을 받으시지요." 지배인은 만면에 미소를 지으며 말했다.

2015년:
글리포세이트를 금지한
첫 번째 나라

아서래리 라타나 테로Athuraliye Rathana Thero

는 2004년에 국회의원이 된 스리랑카의 불교 승려다. 2014년 그는 농민 출신 전 보건부 장관이었던 마이트리팔라 시리세나를 대통령에 당선시킨 시민운동을 이끈 주역이기도 하다. 2015년 1월 8일 선출된 새 대통령은 즉시 전 세계 언론의 화젯거리가 되었다. 그는 스리랑카 전체에 즉각적으로 글리포세이트 수입을 금지한다고 선언하였다. "인민의 건강과 농촌 공동체를 지키겠다"는 목적이었다. 기자회견 자리에서 그는 "글리포세이트는 만성 신장 질환으로 고통받는 환자를 증가시키는 주범이었습니다. 스리랑카 북부 지역에서는 노동 인구의 15%가 이 같은 병에 시달리고 있습니다. 이 제초제로 인해 2만 명이 사망하였습니다"라고 밝혔다. 세계 최초의 글리포세이트 금지는 대통령 선거에서 마이트리팔라 시리세나를 지지한 시민운동의 핵심 요구 사항이기도 했다. 유기농업의 열정적인 지지자인 스님은 스리랑카 중북부 지역 농촌에서 일어난 참극을 가까이에서 목격해왔다. 내가 그에게 연락을 취한 것은 정확히 그 이유 때문이었다. 내가 콜롬보에 도착한 바로 그날 오후 4시 인터뷰가 예정되어 있었다. 그런데 무슨 일로 신새벽부터 스님이 나를 찾으신다는 말인가?

"인터뷰를 연기해야 합니다." 그는 나에게 단호한 어조로 말했다. "저는 당신이 오후 2시 기자회견에 오셔서 발언해주시길 바랍니다. 어제 나빈 디사나야크 농림부 장관이 영자 신문《선데이타임즈》를 통해 부분적으로 글리포세이트 금지를 해제하고 차 재배 농장들을 위해 라운드업 8만t을 수입하겠다고 발표했습니다. 당신은 왜 글리포세이트가 위험한지에 대해서 반드시 언론에 말씀하셔야 합니다! 제가 요청한 당신의 영화 〈몬산토: 죽음을 생산하는 기업〉 DVD를 가져오셨나요?"

"네, 가져왔습니다." 대화 상대의 다소 혼란스러운 영어에 잠시 당황하며 답했다.

"완벽해요! 대통령 집무실에서 이 비디오를 상영할 것입니다. 안타깝게도 대통령은 지금 유엔 회의 참석을 위해 뉴욕에 갔지요. 그는 미국에서 오후 늦게 긴급 장관 회의를 주재할 것입니다. 기자회견이 끝난 후, 우리는 기자들을 위해 당신의 영화를 상영할 것입니다."

피로했지만 내겐 선택권이 없었다. 샤워를 마치고, 든든한 아침식사를 마친 후, 나는 글리포세이트에 대해 발표하기 위한 준비에 임했다. 늦은 아침, 우리는 콜롬보 항에서 영상을 촬영하였다. 영국인들이 인도 남쪽에 위치한 실론 섬을 지배했던 시기, 화물선 전체를 차茶로 가득 채워 수출하던 바로 그 항구였다. 이 섬은 인도양의 금 조각이라 불렸고, 1972년 스리랑카민주사회주의공화국Democratic Socialist Republic of Sri Lanka이 되었다.

"완전 미치겠다." 내가 동료들에게 말했다. 마침 우리가 세계 최고급품 중 하나라 자랑하는 홍차를 한 잔 들이키고 있을 무렵이었다. "하와이의 커피, 다음엔 실론의 차에 라운드업이 뿌려졌다니. 스리랑카 기자들에게 이런 상황을 유럽 소비자들이 좋아하지 않을 거라고 말해야겠어. 만일 스리랑카 정부의 라운드업 금지가 해제된다면…."

"저는 지난주 대통령을 만났고, 그는 저에게 '글리포세이트로 만든 제초제 금지'를 확인해주셨습니다." 기자회견에서 라타나 스님은 언급했다. "총리도 물론 여기에 뜻을 같이 합니다. 따라서 농림부 장관의 발표는 아무런 근거가 없는 것입니다. 저는 스리랑카 땅에 글리포세이트가 결코 다시는 발붙이지 못할 것임을 분명히 말씀드립니다! 그 누구도 이 결정을 뒤집을 수 없습니다. 정부는 나라를 테러리스트로부터 지키기로 결심했습니다. 그러나 오늘날 진정한 테러리스트는 화학제품 제조업체들이며, 이들이 프라바카란Prabhakaran보다 100배쯤 더 피해를 가져오지요!"

싱할라어cingalais로 진행된 불교 스님의 기자회견은 30여 명의 기자들 사이에서 놀라움과 절제된 비난 사이를 오가는 반응들을 불러일으켰다. 그가 사용한 비유가 제법 대담한 것이었다는 점을 이야기할 필요가 있을 것 같다. 벨뤼필라이 프라바카란(1954~2009)은 오랫동안 스리랑카의 공적 1호였다. 그는 분리를 주장하는 반군 조직 '타밀일람해방호랑이'의 지도자로, 1983년부터 2009년까지 내전*을 이끌었다. (스리랑카 정부 입장에서는) 힌두교를 믿는 스리랑카의 동북부 독립 정부—인구 2,200만 명 대다수가 불교도인 이 나라에서 힌두교도의 숫자는 전체의 약 20%를 차지—를 뿌리 뽑으려는 전쟁이었다. 25년 동안 이

* (옮긴이 주) 1983년 7월 23일부터 2009년 5월 18일까지 스리랑카와 타밀족 반군인 타밀일람해방호랑이 사이에 진행된 내전이다. 스리랑카 정부군이 타밀일람해방호랑이가 지배하던 지역을 제압하면서 26년에 걸친 내전이 끝났다.

갈등으로 인해 7만 명의 사망자와 14만 명의 실종자가 발생했다.

"우리는 조국을 사랑합니다. 우리는 조국을 위해 살아갑니다. 우리는 우리가 사랑하는 이 땅이 망가지도록 내버려두지 않을 것입니다. 세계의 전문가들에게 우리가 이 상황을 헤쳐갈 수 있도록 도움을 청할 것입니다!" 라타나 스님은 나를 연단 위로 초대하면서 이렇게 연설을 마쳤다. 그 자리에 온 스리랑카 기자들이 약 30여 분간 영어로 진행된 나의 발언을 모두 이해했는지 확신할 수는 없다. 나의 발언은 고작 5분 정도의 짧은 시간 동안 싱할라어로 통역되었다. 그러나 글리포세이트의 잔여물이 남아 있는 스리랑카산 차를 유럽 사람들이 마시기 꺼려할 것이라는 결론이 기자들의 상당한 관심을 불러일으킨 듯 보였다. "경제 효과에 초점을 맞춰 발언을 매듭지은 것, 아주 잘 하신 겁니다." 라타나 스님이 3시간 뒤 내 발언에 대한 소감을 전했다. "20만ha의 농경지에서 차를 경작하는 스리랑카는 전 세계 차 생산량 3위 국가입니다. 차 농사는 120만ha에서 짓는 쌀농사와 함께 스리랑카의 주요 외화벌이 수단입니다. 그런데 2015년까지 이 두 가지 농사를 위해 매년 530만*l* 의 글리포세이트가 투입되었습니다."

우리 일행은 콜롬보로부터 30㎞ 떨어진 곳에 있는 불교 사원으로 이동해 라타나 스님을 찾아뵈었다. 놀라운 공간이었다. 사원과 사원 식구들의 숙소는 공업 지대 한가운데 공터의 가장자리에 있었다. 거기엔 짓다가 만 으리으리한 콘크리트 건물들이 들쭉날쭉 들어서 있었다. 공터의 또 다른 쪽엔 엄청난 크기의 불상이 연꽃으로 뒤덮인 연못을 등지고 서 있었다. 오렌지색 승복을 입은 라타나 스님은 불상 앞에 엎드려 있다가, 이윽고 연꽃 모양으로 모래 위에 앉아 도시 속으로 스며들 주문을 외우고 계셨다. 그러더니 갑자기 일어나 우리에게 따라 오라는 손짓을 하셨다. 그는 선명하게 기쁨을 드러내며 사원을 따라 일궈진 유기농 텃밭을 보여주었다. "이걸 찍으세요!" 그는 거의 명령처럼 우리에게 말했다.

"서양인들은 우리가 농사를 짓는데 그들의 화학제품이 필요하지 않다는 것을 알아야 합니다! 우리의 밭은 우리 공동체가 살아가는데 필요한 모든 과일과 야채를 제공합니다. 그 어떤 제초제도 그 어떤 화학비료도 없이 말이지요. 스리랑카인들이 25세기 동안 늘 해오던 일입니다!"

"2014년 3월, 마힌다 라자팍사 전 정부는 글리포세이트 사용 금지를 결정했습니다. 그런데 1개월 만에 자신의 결정을 뒤집었지요." 우리를 사원 안으로 안내한 후 라타나 스님은 말했다. "그래서 저는 상대 후보 편에 가담했습니다. 우리는 수많은 농민, 과학자, 종교 지도자들과 함께 운동단체를 만들었습니다. 그리고 정권 교체를 이뤄낼 수 있었습니다. 글리포세이트 거부를 통해 우리가 '킹 메이커'가 될 수 있었던 것이지요." 박장대소하며 그는 자신의 이야기를 이어갔다. "저는 우리가 개척자였다는 것이 매우 자랑스럽습니다! 스리랑카는 작은 나라지만 다른 나라들에게 하나의 모범 사례를 제시한 겁니다. 몬산토는 스리랑카에서 일어나는 일을 매우 면밀하게 주시하고 있습니다.

다른 나라도 우리의 사례를 따라갈 수 있기 때문이지요!"

"농림부 장관이 몬산토의 압력을 받았나요?" 내가 물었다.

"저는 알 수 없지요. 농림부 장관은 차 생산자 협회와 매우 가까운 사이입니다. 그리고 그 협회는 기업식 농업과 깊게 연관되어 있습니다. 그들의 논리는 글리포세이트를 금지하면 수확량이 줄어든다는 겁니다. 손으로 잡초를 제거하는 농사는 1ha당 라운드업 2l 를 1년에 두 번 뿌리는 것에 비해 4배쯤 더 많은 일손을 필요로 하거든요. 정부가 글리포세이트를 금지한 이후 몬산토는 최근 800명의 박사 학위 소지자(국립과학아카데미 회원들이 포함된)들이 서명하고 언론이 이어가는 캠페인을 지지한 바 있습니다. 그들은 이렇게 주장합니다. '우리는 글리포세이트가 필요하다.' 이러한 캠페인이 실린 전면 광고 지면은 매우 비쌉니다. 글리포세이트가 우리 농민 공동체에 가져오는 재앙을 알면서! 너무나도 무책임한 일입니다. 가장 큰 피해를 입는 사람들은 쌀농사를 짓는 가정입니다. 환자와 사망자가 발생하면서 지역 전체가 죽음으로 내몰리고 있지요. 가서 한 번 보셔야 합니다! 우리 아이들의 미래를 위협하는 이 범죄를 전 세계가 알아야 합니다!"

글리포세이트는 치명적인 신장 질환의 원인

다음날 우리는 아침 6시에 콜롬보를 떠나 아누라다푸라로 향했다. 수도 콜롬보에서 북쪽으로 250㎞ 떨어진 곳에 위치한 이 도시는 중북부 지방의 주도로 5만 7,000명이 살고 있다. 다행히도 우리와 약속을 잡은 샤나 자야수마나Channa Jayasumana 박사가 우리에게 자야수리야라는 이름의 "믿을 만한 운전사"를 추천해 주었다. 그가 없었더라면 우린 적잖은 어려움을 겪었을 것이다. 이 나라에서는 왼쪽 길로 차들이 운행하며—영국의 옛 식민지였던 탓에—푹푹 꺼진 도로를 익숙하게 운전하려면 상당한 경험이 필요하기 때문이다. 이웃 나라 인도의 도로를 주행할 때, 자전거, 소, 트럭, 자동차 들이 서로 얽힌 상황에서 길을 헤쳐 나가고자 클락션을 마구 눌러대는 것처럼. 불행하게도 우리의 일정은 너무도 빡빡하게 짜여서 1,300년 동안 실론Ceylon의 정치적·종교적 중심지 역할을 해온 아누라다푸라 성지를 방문할 틈조차 가질 수 없었다. 이 도시는 불교의 성지로 간주되는 곳으로 1982년 유네스코 세계문화유산으로 등재된 바 있다.

"어제 텔레비전에서 뵈었습니다." 샤나 자야수마나가 약학과 학과장으로 있는 라자라타 의과대학 연구실에 자리를 잡고 마주 앉았을 때, 그는 내게 이렇게 말을 건넸다. "브라보! 대통령이 임명한 위원회는 마침내 글리포세이트에 대한 완전한 수입 금지를 확인했습니다.

스리랑카의 논에서 모내기를 하는 모습.

마을 주민들 다수가 심각한 신장 질환을 앓는 동네의 대표들이 제게 전화를 해서 그들이 얼마나 안도했는지 알려주었지요. 바로 제가 일하는 의과대학이 갑작스럽게 퍼지기 시작한 신장 질환의 정체를 알렸던 곳입니다. 1990년대 전까지는 스리랑카에서 전혀 알려지지 않았던 병이거든요. 첫 사례는 1994년 아누라다푸라 병원에서 발견되었습니다. 그리고 2000년부터 신장 질환은 말 그대로 스리랑카에서 전염병처럼 번져갔습니다.

처음에 정부 당국은 이 병을 '원인 불명의 만성 신장 질환'이라고 명명했습니다. 일반적으로 신장 질환은 당뇨병이나 고혈압에서 기인하는데, 이때 발병한 사람들의 경우 두 증상을 나타내지 않았기 때문이지요. 그래서 2008년 제 박사 논문 주제를 이 질병으로 정하고, 역학조사와와 임상 조사, 생화학 조사를 진행했습니다. 우리는 먼저 수십 명의 환자들을 상대로 설문 조사를 진행했습니다. 조사를 통해 이 질병이 벼농사와 관련 있다는 사실을 알 수 있었습니다. 특히 제초제와 화학비료를 사용하고 우물물을 마시는 청장년 남성들에게서 자주 이 질병이 발생했지요. 반면 병이 퍼진 지역에 살았다고 하더라도, 우물물 대신 수돗물을 마신 사람들은 질병을 피해갈 수 있었습니다. 우리는 우물물을 분석했고, 그 속에 높은 수준의 금속 성분과 제초제 잔류물, 대표적으로 글리포세이트가 검출되는 것을 확인할 수 있었습니다. 우리는 또한 우물의 수원인 지하수층의 물이 마그네슘과 칼슘을 다량 함유한 경수라는 사실을 알아낼 수 있었습니다."

"당시 글리포세이트나 라운드업에 대해서 들으신 바 있으셨나요?"

"아니요, 전혀!" 31세 젊은 의학자는 주저 없이 답했다. "처음 조사에 들어갔을 때, 완전히 백지 상태에서 시작했습니다. 의사로만 살아왔던 저는 농민들이 사용하는 제초제에 대해서 전혀 아는 바가 없었던 것이지요. 제 연구 초점을 글리포세이트로 맞추는데 상당한 시간이 걸린 것도 아마 그 때문일 것입니다. 그래서 저는 환자들에게서 반복되는 특징적 징후들을 모으기 시작했습니다. 역학조사 이후 우리는 임상 조사와 생화학 조사에 들어갔습니다. 해당 지역에 사는 주민 중 병에 걸린 사람과 걸리지 않은 사람, 그리고 다른 지역에 사는 사람의 소변을 검사하여 비교 분석했지요. 비소, 카드뮴, 크롬, 니켈, 코발트 등의 중금속과 글리포세이트가 대부분인 제초제, 유기인화합물을 성분으로 하는 살충제가 높은 함량으로 환자들의 소변에서 검출되었습니다. 위의 물질들은 신장 질환이 없는 같은 지역 주민들이나 타 지역 주민들의 소변에서는 발견되지 않았습니다.

2014년에 우리의 연구 결과를 과학 잡지[51]에 게재하였습니다. 세계보건기구에서도 우리가 한 것과 비슷한 연구를 진행했지요. 그리고 우리가 얻은 것과 거의 비슷한 결론에 도달했습니다. 이렇게 하여 우리는 이 신장 질환이 독성 화학물질에 기인한 것이라는 결론에 이르렀지요. 우리는 인산 비료에 들어 있던 것들까지 포함해서 소변에서 발견된 중금속을 따로 검토했습니다. 그러나 그중 그 어떤 물질도 이토록 심각한 신장 손상을 불러일으킬 수 있는 물질이 아니었습니다. 그래서 무엇이 이 전염병의 원인인 신장 독성 물질인지 찾기 시작했습니다. 우리는 그 물질을 'X물질'이라 명명하였습니다. 이 물질은 몇 가지 특징을 지니고 있었습니다. 이 물질은 병이 나타나기 적어도 20년 전에 투입되었을 것입니다. 연구가 진행되면서 우리는 젊은 사람들과 여성들에게서 이 물질에 감염된 흔적을 점점 더 확인할 수 있었습니다. 모든 것들이 이 'X물질'이 생체 내에 축적될 수 있으며 임상적으로 드러나는 신장 질환을 일으키기까지 적어도 12~15년의 시간이 필요하다는 사실을 입증하고 있었습니다. 그리고 이 물질은 벼농사와 관련 있다는 사실도 드러났지요. 이 질병의 분포도는 벼농사를 짓는 논의 지도와 완벽하게 일치했기 때문입니다.

우린 한 살충제를 선택했습니다. 1977년부터 정부가 매우 적극적으로 그 제품의 사용을 벼농사에 권장했기 때문이지요. 'X물질'은 또한 지하수층의 경수*에서 안정적인 배위화합물을 형성하는 특징을 가져야 합니다. 자연 성분 속에 녹아 있는 금속들을 고착시키거나 논에서 사용된 화학물질들을 고착시킬 수 있어야 하거든요. 이 모든 기준을 만족시키는 단 하나의 물질이 있었습니다. 그것은 바로 글리포세이트였습니다!"

강력한, 매우 독성이 강한, 금속 킬레이트제

"당신은 마치 범인을 쫓는 사립 탐정처럼 행동하신 것이군요?" 우리 팀이 아누라다푸라에서 120㎞ 떨어진 파다비야로 다시 길을 떠날 채비를 하는 와중에 나는 의사에게 물었다. 파다비야는 이 나라에 널리 퍼진 신장 질환의 진앙지로 간주되는 지역이었다. 때는 9월이었다. 벼 추수는 이미 끝난 상태였다. 여기저기 흙길 모퉁이에서, 우리는 수확한 소중한 작물의 마지막 볏단을 탈곡기에 집어넣는 농부들을 볼 수 있었다. 야생 공작새들이 떼 지어 마른 논에 흩어진 알곡들을 쪼아 먹고 있었다.

---

* 물은 *l*당 칼슘과 마그네슘 함량이 0~60㎎일 때 연수로 간주한다. 60~120㎎일 때 중경수, 121~180㎎일 때 경수, 그 이상이면 초경수로 간주한다.

"글리포세이트가 처음 발부받은 특허는 제초제가 아닌 킬레이트제 능력에 대한 것이라는 사실을 발견하고, 저는 이 질병의 범인을 글리포세이트로 지목하게 되었습니다." 샤나 자야수마나는 갑자기 단호한 어조로 답했다. "순간, 모든 퍼즐이 제자리를 찾았지요. 그러나 저는 여전히 제 가설이 틀렸다는 것을 누군가 진지하게 입증해주길 기다리고 있습니다!"

사실 글리포세이트를 발명한 것은 몬산토가 아니라 스위스 화학자 앙리 마르틴이다. 그는 제약회사 실락Cilag의 연구소에서 일하고 있었다. 1950년 당시에 이 발명품은 그 어떤 의학적 용도도 입증해내지 못했고, 회사는 글리포세이트를 다른 회사들에게 팔아넘겼다. 1964년 미국의 다국적기업 스토퍼화학이 처음 글리포세이트로 금속 킬레이트제 특허를 취득했다.* 킬레이트는 그리스어에서(khêle, 집게) 온 말이다. 물리적 · 화학적 과정을 통해 하나의 배위자가 양이온이나 금속 이온과 결합하여 만들어내는 단단한 복합화합물(착이온)을 킬레이트라고 부른다. 의학적으로 일부 킬레이트제는 중금속 급성 감염에 대한 해독제로 사용된다. 치아에 사용하는 납땜 수은이나 플루토늄 같은 방사선 물질 해독에. 킬레이트 과정은 금속을 녹이는 결과를 가져오기 때문이다. 따라서 살아 있는 유기체가 중금속을 소변을 통해 배

* 두 명의 연구자가 글리포세이트에 대한 특허를 요청했다. 토이 폰Toy Fon과 외젠 윙Eugéne Uhing이 1961년 1월 30일 스토퍼화학의 이름으로 요청했다. 1964년 12월 8일 미국의 특허 사무국이 특허 번호 3160632A를 발부했다.

설해내도록 할 수 있다. 1964년 스토퍼화학이 얻은 특허는 글리포세이트가 수많은 광물과 무기질을 분리해낼 능력이 있음을 입증하는 것이었다. 칼슘, 마그네슘, 카드뮴, 니켈, 코발트, 납, 스트론튬 같은. 글리포세이트의 화학적 구조는 금속을 그것이 속해 있는 곳에서 추출해내 달라붙게 하고, 물에 녹도록 한다. 그래서 글리포세이트는 처음에 금속 침전물로 꽉 막힌 보일러 소제나 민간 혹은 공업용 수도관 세척용 세제로 쓰였다.

"도착했습니다!" 논으로 빚은 모자이크 사이를 두 시간 반 동안 차로 달린 끝에, 샤나 자야수마나가 이렇게 외쳤다. 우거진 풀잎에도 불구하고 논은 완벽한 직사각형 모양이었다. 우리는 차를 한 전통 농가 앞에 세웠다. 벽에는 오렌지 빛깔 흙을 발랐고 지붕을 초가로 만들었다. 엄청나게 키 큰 야자수 부근에서 대나무 돗자리 위에 말리려고 늘어놓은 볏단을 한 여자가 밟고 있었다. 그녀는 우리를 바라보며 인사한 후 인터뷰를 약속한 남편 아누라 프레마라푸를 부르러 갔다. 푸른색 천으로 지은 사롱sarong을 두른 몹시 여윈 남자가 문에 서서 우리에게 오라고 손짓했다. 집의 유일한 공동 공간에 모두 자리를 잡고 앉자마자 맏딸이 치료 기록이 담긴 공책을 가져왔다. 자야수마나는 공책을 조용히 넘겼다.

"병은 어떻게 시작된 건가요?" 자야수마나가 남자에게 물었다.

"5년 전이었습니다. 몇 개월 동안 두통이 있었어요. 소변을 볼 때면 불에 덴 듯 아팠고, 허리도 아팠습니다." 아누라가 답하는 동안 그의 막내딸이 우리에게 차를 가져왔다.

"일반적으로 농촌에서 발병하는 신장 질환은 어느 정도 시간이 지나야 진단이 가능합니다. 초기에는 특징적인 징후가 딱히 드러나지 않기 때문이지요. 임상적 징후가 나타날 때쯤엔 신장 기능은 이미 60% 이상 망가진 상태입니다. 우리의 자료에 의하면 환자는 보통 진단을 받은 후 4~8년 내에 사망합니다. 아누라는 4기 환자입니다. 그는 투석 치료 대기자입니다." 샤나가 내게 설명했다.

"라운드업을 사용하셨나요?" 의사가 물었다.

"네. 사용했습니다. 12년 동안, 한 번 수확할 때마다 25~35*l* 정도를 사용했어요."

"우물이 있나요?"

"네…. 부모님은 언제나 우물물을 드셨어요. 하지만 제가 아픈 이후로는 우물물을 더 이상 마시지 않습니다."

아누라는 일어서서 논으로부터 약 100m 떨어진 곳에 흰 돌로 쌓아 만든 오래된 우물을 보여주었다. 우물로 가는 길에 그는 손으로 벽에 기댄 제초제 살포기를 가리켰다. 브라운스프레이라는 상표를 가진 제초제였다. "지금 저 살포기를 보면, '저게 우리를 죽음으로 내몰았구나'라고 말하게 됩니다. 우린 그저 먹고살고자 했을 뿐인데…." 그는 깊은 한숨을 쉬며 중얼거렸다.

아누라가 기다란 철 체인에 달린 양동이로 물을 길어 올리는 동안 샤나가 물었다. "이 물을 마시고 병에 걸린 다른 분이 계신가요?"

"우리 가족 중에 제 누나가 병에 걸렸습니다. 결혼하기 전에 우리와 함께 살 때 우물물을 마셨거든요. 그래서 신장병에 걸렸고, 그것 때문에 죽었습니다."

샤나는 주머니에서 테스터기를 하나 꺼내 들었다. 총용존고형물SDT, solides dissous totaux을 측정하는 일종의 온도계 같은 것이다. 이것을 통해 물속에 현존하는 금속의 양을 측정할 수 있다. "보시지요. 지금 물속에는 l당 852mg의 중금속이 있습니다. 이건 엄청나게 높은 수치입니다. 일반적으로 우리가 마시는 식수는 20mg 미만이지요.* 농부들이 라운드업을 논에다 뿌릴 때 잔류물은 이미 자연스럽게 많은 칼슘과 마그네슘을 함유한 지하수층에 스며들지요. 이 지역의 물은 매우 심한 수준의 '경수', 즉 중금속이 많은 물입니다. 킬레이트 능력으로 인해, 글리포세이트는 금속, 화학약품, 비료의 잔류물에서 나온 카드뮴, 크롬, 니켈, 코발트와 같은 중금속과 결합합니다. 일단 글리포세이트가 금속과 결합하면, 킬레이트화 과정을 거쳐 착이온, 즉 매우 안정적인 복합화합물을 이루며 30년 이상 지하수층에 머뭅니다. 지하수에 침투한 복합화합물은 독성 화학 물질로 글리포세이트와 중금속이 따로 있는 것보다 신장에 훨씬 더 큰 위협을 가합니다. 우리가 발표한 연구 결과[52]에 따르면, 농촌 신장 질환 환자들의 96%가 경수 혹은 초경수를 적어도 5년 이상 마셔왔습니다.

---

* 프랑스에서 식수 기준 권장 수치는 0.45mg/l다.

이 질병이 스리랑카 북부에는 없다는 사실을 알 필요가 있습니다. 북부 지역의 물 역시 초경수입니다. 그것은 30년 동안 이 나라를 갈기갈기 찢어놓다가 2009년에서야 끝난 무장 반군 세력과의 갈등 때문입니다. 타이거타밀이 폭발물을 만들기 위해 각종 화학제품을 사용하니까, 정부는 모든 종류의 화학제품 판매를 북부 지역에서 금지했습니다. 글리포세이트로 만든 제초제까지도요. 바로 이 대목이 우리의 가설을 더욱 강화해주었지요! 우리는 결코 글리포세이트가 농촌 지역 신장 질환의 유일한 원인이라고는 말하지 않습니다. 칼슘과 마그네슘뿐 아니라 중금속이 많이 들어 있는 경수도 한몫했으니까요. 하지만 글리포세이트가 없었다면 신장 질환은 이런 식으로 발병하지 않았을 겁니다."

"살충제는 괴물입니다"

우리는 신장 질환이 심각하게 발병한 지역의 한가운데 위치한 파다비야 병원으로 가기 위해 다시 길을 나섰다. 이들은 신장 질환을 농촌 공동체에 퍼진 만성신장염CINEAC이라고 불렀다.

"우리는 병명을 바꿨습니다. 일단 이 병이 농사짓는 일과 관련 있다는 점을 강조하고자 했지요. 이 병은 결합 조직을 침범하는 신장 질환입니다. 신장뇨세관이 부풀어 오르고 뜨겁게 타올라 노폐물을 걸러내는 기능이 손상되는 병입니다. 만성이 되면 상황은 점점 악화되어 신장 기능이 완전히 망가집니다. 이 대목에서 글리포세이트는 다시 한 번 완벽한 주범 역할을 합니다! 많은 연구들이 글리포세이트에 노출된 동물들에게서[53] 신장뇨세관 손상을 발견함으로써 그것의 독성 성분을 입증해온 바 있지요. 질-에릭 세랄리니 교수는 2년간 라운드업 레디 옥수수를 먹었거나 낮은 함량의 글리포세이트가 섞인 물을 마시고 자란 들쥐들이 상당히 높은 수준의 크레아티닌(크레아틴에서 형성되는 고리형 화합물로, 질소가 동물뇨 중 배설되는 경우의 주된 형태)을 갖고 혈액 중 요소 수치가 높은 점을 통해 심각한 신장 장애를 입증해냈습니다(7장 참조).[54] 이는 들쥐가 마시는 물에 아주 약한 농도로 글리포세이트를 타서 실험했던 아르헨티나인 카렌 라르센에 의해 다시 한 번 입증되었습니다."[55]

샤나 자야수마나는 자신의 아직 완벽하지 않은 리스트에 내가 이전 장에서 언급했던 몬산토의 연구를 추가할 수도 있다. 그는 물론 당시 알지 못했다. 앤서니 삼셀이 상원 의원의 도움을 받아 비밀문서 목록에서 빼내 입수했지만, 그것들은 몬산토 영업 비밀문서로 분류된 글리포세이트 승인 서류의 일부였기 때문이다. 1981년 보고된 그 연구에서는 경구를 통해—즉 음식을 통해—글리포세이트에 노출된 들쥐들은 "만성 신장 질환"[56]의 전형적인 증상인 신장이 타오르는 증세를 보였다고 보고하고 있다. 그들은 결론에서 "신장뇨세관 팽창"이나

"신장뇨세관의 급성 종양" 같은 "신장 내에서의 변화"가 관찰되었다고 기록했다.

"그렇다면, 몬산토는 모든 것을 알았고, 그런데도 아무것도 말하지 않았다는 말인가요? 정말 어처구니가 없군요!" 내가 당시 알고 있었던 몬산토 자체 연구 결과에 대해 언급해주자 샤나 자야수마나는 분노했다. 우리는 파다비야 병원의 원장인 푸부두 라나위라 박사와 약속이 있었다. 그는 국제사회에 재정 지원을 요청하기 위한 서류를 작성하고 있었다.

"우리 병원은 지금 수용 능력을 완전히 초과한 상태입니다. 우리 병원의 투석 기구는 한번에 8명의 환자밖에 수용하지 못합니다. 24시간 내내 가동한다 해도, 하루에 80명의 환자만 받을 수 있습니다. 대기자 명단은 늘어만 가고, 젊은 환자가 점점 더 늘어나고 있습니다. 우리는 적어도 3배 이상 시설을 확장해야만 합니다. 우리 병원에서 신장 질환은 사망률 1위를 차지하고 있습니다. 이건 대량학살입니다!"

원장은 우리를 투석실로 안내했다. 흰 가운을 입은 3명의 간호사가 8명의 환자(남자 7명, 여자 1명)를 돌보고 있었다. 여자 환자는 갑자기 구토를 동반한 기침을 발작적으로 했다. 그녀 옆엔 한 남자가 있었는데, 그는 투석기가 날카로운 소리를 내며 가동될 때에도 태연한 태도를 취했다.

"몇 살이지요?" 라나위라 박사가 물었다.

"31세입니다." 젊은 환자가 답했다.

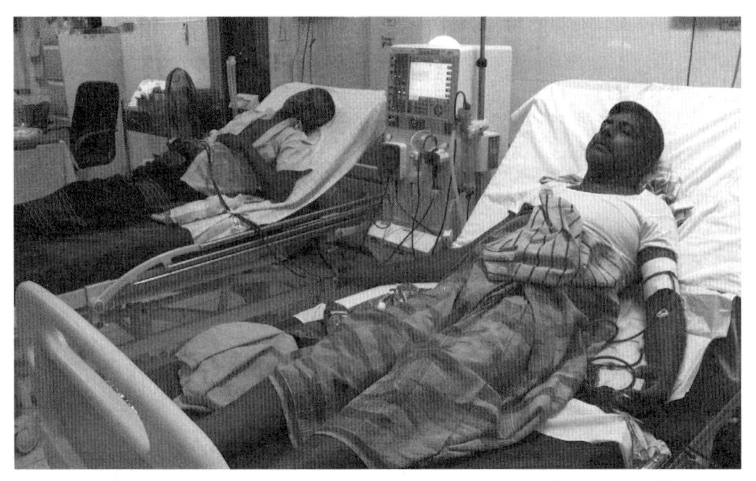

스리랑카 파다비야 병원의 투석 센터. 글리포세이트로 만든 제초제에 노출되어 발병하는 신장 질환이 이 병원 환자들의 사망 원인 1순위이다.

"언제부터 투석을 시작했나요?"

"1년 전부터요."

"논을 가지고 있나요?"

"네."

"라운드업을 사용했나요?"

"예전엔 그랬습니다. 하지만 지금은 쓰지 않아요…."

"서류를 보니 신장 이식 수술을 신청하셨군요."

"네. 보건부가 형이 저한테 신장 이식을 할 수 있는지 검사 중이에요. 형은 저에게 신장을 나눠줄 준비가 되어 있거든요."

푸부두 라나워라 박사는 많은 환자들이 투석을 포기한다고 우리에게 설명했다. 일주일에 세 번씩 수십㎞를 달려 병원으로 올 수 없는 사람들이 많기 때문이다. 신장 이식은 매우 특별한 경우에 속한다. 일단 기증자가 부족하기도 하거니와 이 같은 대형 수술을 수행할 수 있는 외과의사나 의료 시설도 극히 부족한 상태이기 때문이다.

지역의 수많은 가정에 들이닥친 이 같은 참사에 크게 상심한 닥터 라나위라는 예방을 위한 활동을 하기로 결심했다. 1주일에 한 번, 그는 환자들과 그들의 가까운 친지들을 불러 좌담회를 연다. 우리가 병원에 갔던 바로 그날이 좌담회가 열리는 날이어서, 우리는 그 놀라운 장면을 필름에 담을 수 있었다. 11시를 알리는 종이 울리자 50여 명에 달하는 남녀가 습한 열기로 가득 찬 작은 공간에 조용히 자리 잡기 시작했다. 벽에는 유기농업의 장점에 대하여 싱할라어로 설명한 그림들이 붙어 있었다.

"오늘 우리는 비전염성 질병과 신장 질환에 대해 이야기할 것입니다." 닥터 라나위라는 말을 시작했다. "작년에 우리 병원에서 2만 5,000명의 환자가 약을 타갔습니다. 그들 중 약 5,500명의 환자가 신장 질환이었지요. 20%입니다. 이것은 심각한 문제입니다! 이 질병을 멈추게 할 수 있을까요?" 그의 질문은 집단적인 포효를 불러일으켰다. 그들 중 다수는 동의의 뜻으로 머리를 가볍게 끄덕이기도 했다.

"그럼요. 우리는 할 수 있습니다! 그런데 어떻게 할 수 있을까요? 논에다 제초제를 뿌리는 일을 멈춰야만 합니다. 여러분의 부모들, 조부모들, 증조부들, 그들이 이런 병을 앓았던가요? 아닙니다! 우리는 그들이 했던 것처럼 화학약품이라는 독약 없이 농사짓는 법을 다시 배워야 합니다. 그것은 괴물입니다! 인간과 동물, 환경, 그리고 미래 세대에게 위험을 초래합니다. 아시겠어요? 우리는 제초제 사용을 완전히 멈춰야 합니다! 모두들 좋은 하루 보내시고요!" 닥터 푸부두 라나위라는 합장한 두 손을 턱 앞으로 모으며 그날의 강연을 마쳤다. 청중들은 연신 고개를 끄덕였다.

글리포세이트가 유발한 신장병이 수만 명의 죽음을 야기하다: "이것은 생태학살이다"

"글리포세이트 마피아. 저는 글리포세이트 제조자들과 그들과 동업하는 과학자들과 정부 관료들을 이렇게 부릅니다. 그들의 전략 중 하나는 우리의 연구 결과가 과학적이지 않다는 루머를 퍼뜨리는 것이지요. 우리 연구실은 그 정도 실력이 안 된다는 식으로 이야기하면서요." 우리가 환자들의 모임에 가기 위해 길을 나섰을 때, 샤나 자야수마나는 내게 이렇게 말했다.

"그래서 우리가 채취한 소변과 물 샘플을 캘리포니아 대학에 보냈어요. 그들은 우리와 같은 결과를 얻었지요. 우리는 역학조사를 통한 증거와 임상적, 생화학적 증거를 모두 가지고 있습니다. 하지만 몬산토는 실험실 현장 조사도 하지 않고, 우리의 결과를 무시할 뿐입니다!

그건 과학적인 방식이 아니지요! 저는 그들의 태도가 범죄 행위라고 확신합니다. 매일 수천 명의 무고한 농민들이 죽어가고 있으니까요. 스리랑카에서 뿐만 아니라, 인도, 중앙아메리카에서도요."

실제로 인도의 남동부에 위치한 안드라프라데시 주 행정 당국은 농부들의 만성 신장 질환을 전염병으로 등록해둔 상태다. 특히 우다남과 치카무르티의 우물들은 총용존고형물 수치가 *l*당 1,000㎎까지 기록된 바 있다.[57] 이웃 스리랑카인들과 마찬가지로 인도 농민들도 논 제초 작업을 위해 글리포세이트를 사용해왔기 때문이다. 니카라과, 엘살바도르, 코스타리카의 해안 지역에서도 같은 상황을 목격할 수 있다. 이 지역에선 사탕수수 밭에 글리포세이트가 살포되었다.[58] 태평양 연안을 따라 길게 늘어선 중앙아메리카의 화산대는 자연스럽게 지하수층에 많은 금속을 함유하고 있다. 인도 아대륙에서 흔히 그런 것처럼 농민 가족은 상수도 시설에 접근하지 못하고 우물물을 마신다. 2013년 발표 통계에 따르면 2만 명 넘는 사람들이 이 지역에서 만성 신장 질환으로 사망했다.[59] 엘살바도르의 상황은 각별히 심각하다. 2005년에서 2012년 사이 3만 9,000명의 신장 질환 환자가 발생하였고, 그것은 병원에서 발생하는 사망의 주된 원인이다.[60] 그래서 2013년 9월 5일 엘살바도르 의회는 중금속을 함유한 53개 제초제와 화학비료 수입을 금지했다. 엔도설판(독일산 살충제), 패러콧(제초제), 글리포세이트 등이다. 몬산토 제초제의 경우 유예 기간 2년을 두기로 합의가 이뤄져, 완전한 수입 금지는 2015년 9월로 미뤄졌다. 스리랑카가 대통령령으로 금지하고 나서 4개월 후의 일이다.

"국민들은 어떻게 반응했나요?" 콜롱 사만의 집으로 발걸음을 옮기며 내가 샤나에게 물었다. 콜롱 사만Kolon Saman은 마을의 촌장으로 몬산토 국제법정에 참석하기 위해 헤이그로 나와 함께 날아갈 사람이었다. "사람들은 두려워했습니다. 많은 사람들은 마을을 떠나고자 했지요. 아이들까지 병에 걸릴까 봐 다들 염려했거든요. 신장 질환 확산은 글리포세이트로 만든 제초제가 야기한 유일한 증상은 아니었습니다. 아이들에게서 높은 빈도로 림프종과 백혈병이 나타났고, 농민 공동체 내에서 유방암과 전립선암이 자주 발견되었지요. 조상들로부터 전수되던 생활의 지혜와 삶의 양식이 파괴된다는 사실 또한 문제 중 하나였지요, 우리를 둘러싼 모든 환경이 침범당한 것입니다. 생태계 파괴의 이상적인 실례를 보시려거든 스리랑카 중북부 지방으로 가보십시오. 의심의 여지가 없는 생태학살의 현장입니다." 잠시 침묵을 지키던 샤나가 이렇게 덧붙였다. "이 참사는 저의 모든 에너지를 움직였지요. 우리 나라에서는 교육이 무상이에요. 저는 남쪽 지방의 평범한 가정에서 태어났지요. 공교육과 내 동포들이 낸 세금으로 저는 이 나라에서 가장 젊은 의사가 될 수 있었어요. 이런 사실은 저에게 권리도 부여하지만, 동시에 의무도 지니게 해주지요."

우리는 콜롱 사만의 집에 도착했고, 그는 우리에게 인사를 하러 나왔다. 그의 집 앞에 놓인 긴 의자들에 40여 명의 사람들이 앉아있었다. 나는 그 순간을 결코 잊을 수 없을 것이다. 의사를 보자마자 십여 명의 남녀 환자들이 지팡이에 의지해 일어섰다. 조용하게 그들은 의사를 빙 둘러싸고, 내가 전날 아누라 프레마라푸 집에서 보았던 것과 같은 공책을 의사에게 보여주었다. 콜롱 사만은 푸른 사롱을 입은 채 흔들의자에 앉아 이 광경을 지켜봤다. 무한한 인내심으로 샤나는 각각의 진료 기록들을 검토하며 의견을 제시하고 환자들의 질문에 답했다. 몬산토 제초제로 피해를 입은 주민들이 얼마나 심각한 근심과 걱정에 휩싸여 있는지 이해하는데 싱할라어를 모르는 건 전혀 문제가 되지 않았다. "저와 사만은 10월 14일에 네덜란드에 갈 것입니다. 우리는 몬산토와 라운드업을 심판할 재판에 참석할 것입니다. 여러분이 지금 겪고 계시는 어려움과 관련하여 전하실 말씀이 있으시면 지금 모두 말씀해주세요. 사만이 그 이야기들을 전할 것입니다!" 집단 진료가 끝난 직후 닥터 샤나 자야수마나는 주민들에게 말했다.

"예전에는 아버지와 논에 갔을 때 고랑에서 팔뚝만 한 물고기들을 보곤 했어요. 우리는 그걸 잡아서 집에 가져오곤 했지요. 그런데 이젠 더 이상 그런 것들을 볼 수가 없습니다. 개구리도, 게도, 몽구스도, 메뚜기도 전혀 볼 수가 없는 것처럼요…."

"집에서 남자 어른이 아파 쓰러지면 어떤 일이 발생하나요?" 콜롱 사만이 물었다.

"논에서 일할 누군가를 고용해야만 하지요. 우리는 논에서 일할 힘이 없거든요. 수입이 줄어들고, 아이들 학교 공부에 필요한 준비물을 살 돈도 부족하지요." 아누라 프레마라푸가 답했다.

"제 남편은 8년 전에 죽었습니다. 그리고 저는 5년 전부터 신장병을 앓고 있어요. 경제적으로 매우 힘든 상황입니다. 우리 가정은 지금 도저히 경제적인 어려움에서 헤어나지 못하고 있지요. 우리 아이들은 앞으로 어떻게 될까요?" 한 40대 여인이 울먹이며 말을 이어갔다.

"어떤 물을 마시고 있나요?" 닥터 샤나가 물었다.

"우리는 정부가 일주일에 수차례씩 공급해주는 물을 사야만 합니다. 그런데 이 물이 너무 비싸요." 여인은 덧붙였다. 다른 참석자들도 고개를 끄덕이며 동의했다.

"몬산토 국제법정에서 제가 어떤 말을 하면 좋을까요?" 콜롱 사만이 물었다.

"우리는 몬산토 같은 제초제 회사들이 제초제 때문에 병에 걸린 사람들의 가족들에게 배상을 해야 할 책임이 있다고 생각합니다. 그들은 우리를 도와야 해요!"

늦은 오후, 콜롱 사만은 마을 불교 사원을 이끄는 스님을 방문했다. 그는 유럽으로 떠나기에 앞서 축복을 받길 원했다. 그의 첫 해외여행이기도 했고, 무엇보다도 그는 자신의 어깨에 놓인 '무거운 책임'을 느끼고 있었다. "우리 마을에서 스님들은 한 달 평균 20회의 장례식에 참석하고 계십니다." 주지 스님이 말씀하셨다. "스님 공동체가 당신과 샤나 선생을 축복하니 부처님의 힘이 당신들의 여행에 함께하실 것입니다."

몬산토와 기업농의 위협

"제 이름은 사만 콜롱입니다. 저는 스리랑카의 파다비아에서 왔습니다. 저는 오늘 벼농사를 짓는 4만 명의 농부들을 대표해서 이 자리에 섰습니다. 저는 라운드업이 야기한 피해에 대해 말하고자 합니다." 스리랑카의 마을 대표는 몬산토 국제법정에서 자신의 증언을 시작했다. 그는 얼룩 하나 없는 흰 천으로 된 사롱을 두르고 있었다. 검은색의 육중한 커튼과 판사들이 앉은 배경을 물들이는 붉은 벽지와 함께 그의 모습이 더욱 두드러졌다.

"저는 몬산토라는 기업이 우리에게 판매한 라운드업이라는 상품이 엄청난 경제적 · 사회적 피해를 야기하고, 우리의 삶을 파괴한 진정한 독극물이라는 사실을 여러분 앞에 분명히 말씀드립니다. 라운드업으로 인해 죽은 사람들과 그로 인해 피해를 입은 채 아직 살아가고 있는 모든 사람들에게 몬산토가 배상하기를 바랍니다." 스리랑카에서 입고 다니던 블루진을 말끔한 양복과 넥타이로 바꿔 입은 닥터 자야수마나의 발언이 끝난 후 문답이 진행되었다.

"만약 농부들이 우주복 형태의 방수복이나 마스크 같은 적절한 보호 장구를 갖추고 라운드업을 사용했더라면 질병 피해를 줄일 수 있었을 거라고 생각하시나요?" 아르헨티나의 판사 엘레오노라 람이 물었다.

동시통역된 질문을 듣고 두 스리랑카인은 웃었다. 농촌의 현실과 너무 거리가 먼 질문이었기 때문이다. "모내기 철 기온은 약 40도에 이릅니다. 너무 덥고, 너무 습하지요. 농부들은 대부분 윗도리를 벗은 채 일합니다. 보호 장구를 갖춘 상태였다면, 피부를 통한 흡수나 호흡기를 통한 흡수는 줄일 수 있었겠지요. 하지만 실제로는 큰 차이가 없었을 것입니다. 글리포세이트가 유입된 주요 경로는 물이나 그 물이 들어간 음식물이니까요. 우리는 라운드업을 한 번도 뿌린 적 없는 여성들과 아이들 역시 신장 질환에 감염된 사실을 목격하고 있습니다. 정부 통계에 따르면 2015년에 2만 4,800명이 죽었고, 환자의 수는 6만 9,000명이며 5,000명이 여성과 청소년입니다. 현재 40만 명이 위험에 처한 상황입니다."

"글리포세이트가 특정한 유형의 물(중금속이 많이 함유된 경수)과 갖는 상호작용에 대해 말씀하셨습니다. 몬산토가 이에 대해 알고 있었나요? 그랬다면, 몬산토는 이에 대해 소비자들에게 주의하도록 경고 표시를 했나요?" 스티븐 슈리브만 판사가 물었다.

"몬산토는 글리포세이트가 금속과 결합하는 성질이 있다는 사실을 잘 알고 있었습니다. 몬산토가 얻은 첫 번째 특허가 바로 킬레이트 능력에 관한 것이었으니까요." 샤나 자야수마나는 답했다. "미국에서 팔린 라운드업 용기 겉면에는 이 제초제를 경수가 나오는 지역에서 사용하는 것을 권장하지 않는다고 적혀 있었습니다. 그러나 이러한 권고는 우리 농민들에게 판매된 라운드업 통에는 적혀 있지 않았습니다. 스리랑카에선 아무도 이 사실을 알지 못했습니다. 농림부 관계자도 우리가 연구 결과를 발표했을 때에야 이 사실을 알게 되었습니다."

"스리랑카가 글리포세이트 수입을 금지하는 결정을 한 후 몬산토가 스리랑카에 상업적으로 제재를 하겠다는 위협을 가한 바 있나요?" 캐나다 판사가 질문을 이어갔다.

"판매가 금지된 후 몬산토의 저명한 과학자 다니엘 골드스타인이 스리랑카에 와서 수입 금지 조치가 철회되도록 엄청난 압력을 행사한 바 있지요." 닥터 자야수마나가 말했다. "저와 제 동료들 모두가 엄청난 중상모략을 겪어야만 했습니다. 제 아내를 경악하게 했던 전화 협박을 받은 적도 있습니다. 바로 그 무렵 콜롬보화학산업협회를 이끄는 부디 마람베 교수가 제가 일하는 대학의 이사로 임명되었습니다. 이것은 매우 걱정스런 일이 아닐 수 없었습니다. 앞으로 연구를 계속하려면 저에게는 이사회의 지지가 필요하거든요. 게다가 모든 주요 제초제 기업들이 속한 단체인 스리랑카크롭라이프는 제가 연구를 거둬들이지 않으면 연구팀을 법정에 제소하겠다고 협박하기도 했습니다. 하지만 스리랑카 정부가 직접 이들에게 협박을 당했는지 여부는 알지 못합니다. … 스리랑카는 작은 나라입니다. 그러나 우리는 우리의 역할을 했습니다. 많은 영역에서 아시아와 아프리카, 라틴아메리카 국가들은 서양 국가들이 갔던 길을 따라가고는 했습니다. 그러나 이 경우에는, 모든 나라들이 스리랑카의 사례를 따라줄 것을 저는 요청하는 바입니다." 젊은 의사는 이렇게 자신의 발언을 마쳤다.

스리랑카 의사의 발언은 우레와 같은 박수갈채를 받았다. 의장 프랑수아즈 틸켄은 “몬산토가 인체 건강에 미친 영향”을 주제로 한 첫 번째 섹션이 끝났으며, 점심 식사 이후 “토양과 식물에 미친 영향”에 관한 증언을 이어갈 것이라고 말했다.

5장

땅과 식물에 뿌려진 독

"10년 전, 저는 영혼을 잃어버리는 듯한 고통 속에서 뭔가를
반드시 해야 한다는 사실을 깨달았습니다."

—

아르헨티나 농민 디에고 페르난데스

"글리포세이트가 모든 질병을 책임져야 하는 것은 아닙니다.
그러나 이 모든 질병의 확산에 중요한 역할을 한다고 말할 수 있습니다.
글리포세이트는 대규모 생태학살의 주범입니다."

—

퍼듀 대학 식물병리학 교수 미국인 돈 휴버

×

"저는 정신 분열 상태의 농부입니다. 그러나 믿어주시기 바랍니다. 이건 제가 선택한 게 아니라는 사실을! 단 20년 만에 팜파스 지역을 송두리째 파괴해버리고, 아르헨티나를 손실의 길로 이끈 유전자조작 농업 모델로부터 탈출한다는 것은 매우 어려운 일입니다. 시민사회 전체의 대중적인 움직임 없이는 이 농업 시스템을 혼자 바꿀 수는 없습니다. 우린 모두 타이타닉호에 타고 있기 때문입니다!"

2013년 11월 14일 목요일 산타페 지방의 주도 로사리오에서 펼쳐진 광경이다. 로사리오에서는 오랜 라이벌 시카고를 콩 거래에서 더블 스코어로 따돌렸다고 뽐낼 만큼 활발한 곡물거래소가 열린다. 2015년 아르헨티나산 유성 식물의 75%가 곡물 형태 혹은 기름, 가루 또는 식물성 대체 연료 형태로 바로 이곳에서 거래되었다. 여기에서 팔린 콩과 콩으로 만든 2차 가공 제품들은 엄청난 규모의 파라나 강을 거쳐 산마르틴 항구에서 중국과 유럽 등으로 실려 간다. 여기에는 매일 2만t의 콩을 빻을 수 있는 20개의 초대형 제분소가 있다. 이런 상황이니 우리는 아르헨티나 유전자조작 농업 제국의 심장부에 있었다고 말할 수 있을 것이다.

나는 인구 130만에 이르는 아르헨티나의 세 번째 도시 로사리오가 주관한 도시 농업 시범 프로그램을 촬영하면서 닷새를 보냈다.* 촬영하는 동안 이 프로그램을 창안하고 주관한 안토니오 라투카 씨가 늘 동행했는데, 그는 아르헨티나에서 첫손에 꼽히는 생태 농업 전문가다. 일정을 마감할 무렵 그는 내게 영화 〈미래의 수확Moissons du futur〉 상영회에 참여해달라고 요청했다. 나의 프로덕션 M2R필름이 이 영화의 스페인어 버전을 만든 바 있다. 2012년 10월 프랑스 · 독일 합작 국영방송사 《아르떼》를 통해 처음 방영된 이 다큐멘터리(그리고 그 출발이 된 책)는 전 세계(아프리카, 아메리카, 아시아, 유럽)에서 매우 성공적인 성과를 거둔 생태 농법의 여러 가지 시도들을 보여준다. 영화에서 만프레드 벤츠와 그의 아들 프리드리히의 사례를 볼 수 있는데, 그들은 독일에서 곡물과 콩을 비롯한 유성 식물들을 그 어떤 제초제나 화학비료 없이 경작하고 있다. 게다가 그들이 거둬들이는 수확량은 '일반적인' 농사를 짓는 그들의 이웃들이 질투심으로 창백해질 만큼 놀라운 수준이다. 슈바르츠발트(검은 숲이라는 뜻) 입구에 있는 그들의 농장은 유기농업으로 전환하려는 유럽 농민들의 롤 모델이다.

---

* 이때의 촬영을 영화 〈젠장 할 성장Sacrée Croissance!〉에 포함했다. 도시 농업 프로그램에 대한 더 자세한 정보가 영화에 수록되어 있다.

'몬산토 법'의 악순환

로사리오에서 열린 영화 상영회는 대성공이었다. 시 당국에서 사용을 허락한 에스파냐 공원 대극장에 700명이 운집했다. 아직도 그때의 기억은 나를 감동시킨다. 참석자들의 긴 박수갈채가 끝난 후 내가 물었다 "혹시 질문 있으신가요?" 바로 그 때, 자신을 "정신 분열에 빠진 농민"이라고 소개한 디에고 페르난데스 Diego Fernández가 신중함과 부끄러움이 뒤섞인 음성으로 발언을 시작했다. 그는 20년 전부터 유전자조작 콩을 경작해왔는데, 최근 자신의 농장 3분의 1을 시류에 맞서 유기농으로 전환했다. 그날 그의 발언은 매우 강력한 것이었기에, 2년이 지난 뒤 몬산토 국제법정 증인들의 리스트를 준비하면서 그를 반드시 헤이그로 조대해야 한다는 생각을 했다. 나는 판사들이 그의 지극히 평범한 이야기를 듣고, 오직 "몬산토의 법칙"만을 말할 뿐인 아르헨티나의 농촌에서 싸워온 그의 철칙을 이해하길 바랐기 때문이다.

"저는 대대로 목축업에 종사해온 집안 출신입니다. 저의 증조부께서는 19세기에 로사리오에서 60㎞ 떨어진 부케라는 마을에 1,000ha에 이르는 땅을 구입하셨습니다. 여러 세대를 거치며 저희 가족은 전형적인 팜파스식 농사를 지어왔습니다. 목축과 경작을 상호보완적으로 함께 병행하는 방식이지요. 소떼와 양떼 들이 거니는 드넓은 초원에서의 목축과 밀, 옥수수, 렌즈콩, 메밀, 해바라기, 마 등이 주를 이루는 다양한 경작이 교대로 이뤄지며 비옥한 토양이 자연스럽게 형성되었지요. 씨를 뿌리기 전, 경작 작물과 경쟁할 수도 있는 풀을 제거하는 밭갈이가 이미 끝나는 것이지요. 그리고 잡초들은 괭이로 파거나 손으로 뽑았습니다. 그 시절 농부들은 자신의 농장에서 가족, 고용인과 함께 살았습니다. 돼지와 닭, 오리를 키우면서요. 채소밭과 과수원도 가지고 있었지요.

첫 번째 변화는 1970년대 초에 있었습니다. 아버지가 농장 운영을 새로 시작하신 바로 그 무렵에 이전까지는 알려지지 않았던 콩이 도입되기 시작했습니다. 그때 처음으로 화학 살충제와 라운드업이 등장했지요. 우리는 알렙 수수*를 제거하기 위해 콩밭에 ha당 1l씩 라운드업을 뿌렸습니다. 수수의 키가 콩을 넘어서면 즉시 글리포세이트를 끼얹어 제거했습니다. 콩의 등장은 팜파스의 기존 순환식 농업 시스템에 단절을 가져왔습니다. 순환식 농업의 리듬은 훨씬 덜 체계적으로 변했습니다. 그 시기는 또한 제 아버지의 경우처럼 큰 농장의 주인들이 자식 교육을 위해 대도시로 이주하기 시작하던 시대였습니다. 저는 젊은 시절에 정치학을 공부했지요. 그러다가 1980년대에 아버지가 저에게 가족 농장을 관리하라고 말씀하셨습니다. 아버지 일에 합류하기 전까지는 국립과학연구소CONICET에서 여러 해 근무했습니다.

1989년 저는 '직접 파종'이라고 부르는 기술에 입문했습니다. 이것

---

* 알렙 수수는 초본식물이다. 사료로 쓰려고 경작하는 경우도 있지만, 다른 작물의 성장을 방해하며 제거하기는 힘든 잡초로 간주하는 경우가 많다.

은 아르헨티나 농업에 두 번째로 커다란 격변을 가져왔습니다. 갑자기 우리가 밭에서 노동하는 걸 멈추게 된 것이지요. 추수 때 밭에 남긴 잔여물을 그대로 둔 채 라운드업을 뿌려 잡초를 모두 제거하고, 그 위에 바로 씨를 뿌리게 된 겁니다. 이 기술은 나름 땅 위 생명체들을 보존하기 위한 의도로 개발되었습니다. 밭을 갈아엎는 대신 식물 잔여물이 만든 덮개를 통해 땅 위 습기를 유지하면서 작은 생명체들을 보존한다는 원리였지요. 그런데 이 기술은 조금씩 부작용을 드러냈습니다. 우리가 땅에서 일하는 시간이 줄어든 만큼, 우리는 점점 더 많은 화학 살충제를 사용했습니다. 물론 그중 가장 자주 등장한 건 라운드업이지요. 자연 분해 성분으로 거의 독성이 없다고 선전하던…." 디에고 페르난데스는 잠시 호흡을 멈춘 뒤 말을 이어갔다. "솔직히, 우리가 어떻게 그게 거짓말이라고 의심할 수 있었겠습니까? 몬산토가 그 정도로 우리를 속일 거라고 상상이나 할 수 있었겠습니까?"

잠시 격앙된 감정을 추스른 그는 말을 이어갔다. "세 번째, 훨씬 더 중요한 변화는 1996년 라운드업 레디 콩과 함께 찾아왔습니다. 글리포세이트에 견디도록 변형된 유전자조작 식물을 아르헨티나 농민들에게 절대적인 기준으로 작용하는 두 개 기관이 매우 적극적으로 권장했지요. 첫 번째는 국립농업기술연구소INTA였고 두 번째는 직접 파종 농장주들이 만든 민간단체AAPRESD였습니다. 농업 기술자들을 양성하는 농업 대학도 농장주에게 이 방향을 따르라고 호소했지요. 제가 글리포세이트가 땅이나 물에 끼치는 피해에 대해 농업 전문 자문 위원에게 물었던 게 생각납니다. 그의 답은 이랬습니다. '글리포세이트는 땅과 닿으면 무기력한 물질로 변합니다. 그래서 아무런 영향도 끼치지 못합니다.' 저는 지금 그것이 완벽한 거짓말이라는 것을 알고 있습니다. 하지만 모든 것은 매우 빠르게 흘러갔습니다. 저의 농장도 다른 주변의 농장들과 마찬가지로 목축을 중단했습니다. 유전자조작 콩을 대신 심었습니다. 조금씩 문제가 발생하기 시작했습니다. 먼저 잡초의 저항력이 더 커졌습니다. 이전에는 전혀 볼 수 없던 현상이었지요. 몬산토는 우리에게 '라운드업 풀2'를 팔았습니다. 그러다가 첨가물이 한층 더 강화된 '라운드업 울트라'를 팔더군요. 이론적으로 훨씬 더 강력한 효과를 갖는 제초제였습니다.

그러나 그것으로도 충분치 않았습니다. 상황이 그리 되니 몬산토는 우리에게 글리포세이트 효용을 극대화하기 위해서 잡초 파괴 농약을 같이 사용하라고 했습니다. 그런데 여전히 해결되지 않았습니다. 수수나 유요 콜로라도yuyo colorado를 없애려면 1ha당 한 번에 8~10l의 글리포세이트가 필요합니다. 엄청난 양입니다! 게다가 우리 밭을 개망초나 이태리 목초 같은 새로운 전이성 잡초들이 침범한 상태였습니다. 예전에는 가축들이 먹는 여물로는 썼지만, 밭에서 볼 수 없던 것들이지요. 새로운 잡초들은 그 어떤 방법으로도 제거할 수 없었습니다. 그래서 저는 올해 농부들을 고용해서 30ha에 걸쳐 유전자조작 콩밭에 솟아난 잡초들을 직접 손으로 뽑아낼 수밖에 없었습니다. 그리고 땅은, 사실 이 대목이 저에겐 가장 중요하다는 사실을 말씀드려야 할 것 같군요. 생명을 거의 잃었습니다. 극도로 단단해졌고, 색깔은 매우 연해졌고, 생산성은 매우 낮아졌습니다. 이전과 같은 양을 얻어내려면 언제나 더 많은 비료를 사용해야만 합니다. 결과적으로 우리는 점점 더 자주, 극도로 난폭한 홍수를 겪습니다. 땅이 너무 딱딱한 나머지 물을 흡수할 수 없어서 줄줄 흘러넘치기 때문입니다. 제가 사는 마을 인구 절반은 홍수 때문에 이주해야만 했습니다. 아르헨티나 전역에서 지금 정기적으로 벌어지는 일입니다. 수백만ha에 걸쳐 우리는 화학적 휴경을 하기 때문입니다. 다시 말하자면, 겨울 동안 우리는 농지 위에 글리포세이트가 파괴한 잡초들을 그대로 내버려둡니다. 거기에 어떤 종류의 식물도 심어서는 안 된다고 했습니다. 뭔가를 심으면 우리가 필요로 할 물을 식물들이 흡수한다면서요. 하지만 그것 또한 거짓이었습니다! 우리의 농지에 죽은 잡초 말고는 아무것도 없다보니, 물을 저장할 수 있는 뿌리도, 나무에 기생해 사는 미생물도 없었습니다. 박테리아, 뿌리와 공생 관계인 버섯도, 당연히 지렁이도 없었습니다….

10년 전, 저는 영혼을 잃어버리는 듯한 고통 속에서 뭔가를 반드시 해야 한다는 사실을 깨달았습니다. … 저는 유기농업 창업을 추진하였습니다. '팜파 오르가니카'라는 이름으로 유기농 생산자 7명이 모여 함께 작업을 하기 시작했습니다. 이 일이 여전히 기존의 모델을 지지하는 제 형제들과의 갈등을 불렀습니다. 많은 문제에도 불구하고 국제시장에서 콩이 비싼 가격으로 팔리기 때문에 기존의 방식이 높은 수익을 창출합니다. 저와 달리 제 형제들은 부케에 더 이상 살지 않습니다. 그들은 로사리오에 살지요. 글리포세이트를 뿌려야 할 때 우리는 같이 하청업체를 불렀었지요. … 거기에 제가 저항을 했지요. 그 일로 저는 제 가족 소유 농장 관리자 자리를 잃었습니다. 저는 제 몫으로 땅 150ha를 갖게 됐고, 그중 50ha에서 유기농을 합니다. 저의 바람은 150ha 전체에서 유기농을 하는 것입니다. 그러나 쉽지는 않습니다. 아직까지는 모든 바람이 정반대로 불기 때문이지요. 유기농업 기술자도 없고, 농기구도 없습니다. 유전자조작을 하지 않은 종자를 찾기가 어렵습니다. 모든 다른 통로들을 몬산토와 협력자들이 막았습니다.

그렇게 힘들게 출발했지만, 팜파 오르가니카는 이제 수익을 내기 시작했습니다. 점점 더 많은 생산자들이 저에게 연락을 해오고 저의 실험이 어떻게 작동하는지 보려고 합니다. 헤어 나올 수 없는 악순환의 수렁에 빠졌다는 것을 그들도 인식한 겁니다. 몇 달 전에 몬산토의 농학자들이 제 농장에서 멀지 않은 곳에서 모임을 개최했습니다. 그들은 기존의 모든 문제점들을 해결하는 새로운 유전자조작 종자를 소개하더군요. '엑스텐드X-Tend'라고 이름 붙인 콩 종자였어요. 라운드업 레디의 유전자와 Bt*의 유전자를 가졌고, 제초제 2-4 D**에 저항하는 유전자도 있는 품종이라더군요. 그들은 거기에 참석한 생산자들에게

----

* Bt 유전자는 흙 속에서 자연스럽게 찾을 수 있는 바실러스튜링겐시스 박테리아에서 생겨난 것으로 살충 기능이 있다. 유전자조작으로 만들어진 Bt는 지속적으로 살충제를 뿜어내면서 명충나방과 싸우도록 만들어졌다. 그러나 결과적으로 벌레들이 Bt에 저항력을 키워버렸다.

** 2-4 D는 몬산토가 베트남전쟁 때 미군에게 팔았던 고엽제(Agent Orange)의 일부로 사용된 제초제다. 독성이 극도로 강하며, 유럽에서는 사용이 금지됐다.

새 종자는 환경에 어떠한 위험도 끼치지 않으며, 이 유전자를 갖지 않은 주변의 다른 콩에 해를 끼치지 않는다고 말했습니다. 제가 기르는 유기농 콩에 미칠 영향에 대해서는 한마디도 안하면서 말입니다! 어떻게 이런 말을 할 수 있을까요? 팜파스에 점점 더 자주 세차게 바람이 분다는 사실을 안다면 말이지요. 이 또한 몬산토의 무책임함을 보여주는 장면일 뿐입니다. 그들의 유일한 목적은 이익을 증대시키는 것입니다. 제가 30년 동안 농업에 종사한 사람으로서 말하건대, 몬산토와 농업 당국은 우리를 완전히 속였고, 농업 역사상 유례가 없는 끔찍한 막다른 골목으로 우리를 내몰았습니다."

저명한 글리포세이트 전문가, 돈 휴버의 인상적인 발표

디에고 페르난데스의 증언 후 긴 박수가 이어졌다. 재판장 프랑수아즈 튈켄은 증인석으로 돈 휴버Don Huber를 불렀다. 그는 아르헨티나의 농부가 만나길 꿈꾸던 미국의 식물병리학자다. 불행하게도 그의 꿈은 이뤄지지 못했다. 돈 휴버는 손자의 갑작스런 죽음으로 헤이그로의 여행을 포기해야 했기 때문이다. 〈거짓 약속과 속임수 과학: 유전자조작 식물과 글리포세이트가 토양과 농업, 동물, 인체, 생태에 미치는 영향〉이라고 이름 붙인 그의 발표는 나의 친구 아트 던햄이 진행했다. 그는 아이오와에서 온 수의사로(6장 참조), 그럭저럭 대타 노릇을 잘 해냈다.

나는 2016년 8월 26일에 미네소타 주 잭슨빌에서 열린 컨퍼런스에서 돈 휴버의 발표를 경청하는 특권을 누린 바 있다. 당시 82세였던 그는 존경심을 불러일으킬 정도로 열정적인 모습이었다. 인생 이력이 보여주는 그대로. 땅과 식물을 해치는 질병에 관한 300여 개 과학 논문의 저자 혹은 공동 저자인 그는 농부의 아들로 태어나 35년간 인디애나 주 퍼듀 대학에서 연구소장으로 일해왔다. 식물병리학 전문가로 식물과 토양의 병원체, 양분과 살충제 사이의 상호 관계를 주로 연구해왔다. 그는 또한 미국 농무부 산하 국립식물질병회복센터* 소장으로 일했으며, 미 의회 산하 기술평가국 자문위원회 회원이기도 했다. 그는 군 의학지능센터 부소장을 역임하기도 했다. 그에게 당시 주어진 군대 직위는 대령이었다. 예비역 장교로서 그는 핵무기가 경작에 미치는 영향에 관한 연구를 진두에서 지휘하는 등 미 정보부와 관련된 여러 가지 극비 임무를 수행하는 데 참여했다. 1963년부터 1971년까지 8년 동안 메릴랜드에 있는 포트디트릭(미군의 의학연구사령부) 생물연구소에 고용되어, 생화학무기에 관한 연구 작업도 수행했다. 그는 생화학 테러나 새로 발생하는 질병 등에 관하여 미국 정부에 자문하는 역할을 여전히 지속하고 있다.

---

* 식물의 질병과 싸우는 국가 프로그램의 일환으로 2004년 2월 창설되었다. 경작물에 해를 끼치는 질병 창궐 예방을 목적으로 한다.

1980년대에 돈 휴버는 미국 중서부 농업 기술자들의 요청을 받았다. 그들은 밀을 파종하기 전에 뿌린 라운드업이 입고병을 확대시킨다는 사실을 확인하였다. 이 질병은 식물의 아래를 먼저 공격해 뿌리를 함몰 및 부패시키며, 이삭을 익기 전에 하얗게 바래도록 만드는 병이다. 1984년에 진행한 선구자적 작업에서(그러나 결과는 2009년에 공개되었다)[61] 그는 글리포세이트가 밀의 망간 결핍을 조장한다는 사실을 입증했다. 망간 결핍은 밀이 질병을 유발하는 곰팡이의 공격을 받을 때 저항할 수 없도록 함으로써 병에 노출되도록 한다. 이 같은 돈 휴버의 결론은 글리포세이트와 입고병 사이의 상관관계를 연구해온 영국의 연구자 데이비드 혼비에 의해 다시 한 번 확인됐다. 글리포세이트가 식물 성장 핵심 미네랄의 심각한 결핍을 촉발할 수 있는지 알아내려던 중, 돈 휴버 교수는 글리포세이트가 처음에는 킬레이트제로 특허를 받았다는 사실을 발견한다(4장 참조).

그때부터 휴버 교수는, 1996년 글리포세이트에 내성을 가진 유전자조작 식물들의 탄생과 함께 문자 그대로 폭발적으로 사용량이 증가한 몬산토의 제초제를 놓치지 않고 추적했다. 20년이 지난 지금 미국은 세계 시장 1위에 해당하는, 7,500만ha에서 유전자조작 작물을 생산해내는 국가다. 가장 많이 생산하는 것은 옥수수, 콩, 면이다. 세 가지 작물을 생산하는 데 5,500만ha가 소요된다. 그 뒤를 유자, 사탕수수, 자주개자리(알팔파)가 잇는다. 이 모든 경작물들은 라운드업으로 한 해에도 몇 차례씩 적셔진다. 1974년에서 2014년 사이 라운드업의 사용은 무려 … 300배나 늘어났다. 36만 l에서 1억 3,700만 l로.* 라운드업 레디 콩이 이중 절반을 빨아들였다.

2010년대 초반부터 돈 휴버는 유전자조작 농산물 경작이 이처럼 심각한 골칫덩어리가 된 상황에 더 이상 어찌할 바를 모르는 농업 생산자, 아르헨티나의 디에고 페르난데스 같은 이들로부터 정기적으로 지원 요청을 받아왔다. 고령의 나이에도 불구하고 그는 중서부의 드넓은 평야를 누비고 다녔다. 그는 지치지 않고 자신의 지식과 인생의 철학을 나눴다. 2016년 8월에 내가 그와의 만남을 촬영할 수 있었던 그날처럼. 10년 전, 〈몬산토: 죽음을 생산하는 기업〉을 찍을 땐 생각할 수 없었던 일이다….

식물을 쇠약하게 만드는 강력한 항생제

돈 휴버의 컨퍼런스는 미네소타 주 페어몬트의 농업 자문 회사International Ag Labs가 주최한 것으로, 그들은 유기농업을 포함한 지속가능한 농업을 위한 기술을 장려하는 활동을 했다. 그들은 잭슨빌 산업 지구 중심에 있는 멋진 교육센터 강의실을 한

---

* 동시에 비농업 사용(정원, 공공장소, 도로, 철도 등) 또한 43%나 증가하여 2014년에는 그 사용량이 약 1억 350만 l에 이르렀다(Charles Benbrook, "Trends in glyphosate herbicide use in the United States and globally," *Environment Sciences Europe*, vol.28, 2016).

개 빌렸다. 이 교육센터는 온전히 농업 비즈니스를 위한 것이었다. 네비게이션이 있었지만 우리 팀은 그날 회의 장소를 찾는데 무척 애를 먹었다. 회의장은 유전자조작 콩과 옥수수 밭을 가로지르는 직선 4차선 도로 끝, 아무것도 없는 허허벌판에 자리 잡고 있었다. 나무 한 그루 보이지 않는 끝없이 펼쳐진 지평선에는 글리포세이트에 흠뻑 젖은 단일 경작물만 존재했다. 넓은 평원에 종종 회색빛 창고만이 마치 레고처럼 얹혀 있었다. 이 농산업 지구에는 파이오니어Pioneer같은 미국 종자 업계 선두 주자, 혹은 존디어John Deer나 지글러Ziegler같은 농기계 회사들이 있었다. 단정하게 정돈된 잔디 위에 질서 정연한 엄청난 크기의 살포기들이 줄지어 전시되어 있었다. 아이오와나 미네소타 등지에서 온 100여 명의 농업 생산자들, 절대다수가 남자인 그들은 종교적인 엄숙함 속에서 돈 휴버의 강연을 듣고 있었다.

"글리포세이트는 식물의 잎과 줄기에 흡수되는 제초제입니다. 일단 흡수 후에는 식물의 분열조직 안에 축적되어 식물 전체에 퍼집니다. 분열조직*은 번식을 담당하는 기관입니다. 약 20%가 뿌리 조직에 달라붙으려고 땅으로 스며듭니다." 돈 휴버는 매우 교육적인 파워포인트 자료를 보여주며 설명했다. "글리포세이트가 일단 땅에 침투하면, 그것은 식물의 건강을 책임지는 미생물들에게 즉각 악영향을 미칩니다. 뿐만 아니라 토양의 구조, 흙이 물을 관리하는 능력도 파괴합니다.

* 분열조직(희랍어로는 meristos)은 출산에 쓰이는 특수한 천을 뜻한다.

반면 병원균의 확산에 유리하게 작용합니다."

"글리포세이트가 3개 영역에서 특허가 있다는 사실을 알고 계시는지 모르겠습니다. 첫 번째는 1964년에 특허를 받은 킬레이트 능력이지요." 돈 휴버는 이 대목에서 슬라이드 사진을 보여주었는데, 다리를 뻗어 금속을 끌어당기는 한 마리 낙지가 있었다. "스토퍼화학은 글리포세이트를 보일러와 수도관 내부의 석회 제거제로 판매했습니다. 이후 몬산토 화학자 존 프란츠가 글리포세이트의 제초제 기능을 확인하면서, 1970년 제초제 특허를 취득합니다. 그리고 1974년 라운드업이라는 상표를 달아 판매하지요.* 마침내 2010년, 몬산토는 글리포세이트의 잘 알려지지 않은 기능으로 또 하나의 특허를 얻습니다. 사람을 위해 사용하는 항생제 특허입니다. 수많은 박테리아를 파괴할 수 있을 뿐 아니라, 바이러스, 기생충, 곰팡이도 물론 죽일 수 있습니다.** 따라서 이것은 제초제일 뿐 아니라 매우 넓은 스펙트럼을 지닌 살충제지요.

식물이 병충해에 저항할 수 있도록 돕는 토양의 모든 유익한 유기체들은 글리포세이트의 항생제 활동에 지극히 민감합니다. 그러나 대장균, 살모넬라균, 리스테리아균, 혹은 클로스트리듐처럼 생화학 무기로 쓰이는 병원균들은 모두 글리포세이트에 저항합니다. 하여, 우리

---

* 존 프란츠는 글리포세이트가 식량 생산과 전 세계 농업에 끼친 영향에 관한 공로로 1987년 미국 테크놀로지 메달을 수상했다.

** 2010년 8월 10일 특허를 취득했다. 특허번호는 n° 7771736 B2.

가 밭에 글리포세이트를 쓰면, 우리는 병원균의 활동을 장려하고 병충해에 견딜 수 있도록 작용하는 유익한 유기체들을 모두 제거하는 것입니다. 글리포세이트는 강력한 항생제이며 동시에 강력한 킬레이트제입니다. 글리포세이트는 땅속의 미세 영양소를 분리하여 고정시킵니다. 식물은 성장하기 위해 필요한 미네랄을 뺏깁니다. 모든 제초제는 이처럼 킬레이트 기능을 가지고 있습니다. 페녹시Phenoxy가 구리의 킬레이트제인 것처럼 말입니다. 그래서 페녹시를 쓸 때 흙에다 구리 보충제를 추가하라고 조언하는 것입니다. 구리 성분이 흙에서 줄어드는 것을 보완하기 위해서지요. 그런데 글리포세이트는 칼슘, 코발트, 구리, 철, 마그네슘, 망간, 니켈, 아연 같은 수많은 미네랄과 결합하는 넓은 스펙트럼을 가진 킬레이트제입니다. 글리포세이트 사용 결과는 미네랄 결핍이지요. 이는 식물을 약화시킵니다. 제초제가 활성화시킨 병원균과 싸우는 것을 방해하는 것이지요. 한 번 금속 물질에 대한 킬레이트가 이뤄진 후 글리포세이트는 돌처럼 강해져 약화시키기가 매우 어렵습니다. 바로 이런 이유로 20년 동안 글리포세이트를 대량으로 사용하면, 40여 종이 넘는 질병이 창궐해서 그 무엇으로도 제압할 수 없었습니다.[62] 안 그렇습니까?"

이 질문은 너무 우울한 얘기들을 듣고 짓눌려버린 듯한 중서부 지역의 농민들을 멍한 상태에서 깨어나게 했다. 그들은 침묵 속에서 고개를 끄떡이기만 했다. 하지만 돈 휴버는 매우 섬세하게 가다듬은 엄숙한 톤으로 그의 강연을 마쳤다. "한마디로 말하자면, 우리에게는 농업 시스템을 바꿀 수많은 이유가 있는 겁니다. 모든 신호에 빨간 불이 들어왔습니다. … 밑바닥부터 꼭대기까지 우리의 농업 모델을 재검토해야만 합니다. 다른 선택은 없습니다. … 미래의 역사가들이 우리의 시절을 살펴볼 때, 그들은 우리가 뿌려제낀 엄청난 양의 살충제에 대해 쓰지 않을 것입니다. 우리가 기업의 상업적 이윤이라고 하는 단 한 가지 목적을 위해서 유전자조작이라고 부르는 커다란 실험을 통해 우리의 아이들을 희생시키고 미래 세대를 위험에 처하게 했다는 사실에 대해 그들은 서술할 것입니다."

아이오와 여행:
곳곳에 글리포세이트,
비만과 병원균의 끝없는 확산

돈 휴버와 함께 아이오와를 여행했다. 휴버는 식물 건강 분야의 국제적 권위자이며 농학자인 로버트 스트라이트Robert Streit와 사흘간 함께 일할 계획이었다. 그는 디모인에서 50㎞ 떨어진 분Boone에서 농업기술 지원 회사인 아이오와농학센터를 운영하고 있었다. 인구 20만 명으로 아이오와 주의 중심지인 디모인 역시 기업식 농업의 주요 도시 중 하나다. 헨리 월리스(1941~1945년 미국 부통령)가 1926년 파이오니어를 설립한 곳이다. 파이오니어는 옥수수의 다양한 변종을 개발해 떼돈을 벌어들였다. 이들이 만들어낸 신종 교배 원칙은 옥수수가 자연스럽게 대기를 통해 수분하도록 놔두지 않고, 안정적인 유전 형질을 간직한 순수한 품종을 유지하도록 강제하는 것이다. 이런 방식으로 수확량을 대폭 증가시키자 씨앗들은 거의 모두 자가 생식 능력을 상실했다. 종자 장사꾼들에겐 진정한 잭팟이 아닐 수 없었다. 농부들이 매년 종자를 새롭게 사들여야만 했기 때문이다. 이는 유전자조작 작물의 전초전 같은 것이기도 했다. 농민들이 추수에서 얻은 종자 일부를 파종에 사용하는 것을 금지시키고, 자신들의 신종 씨앗은 특허로 보호했다. 파이오니어하이브레드(1999년 듀폰에 합병)는 몬산토에 이어 두 번째로 큰 유전자조작 종자 공급자다. 또한 이들은 라운드업 레디 콩 사용료를 지급한다.* 2016년 8월 21일 돈 휴버의 잭슨빌 컨퍼런스 5일 전, 디모인에 도착한 후 아이오와 페어에 들렀다. 이는 파이오니어하이브레드가 후원하는 대규모 농업 축제로 미국에서 가장 중요한 농업 분야 행사로 간주된다.

"이 축제는 그 누구도 대적할 수 없고 반박할 수 없는 미국 중서부의 박동 소리입니다." 매년 수백만 방문객을 끌어들이는 축제의 웹 사이트는 자랑을 늘어놓고 있었다. 파리의 포르트 드 베르사유에서 열리는 농업 박람회에서처럼 가족들이 함께 방문해 소 품종 대회를 감상하거나 최신 농기계 전시를 구경한다. 사람들이 여기에 오는 또 하나의 이유는 '시식'하기 위해서다. 그러나 파리의 농산물 박람회와 달리, 이 축

---

* 수년에 걸친 법정 싸움 결과 법원은 2013년 이들에게 라운드업 레디 콩 종자의 특허권을 위반한 혐의로 17억 5,000만 달러를 몬산토에 지급하도록 판결했다.

제에서는 각 지역의 특산물을 제공하지 않는다. 여기에서는 모든 곳에서 같은 음식을 제공한다. 햄버거, 팝콘, 아이스크림…. 이 음식들은 부스 사잇길을 어슬렁거리는 대다수 관람객들처럼 엄청난 덩치를 자랑한다. 나는 한 평방미터당 이렇게 많은 비만인들이 모여 있는 모습을 일찍이 본 적이 없다. 카메라맨 기욤도 이 놀라운 광경 앞에서 어디에 카메라를 둬야 할지 몰라 당황했다. 축제 주최 측은 상황에 완벽하게 적응했다. 비만 때문에 걷기 힘들어하는 사람을 위해 전자 휠체어 서비스가 제공된다. 가장 비통한 것, 가장 비극적인 스펙터클은 가족 구성원 전체가 이 재난을 겪는 걸 보는 일이다. 부모와 아이 모두가, 찌는 듯한 더위에 질척이는 그곳에서 손에는 각자 초대형 컵에 코카콜라를 하나씩 들고 이동하는 모습을 보는 것 말이다.

"미국은 전 세계에서 성인과 아동의 비만율이 가장 높은 나라입니다." 로버트 스트라이트의 아내 캐럴이 돈 휴버와 함께 우리를 테이블로 안내하면서 설명했다. "국민의 70%가 과체중과 비만입니다. 그 때문에 평균수명이 줄어들기 시작했습니다. 과체중은 드러난 빙산의 일각일 뿐입니다. 이러한 현상은 모든 종류의 질병을 동반하지요. 암, 당뇨병, 각종 경색, 불임, 주의력 결핍 등. 그리고 이 모든 것은 우리의 일반적인 환경이 되어버린 화학적 오염과 관련 있습니다." 우리의 식물병리학자는 덧붙였다. "이는 환경을 오염시키는 화학물질의 칵테일이 빚어낸 결과입니다. 그중 글리포세이트는 가장 지배적인 역할을 하고 있습니다. 글리포세이트는 어디든 있기 때문입니다. 흙 속에, 음식 속에, 공기, 지하수 혹은 빗물 속에도 말입니다."

"아이오와 시장에서 팔리는 모든 식품에 글리포세이트가 들어 있습니다. 햄버거의 빵처럼. 글리포세이트가 미국에서 작물 수확 직전에 건조제로 사용되기 때문입니다. 씨를 말리기 위해 농민들은 글리포세이트를 뿌립니다. 햄버거 안에 있는 스테이크에도 글리포세이트가 들어 있지요. 사육장의 소는 라운드업 레디 콩과 옥수수를 먹고 자랍니다. 아이스크림에도 물론 들어 있습니다. 아이스크림에 쓰인 우유가 동일한 소에서 나온 것이니까요. 팝콘을 만드는 옥수수에도 당연히 들어가 있겠지요. 글리포세이트는 이렇게 사방 천지에 있습니다!" 로버트 스트라이트가 덧붙였다.

"이 모든 것들을 어떻게 피하시나요?" 나는 스트라이트의 집을 둘러싼 수천ha의 유전자조작 농산물들을 생각하며 물었다.

"숨 쉬는 걸 피할 순 없지요. 물론." 식품 건강을 위한 상담 활동을 하는 캐럴 스트라이트가 현실을 인정하며 말했다. "저희는 모든 음식물을 암스Ames의 유기농 식품점에서 구입해요. 여기서 20㎞ 떨어진 곳에 있지요. 요리하는 걸 좋아한다면 건강하고 영양 풍부한 재료들을 구하기 위해 많은 에너지를 써야만 하지요. 그런 관점에서 보면, 아이오와는 사막이에요!"

"건강한 식품을 얻기 위해서는 일단 토양이 건강해야 합니다." 돈 휴버가 단정적으로 말했다. "그런데 미국이 자랑하는 옥수수 벨트 전체의 토양과 식물은 병들어 있습니다…."

다음날 우리는 돈 휴버, 밥 스트라이트와 함께 사륜구동 자동차를 타고 암스를 누볐다. 두 사람은 수년 전부터 유전자조작 농산물 경작지를 덮친 질병 확산을 엄밀히 조사해왔다. 길을 떠나기에 앞서 두 전문가는 우리에게 녹색 유전자조작 옥수수 밭을 드론으로 촬영한 비디오를 보여주었다. 거기엔 크고 작은 원형의 밤색 얼룩이 곳곳에 흩뿌려져 있었다. "이게 고스Goss시들음병이죠. 박테리아Clavibacter michiganse nebraskensis로 인해 생긴 질병입니다." 돈 휴버 박사가 설명했다. "오랫동안 이 병은 경제적으로는 문제를 일으키지 않았습니다. 처음에는 네브래스카 동쪽이나 아이오와 서쪽 등 일부 지역에서만 발병했거든요. 그러나 지금은 생명공학과 더불어 북미 전역에 퍼졌습니다. 이 박테리아는 1969년 처음으로 정체가 드러났습니다. 1년에 1㎞가 안 되는 수준으로 매우 천천히 퍼졌지요. 별다른 피해를 입히지 않으면서요. 그러다가 정확히 2009년부터 미국 중서부 전역에 확산되었어요. 올해 네브래스카 서부와 콜로라도 동부 경작물이 100% 피해를 입었습니다. 수확량 감소는 에이커당 1,800㎏에 달하는 경우도 있었지요. 이 병은 2011년에만 3억 3,000만㎏에 달하는 수확량 피해를 일으켰습니다."*

우리는 두 전문가들의 시선을 사로잡은 옥수수 밭 옆에 차를 주차시켰다. 밥은 칼을 꺼내 옥수수 이삭 껍질을 벗겼다. 그 속에서 밤색의

---

* 1에이커는 0.4ha에 해당한다.

끈적한 것이 나왔다. "썩은 생선 냄새가 나네." 옥수수 이삭을 코에 가져가던 그가 인상을 쓰며 말했다. 돈은 옥수수 줄기를 쪼갰다. 줄기 속은 코를 찌르는 악취로 가득했다. "박테리아 때문에 모든 것이 썩었어요." 누르스름한 줄이 그어진 옥수수 잎을 잡고 그가 말했다. "보세요. 이 병이 일으키는 전형적인 손상입니다. 뿌리로부터 시작해서 줄기를 타고 확산됩니다. 그리고 점점 성장 중인 이삭으로 번지지요."

"글리포세이트와의 연관성은 무엇인가요?" 내가 물었다.

"이중적입니다." 돈 휴버가 답했다. "먼저, 미주리 주 컬럼비아 대학과 내가 있는 퍼듀 대학에서 진행된 연구는 글리포세이트에 저항하도록 식물에 주입된 유전자가 아연 흡수 능력을 45% 감소시키고, 망간의 경우 17% 감소시키는 것으로 드러났어요. 그런데 이 두 가지 미네랄은 식물의 건강에 결정적으로 중요한 역할을 하지요. 유전자를 조작한 결과가 빚어낸 이 참사는 유전자조작 식품의 생산성이 왜 재래 품종에 비하여 떨어지는지를 설명해주지요. 업자들이 흔히 쓰는 말로는 '수확 끌어내리기yield drag'라고 부릅니다."

"이게 농학자 로저 엘모어Roger Elmore가 동료들과 함께 2001년에 발표한 연구에서 입증한 것이지요?"[63] 《몬산토: 죽음을 생산하는 기업》을 떠올리며 내가 물었다.[64]

"그렇습니다. 이후 라운드업 레디 콩에 대한 그의 연구가 정확했다는 것은 수차례에 걸쳐 확인된 바 있습니다." 돈 휴버가 미소 지으며 답했다.

2006년 10월, 나는 당시 아이오와 대학에서 일하던 로저 엘모어를 디모인에서 50㎞ 떨어진 그의 집에서 만났다. 그는 농업 생산자들이 밭에서 일하며 확인한 사실을 실험을 통해 입증했다. 유전자조작 콩의 수확량이 일반 콩의 수확량에 비해 5% 떨어진다는 사실이다.[65] "끌어내리기"를 설명하기 위해 그는 두 가지를 가정했다.

라운드업이 식물의 신진대사에 미친 영향이거나, 유전자조작의 결과이거나. 첫 번째 가정을 확인하기 위해, 그는 세 가지 종류의 라운드업 레디 콩을 재배했다. 하나는 제초제 라운드업을 뿌려서 키웠다. 다른 하나는 제초제의 활동을 강화하는 황산알루미늄을 뿌렸고, 세 번째는 그냥 물만 주면서 키웠다. 세 가지 모두 수확량은 똑같았다. 1에이커당 1,650㎏. 그래서 그는 수확량을 축소시킨 건 생명공학이라고 결론을 내린 바 있다.

"그러나 로저 엘모어는 글리포세이트의 책임을 배제했습니다." 2001년 연구 결과에 다소 혼란스러웠던 내가 돈 휴버에게 말했다.

"바로 그렇습니다! 그는 실험에서 한 번밖에 라운드업을 뿌리지 않았어요. 그가 실험한 토양은 20년 동안, 즉 지금 미국 중서부 전체가 그런 것처럼 글리포세이트로 범벅이 되지 않았던 것이지요. 몬산토가 언제나 자랑해왔던 것과는 정반대로, 글리포세이트는 킬레이트 능력으로 인해 땅속에 축적되거든요." 돈 휴버가 내게 답했다.

라운드업의 반감기(화학물질이건 아니건, 한 물질의 활동력이 반감되는 시기)는 적게 잡아도 20년이다. 글리포세이트가 어느 날 금지된다고 해도, 이 화학물질의 영향에서 완전히 벗어나려면 한 세대가 소요된다. 한 번 킬레이트화가 이뤄지면, 좀처럼 쇠약해지지 않는다. 이 옥수수 밭에서 글리포세이트는 곡식이 박테리아에 저항하는데 필요한 여섯 가지 유전자 활성화에 결정적인 역할을 하는 망간, 아연, 구리, 코발트 같은 미네랄을 무력화했다. 미네랄의 도움이 없으면 곡식은 일종의 에이즈처럼 면역이 약화되는 병에 걸려서 시시때때로 다가오는 각종 질병에 쉽게 감염된다.

"다음 주에 여기 온다면, 그 사이 이 밭은 완전히 다 죽었을 가능성이 있습니다. 마치 동장군이 납셔서 모든 것을 얼어 죽게 만든 것처럼." 여러 개의 병든 이삭을 든 채로 밥 스트라이트가 말했다. "이 박테리아는 일종의 효소를 만들거든요. 그 효소는 빠른 속도로 경작지에서 확산하고 마침내 흘러넘치지요."

"이는 생산량 감축으로 이어지면서 우리에게 수십억 달러의 심각한 손해를 입히지요." 돈 휴버가 덧붙였다. "과거에 옥수수는 농산물 중에서 가장 건강한 축에 속하는 것이었거든요! 우린 살진균제도 쓰지 않았지요. 명충나방이나 옥수수 뿌리를 갉아먹는 잎벌레 같은 몇몇 기생충을 없애느라 살충제를 약간 사용했을 뿐이에요. 그게 전부였어요! 글리포세이트 때문에 우리는 이제 병든 식물들과 슈퍼 박테리아를 갖게 되었습니다."

콩 급사急死 신드롬

우리는 다시 사륜구동 자동차를 타고 유전자조작 콩밭으로 향했다. 미 중서부에서는 언제나 콩과 옥수수를 번갈아 경작했다. 흔히 이걸 유전자조작 작물 시대의 "돌려짓기"라고 부른다! 재앙에 가까운 현상들을 무시한다면 한바탕 웃을 수 있는, 미친 짓이다. 수십ha 경작지를 따라가던 중, 돈이 밥에게 차를 멈춰달라고 하더니 창문을 통해 단일 경작지가 이어진 농지를 유심히 살폈다. 광대한 초록색이 멀리 지평선까지 펼쳐져 있었다. 그러나 여기저기에 노란색 밤색 얼룩이 있었다. 두 남자는 허리춤 바로 아래까지 자란 콩밭으로 들어갔다. 8월의 뜨거운 태양 아래, 부드러운 털이 보송한 초록 콩깍지들이 벌써 줄기에 주렁주렁 달려 있었다. "우리는 지금 '급사 신드롬'이라고 불리는 증상을 보이는 잎을 가진 식물들을 뽑아내고 있습니다." 밥 스트라이트가 내게 설명했다. "이 병은 뿌리 쪽의 감염을 유발하는 푸조륨Fusarium이라는 곰팡이를 통해 발생하는 병이지요.[66] 잎사귀는 마치 나병에 걸린 개구리의 얼룩진 피부 같고, 내부 조직은 밤색이에요. 이 병에 걸린 식물은 바짝바짝 말라서 죽음에 이릅니다. 이 병은 현재 아이오와 주와 모든 중서부 지역에서 수확량을 10~100%까지 감소시키고 있습니다. 우린 이 병을 치료할 방법을 찾지 못했습니다."

"글리포세이트에 저항하는 유전자조작 농산물이 도래하기 전에는 존재하지 않았던 신종 질병이지요." 돈 휴버가 말을 이어갔다. "이 질병이 갖는 특징 중 하나는 콩깍지 하나에 최대 2개의 알밖에 없다는 겁니다. 일반적인 콩은 최대 12개까지도 알이 있거든요. 바로 이 점 때문에 수확되는 콩의 질과 양이 격감하는 거지요. 글리포세이트는 식물의 저항력과 면역력을 발달시키는 유익한 미생물을 파괴하는 방식으로 땅속 병원성 유기체의 활동을 촉진합니다. 글리포세이트는 일종의 강력한 항생제거든요. 예를 들면 글리포세이트는 리조비움Rihzobium을 파괴합니다. 이 박테리아는 식물이 공기 중 질소를 흡수하도록 하고 망간을 제공하지요. 킬레이트화의 영향이 가장 큰 게 망간입니다! 식물은 글리포세이트라는 놈의 문어발을 통해 사방에서 공격을 받는 겁니다!"

"사실 글리포세이트는 식물들을 직접 죽이지는 않아요. 그러나 이 놈은 후사리움Fusarium, 피시움Pythium, 파이토프토라Phytophthora, 라이족토니아Rhizoctonia 같은 곰팡이가 창궐하도록 만듭니다. 몬산토는 이 사실을 너무 잘 알고 있습니다. 몬산토의 과학자들과 함께 일한 적 있는 미국 농무부 미생물학자 스테판 듀크가 이 사실을 폭로한 바 있지요.[67] 몬산토의 과학자들은 글리포세이트가 땅속 세균의 촉매제처럼 작동해서 식물의 죽음을 돕는다는 사실을 명확히 파악하고 있었습니다. 글리포세이트가 촉매제 역할을 한다는 또 하나의 증거는, 이 제초제를 기름지지 않은 메마른 땅에서 자라는 식물에 뿌릴 경우 식물이 병에 걸리는 일이 거의 없다는 것입니다. 제 퍼듀 대학 동료 제시카 셰이

퍼가 이 사실을 입증해냈지요." 돈 휴버가 말했다.

이것은 예상치 못한 발견이었다. 이 연구자는 글리포세이트에 내성이 생긴 잡초들을 연구했다. 메커니즘을 이해하기 위해, 그녀는 돼지풀을 두 가지 서로 다른 용기에서 길렀다. 첫 번째에는 근처에서 구한 평범한 흙을 담았고, 두 번째에는 박테리아와 세균을 모두 죽이기 위해 감마선에 노출시켰지만 양분은 지닌 흙을 담았다. 두 개의 다른 용기에 심은 식물에 똑같이 글리포세이트를 뿌렸다. 그러자 놀라운 일이 일어났다! 박테리아와 세균이 제거된 흙에 심은 돼지풀은 공중으로 향한 부분, 특히 이파리 쪽 성장이 어느 순간 중단되긴 하였으나 생명을 유지했다. 그러나 평범한 흙에서 자란 돼지풀은 쪼그라들고 말았다.[68] 제시카 셰이퍼는 흰 명아주로 같은 실험을 반복했고, 비슷한 결과를 얻었다. 실험 결과는 과학 잡지 《위드 사이언스*Weed Science*》에 게재된 바 있다.[69] 그녀는 몬산토 과학자들의 테스트를 특징짓는 맹점을 강조했다. "그들이 생식력이 제거된 흙을 가져다 온실에서 실험을 진행했기 때문에 정확하지 않은 결론을 도출할 수 있었고, 잘못된 결론을 유도할 수 있었다."

"밥과 저는 몬산토가 주장해온 것과 정반대로, 글리포세이트의 기본적인 작동 방식의 핵심은 시킴산 경로를 지휘하는 저항성 효소EPSPS* 억제가 아니라 항생제 기능과 킬레이트화 능력에 있다고 판단

---

* EPSPS의 풀네임은 '5-에놀피루빌시키메이트énolpyruvylshikimate-3-포스페이트 신타제phosphate synthase'다. 이 효소는 시킴산 경로의 여섯 번째 단계에 개입하여, 3개의 방향족 아미노산인 페닐알라닌phénylalanine, 티로신tyrosine, 트립토판tryptophane의 합성을 촉진한다.

합니다." 돈 휴버가 매우 단호한 어조로 말했다. 그의 다소 기술적인 발언을 좀 더 잘 이해하기 위해서는, '시킴산 경로'가 방향족 아미노산 합성을 위해 필수적인 매개체라는 사실을 기억해야 한다(1장 참조). '시킴산 경로'는 긴 이름을 가졌으나 일반적으로 저항성 효소라고 불리는 효소에 의해 활성화된다. 몬산토의 라운드업 용기에 적혀 있는 "글리포세이트는 식물에 속하는 효소에 영향을 줄 뿐, 사람이나 반려동물에는 영향을 미치지 않습니다"라는 문장에서 말하는 효소가 바로 이것이다.

"이 말은 두 가지 측면에서 오류를 범하고 있습니다." 내가 라운드업 용기에 적힌 문구를 상기시키자, 돈 휴버는 이렇게 반응했다. "먼저 글리포세이트는 저항성 효소에만 영향을 미치는 것이 아닙니다. 식물의 1, 2차 신진대사를 활성화시키기 위한 조효소로서 미네랄을 꼭 필요로 하는 291개 효소도 함께 파괴하지요. 예를 들면 제대로 활동하기 위해서는 망간이 꼭 필요한 25가지 종류의 효소가 있습니다. 그런데 식물은 땅속에 축적된 글리포세이트 때문에 망간 결핍에 시달리지요. 그리고 글리포세이트가 포유류—인류와 동물들—는 비켜간다는 말도 거짓입니다. 포유류는 시킴산 경로가 없습니다. 박테리아가, 식물들이나 해조류들처럼, 가지고 있는 겁니다. 사람의 '두 번째 뇌'로 간주되는 장은 수많은 박테리아로 가득 차 있으며, 그들은 아미노산을 생성해내기 위해 저항성 효소들을 필요로 합니다. 트립토판, 티로신, 페닐알라닌 같은 효소들은 신경 세포와 호르몬 세포를 형성하는 데 필수적입니다. 그러나 박테리아는 글리포세이트에 민감합니다. 바로 이러한 점 때문에 글리포세이트가 동물이나 인간의 건강에 매우 심각한 결과를 가져올 수 있는 것이지요."

점점 더 많은 양의 글리포세이트

우린 잡초를 관찰하기 위해 다시 길을 떠났다. 아르헨티나에서와 마찬가지로, 미국 중서부에서도 잡초는 농산물 생산자들에게 골칫덩어리였다. 돈 휴버, 밥 스트라이트의 지인으로 이 문제의 가장 뛰어난 전문가인 농학자 찰스 벤브룩은 매우 가까이에서 상황을 목도해왔다. 카터 정부 시절 백악관과 국회의사당에서 농업 전문가로 일한 그는 국립과학아카데미 농업 분과 디렉터를 7년간 역임했다. 이후 그는 자신의 독립 자문 회사를 차렸다. 1996년 유전자조작 작물 출현 이후, 워싱턴 주립대학 연구자였던 그는 미국 농무부 산하 국립농업통계청 등록 제초제 소비 관련 자료들을 자세히 조사해왔다. 그는 이 자료를 몬산토가 제공하는 통계자료와 비교해왔는데, 2001년부터의 몬산토의 자료는 "거의 사기에 가까운 거짓임"[70]을 확인할 수 있었다.

2004년에 그는 몬산토의 상업적인 논거에 명백히 반대되는 그의 첫 번째 결산 보고서를 내놓았다. 몬산토는 글리포세이트에 저항하는 유전자조작 식물이 제초제의 소비를 줄일 것이라고 줄곧 주장해왔다.*
보고서 〈미국의 유전자조작 농산물 농사와 살충제 사용: 첫 아홉 해 동안〉[71]에서 그는 미국 유전자조작 농업의 세 가지 대표적 작물(콩, 옥수수, 면)에 뿌려진 제초제의 양이 1996년부터 2004년 사이에 5% 증가했다고 지적했다. 6,200만kg 늘어난 것이다. 반면 일반적인 농작물에 사용된 제초제의 양은 계속 줄어들었음을 확인했다. "수백만ha에 이르는 농지의 잡초를 처리하기 위해 오직 한 가지 제초제에 의존하는 것은 같은 양의 잡초를 처리하기 위해 점점 더 많은 양의 제초제를 사용할 수밖에 없도록 하는 상황을 설명하는 첫 번째 이유다"라고 그는 보고서에 적었다. 그는 유전자조작 농산물이 도입되기 전 과학자들이 글리포세이트에 내성을 가진 잡초를 단 두 종류만 확인할 수 있었다는 사실을 상기시켰다. 살갈퀴(호주, 아프리카 남부, 미국)와 갈퀴덩굴(말레이시아). 그러나 2004년에는 미국 내에서만 6가지 종류의 잡초가 발견되었다. 그 선두에는 쇠뜨기가 있다. 쇠뜨기는 지금 미국 경작지의 진정한 골칫덩어리다. 맨드라미, 명아주, 돼지풀 등이 그 뒤를 잇는다.

2012년 찰스 벤브룩은 16년간의 유전자조작 농산물 경작에 대한 새로운 결산 보고서[72]를 발간했다. 결산 결과는 한 마디로 완벽한 재

---

* 농업 생산자들 사이에 널리 배포된 자료에서 몬산토는 "라운드업 레디 콩 재배지 제초제 소비의 평균은 다른 콩밭보다 낮다"고 확인한 바 있다("라운드업 레디 콩 시스템: 지속가능성과 제초제 사용", 몬산토, 1998.4.).

앙이었다! 미국종자학회에 따르면 2012년에 글리포세이트에 내성을 가진 22개의 잡초가 생겨났으며 그것들이 570만ha에 이르는 경작지를 황폐화시켰다.[73] "이 잡초들은 다수의 유전자조작 농산물 생산자들에게 가장 심각한 문제였다. 이로 인해 생산자들은 연간 25%씩 제초제 사용량을 증가시켰다"라고 찰스 벤브룩은 지적한다. "미국에서 유전자 변형 작물 재배는 1996년부터 2011년 사이에 2억 3,900만kg에 달하는 제초제 사용량 증가를 가져왔다. 갈수록 늘어가는 글리포세이트 의존도가 제초제 사용량이 폭발적으로 증가하는 주요 원인이다. 특히 콩 재배를 위해 70%의 제초제가 소모되었다." 그리고 그는 덧붙였다. "새로운 거짓말도 주목할 필요가 있다. 몬산토의 과학자들은 1990년에 여러 기고를 통해 글리포세이트에 내성을 가진 잡초들이 등장하는 것은 일어날 수 없는 일이라는 의견을 밝혔다. 글리포세이트 사용의 긴 역사에 대해 환기하면서. 당시는 글리포세이트를 상용화한 지 20년이 되었을 무렵이다."[74]

슈퍼 잡초의 급격한 증가

"저길 보세요!" 밥 스트라이트가 내게 말했다. "이 유전자조작 콩밭은 생산자가 포기한 것이에요. 그 사람은 글리포세이트에 내성을 가진 잡초와 제멋대로 자란 옥수수에 둘러싸인 겁니다." 우리 앞에는 '식물 아나키즘'이 지배하는 놀라운 초원이 펼쳐져 있었다. 과연 콩을 심은 밭은 처참한 상태였다. 1m가 넘는 건강미 넘치는 잡초가 산재해 있었고, 여기저기 난데없이 옥수수가 버티고 있었다. 저 옥수수는 뭘 하려고 콩밭 한가운데 서 있는 걸까? 저런 옥수수들을 미국에선 '자원자volonatires', 아르헨티나에서는 '반항아rebelles'라고 부른다. 저들은 이전 수확에서 나온 씨들이 땅속에서 잠 자다가 이듬해 새로운 경작물 가운데에서 싹을 틔운 경우다. 콩밭에서 자라는 옥수수는 일종의 '잡초'가 되고 만다! 문제는 저 옥수수가 라운드업 레디 종자이므로, 저것을 제거할 방법은 손으로 뿌리째 뽑아내거나 극단적인 독성을 가진 제초제 2-4 D를 뿌리는 것뿐이라는 사실.

"저렇게 버려진 경작지가 아이오와 주에서 점점 늘어나고 있지요." 라운드업에 내성을 가진 여러 종류의 잡초 표본의 뿌리를 뽑아내며 밥 스트라이트가 말했다. "여기 보세요. 이게 바로 유전자조작 농산물 생산자들의 최대 공적인 긴이삭비름Amaranthus palmeri입니다. 이 잡초가 글리포세이트에게 갖는 저항성은 2005년에 처음으로 입증되었습니다. 이후 긴이삭비름은 옥수수 벨트 전체와 미국 남부의 목화밭까지 확산되었습니다. 화학적인 방법으로 이 잡초를 제거하는 건 불가능합니다. 열 가지 종류의 제초제에 저항하는 능력을 키웠으니까요. 이놈 때문에 많은 생산자들이 수천ha의 경작지를 포기했습니다."

"끝도 없는 비극입니다." 돈 휴버가 원통한 표정으로 말을 이어갔다. "이 맨드라미는 수만 개의 씨를 품고 있어요. 이 중 1%만 다음해에 싹을 틔워도, 농부가 마주할 문제가 어떤 것일지 상상하실 수 있습니까…?" 돈 휴버는 수많은 경쟁자 틈에서 나름 잘 생존해낸 콩들이 서 있는 곳으로 조금 더 가까이 다가갔다. "여기 콩의 초록 잎사귀를 가로지르는 노란 줄을 좀 보시지요." 그것은 콩이 망간과 마그네슘 결핍으로 고통스러워 한다는 증거였다. 이 두 가지 미네랄은 광합성과 관계된 것이어서 식별하기 쉽다.

밥 스트라이트는 흙 한 줌을 집어 손으로 문질렀다. "이 흙은 밀도가 매우 촘촘하네요. 글로말린*이 부족한 겁니다. 글로말린은 글리포세이트에 매우 민감한 곰팡이에게서 나오거든요. 지렁이도 거의 없다는 것에 내기를 걸 수도 있겠네요. 지렁이는 생태계의 진정한 엔지니어입니다. 지렁이들이 파낸 긴 복도 덕에 뿌리는 쉽게 흙 속을 파고 들어갈 수 있고, 물도 쉽게 땅속에 스며들 수 있는 겁니다. 많은 연구들이 글리포세이트가 지렁이들의 생식에 영향을 미친다는 사실을 입증하고 있습니다.[75] 이 같은 토양 침식 결과로 미국에서 점점 더 파괴적인 홍수가 자주 일어나고 있지요. 점점 더 난폭한 형태의 비를 유발하는 기후 교란과 함께 말입니다. 우리는 최대한 빠른 시일 내에 우리의 농업 시스템을 재검토해야 합니다."

"농무부 과학자들이 이러한 문제들에 대해 연구하지 않나요?" 이 모든 절망적인 정보에 자극받은 내가 물었다.

---

* 글로말린Glomaline은 식물의 뿌리와 공생 관계인 곰팡이가 생산하는 물질로 일종의 풀 같은 역할을 하면서 흙 집합체의 안정을 돕는다.

미군 대령이자 퍼듀 대학 식물병리학 교수 돈 휴버. 아이오와의 글리포세이트로 인해 병든 콩밭에서 찍은 사진이다.

"이런 주제로 연구를 진행하는 것은 매우 어려운 일입니다." 돈 휴버가 내게 답했다. "저의 동료들조차도 이런 연구에 적극적으로 달려들지 않습니다. 다들 지원금을 놓칠까봐 겁을 내고 있거든요. 이 분야 지원금의 대부분이 농산업계 기업들로부터 나오기 때문입니다. 미 농무부 과학자들은 유전자조작 식물을 해치는 질병을 연구하고, 토양의 침식에 대해서 연구합니다. 그러나 그들의 연구 결과를 발간하거나 공공연하게 대중 앞에서 말하는 것은 금지됩니다. 우리가 처한 비극적인 막다른 골목으로부터 탈출하기 위한 유일한 희망은, 농업 생산자들에게 있습니다. 유전자조작 농산물 경작을 그만두려는 농민들이 점점 늘어나고 있거든요.

"그들은 전통적인 방식의 농업으로 전환하고자 합니다. 핵심적인 이유는 경제적인 것에 있어요." 밥이 덧붙였다. "이 모든 문제들을 해결하는데 너무 많은 비용이 들기 때문이지요. 그들이 제초제를 사들이는 데 들어가는 비용뿐 아니라 살충제, 비료 등에 대한 비용이 폭발적으로 증가하고 있어요. 게다가 유전자조작 식물의 종자는 일반적인 종자보다 2배나 더 비쌉니다.[76] 결국 그들은 더 이상 자신의 이익만을 생각하는 기업에 종속당할 수 없다는 것이지요."

"엄청난 쟁점이 걸린 문제입니다." 돈 휴버가 결론짓는다. "우리 식생활의 안전이 위협받고 있으니까요. 우리의 농업 생산 시스템이 현재 극도로 취약해졌을 뿐만 아니라, 대부분 라운드업에 내성을 가진 유전자조작 식물을 먹고 성장하는 가축을 공격하는 질병 때문이기도 합니다. 많은 농부들은 우려하고 있습니다. 그들 주변을 살펴보면 점점 더 많은 사람들이 알레르기나 글루텐불내증, 파킨슨병, 알츠하이머 혹은 '다공성 장'처럼 심각한 장 질환을 앓고 있습니다. 물론 글리포세이트가 혼자 이 모든 질병의 책임을 져야 하는 것은 아닙니다. 그러나 글리포세이트의 고유한 특성으로 인하여, 이 모든 질병의 확산에 중요한 역할을 한다고 말할 수 있습니다. 글리포세이트는 토양을 황폐화시키고, 식물, 동물 그리고 사람에게 피해를 줍니다. 글리포세이트는 대규모 생태학살의 주범입니다."

6장

목축업의 위험 신호

"유전자조작 농산물은 우리의 땅과 가축에게

죽음을 가져다주었습니다!"

—

미국 축산업자 하워드 블리저

"돼지들이 섭취한 글리포세이트 양은

유럽 시민들이 식사 시간에 섭취하는 것보다

낮은 수준이었습니다."

—

덴마크 양돈업자 이브 페데르센

×

“농업은 사회 전체로 볼 때, 존재의 토대를 대변합니다. 토양의 건강, 식물의 건강, 동물과 인간의 건강은 독립적이면서 또한 모두 연결되어 있습니다. 우리가 지속가능한 시스템을 원한다면, 이 사실을 정신에 새겨야 할 것입니다. 저는 글리포세이트 제초제 사용으로 야기된 동물 건강의 위험 증가에 관해 말하고자 참여하였습니다.” 아이오와 주 서쪽, 홉킨턴에 거주하는 수의사 아트 던햄Art Dunham은 이렇게 몬산토 국제법정의 세 번째 세션을 열었다. 세 번째 세션은 “동물들의 건강에 끼친 몬산토의 활동”에 초점이 맞춰졌다. 60대 미국인인 그는 돈 휴버의 가까운 지인으로, 돈 휴버에 대해 큰 존경심을 가지고 있는 인물이다.

아트 던햄, 내부 고발자의 탄생

두 남자는 과학자들과 동물 혹은 사람의

건강에 관한 의료계 사람들의 작은 모임에 속해 있었다. 유럽과 라틴 아메리카에 있는 비슷한 그룹들*과 관련을 맺던 모임은 여론과 미국 정부를 향해 "한 세기에 한 번뿐인 제초제"—글리포세이트의 열렬한 옹호자 스테판 듀크의 표현—의 극단적인 독성에 대해 알리고자 노력해왔다.[77] 그들의 노력이 미국 거대 미디어들로부터 완전히 무시당했다는 사실은 두말할 필요도 없다. 미디어들은 지구의 모든 재앙에 대한 책임을 글리포세이트에게 물으려 한다고 이들을 중상모략했고, 이들의 "집착"을 조롱하기까지 했다. 글리포세이트가 제공하는 비즈니스의 달콤한 이윤을 누리는 세력, 그리고 그들이 구현해내는 농업 비즈니스 시스템은 희화화에 멈추지 않고 자신들의 주장을 적극적으로 확산시켰다.

그러나 두 남자와 그들의 동료들은 결코 찻잔 속의 회오리에 머물지 않았다. 스리랑카의 샤나 자야수마나나 아르헨티나의 다미안 베르제나시처럼, 그들은 글리포세이트 사용이 남긴 여러 가지 특징을 수집했다: 라운드업의 흔적을 따라 나서기 전, 그들은 생태주의 운동을 하는 사람들도 아니었고, 지배세력에 저항하는 사람들도 아니었다. 이들은 오히려 지배계급에 잘 자리 잡고 있던 사람들이라 할 수 있다. 이들 모두는 각자의 영역에서 인정받은 직업인들이었고(여전히 그러하다)

* 이들 모두는 2014년 7월 25~26일에 베이징에서 중국 정부가 개최한 〈식품 안전과 지속가능한 농업에 관한 국제회의〉에서 만났다. 이 책에서 소개하는 대부분의 내부 고발자들은 이 회의에 참석했던 사람들이다.

그들의 직업을 수행하는 과정에서 구체적인 문제에 부딪혔으며, 그 문제를 해결하고자 애쓰는 사람들이었다. 그 어떤 편견도 없이, 자신들의 직업이 갖는 높은 사회적 위상의 이름으로 공익을 위해 행동하고자 했던 것이다. 그들은 약간 순진하게도 공익이라는 가치가 필연적으로 모든 정치경제적 책임을 지닌 사람들을 움직일 것이라고 생각했다. 그들의 조사가 점차 진전하면서, 현실이 완전히 다르다는 사실을 깨달으면서, 그들은 몰이해, 절망, 분노가 차례로 오가는 충격의 시기를 겪는다. 그리고는 그들의 '집착' 대상이 드러낸 거대한 쟁점에 맞서면서 소위 "내부 고발자"가 되었고, 그들 삶의 이유가 된 이 행동들을 어떠한 대가를 치르더라도 지키려고 했다.

이런 점에서 아트 던햄의 이야기는 하나의 모범 사례다. 사실, 그 무엇도 이 수의사가 내부 고발자가 될 것이라고 예고하지 않았다. 그의 친구 돈 휴버와 마찬가지로, 농업 생산자의 가정에서 태어난 그는 "농부들을 돕기 위해" 동물을 치료하는 의학 공부를 선택했다. 이것이 2016년 8월 16일 저녁에 그가 아내 콜레트와 함께 홉킨턴에 있는 자신의 호화로운 저택에서 우리를 맞이할 때 들려준 이야기다. 숲 가장자리 언덕 위에 자리 잡은 그 집에서 부부는 네 명의 아이를 길러냈다. 모든 것들이 고된 노고와 일에 대한 한결같은 애정을 통해 그가 성취한 직업적인 성공을 말하고 있었다. "아트는 자신의 직업을 사랑합니다." 콜레트가 포근한 미소를 지으며 말했다. "동물은 우리 가정에서 큰 자리를 차지하지요." 거실의 테이블에는 그들의 딸 레아(35세)가 아버지의 일에 대해 쓴 책이 놓여 있었다. 제목은《머리 둘 달린 미국의 돼지: 유전자를 조작하고, 항생제에 내성을 가지며, 농약에 의존하는 세계에서 영양 결핍과 질병을 치료하기》[78]였다. 그 책은 왜 이 수의사가 글리포세이트가 동물과 인간에게 질병을 전한다는 사실을 그토록 강하게 확신하는지 이해하게 해준 매우 소중한 자료였다. 과학 교사인 레아 던햄은 이 책에서 아버지의 작업 변화 과정을 설명하고, 어떤 과정을 통해 몬산토 유전자조작 농산물의 도래와 함께 조금씩 모든 것이 바뀌어갔는지 이야기한다. 그녀는 일반 대중을 위해 이 책을 아버지 아트와의 긴밀한 공동 작업을 통해 집필했다. 미국에서 공중보건에 재앙이 도래한다는 각성이 무르익어갈 무렵, 아트는 무기력한 공권력에 맞서 이 책이 소비자들에게 충격을 불러일으키길 바랐다.

소와 돼지에게 갑자기 나타난 망간 결핍

아트 던햄은 1974년 델라웨어의 한 마을에서 동물 병원을 처음 개업했다. 아이오와에서 가장 아름다운 동네 중 하나였다. 삭막하고 단조로운 아이오와 다른 지역들과 달리 이 동네에는 골짜기가 있었고, 길가에는 길게 늘어선 나무들이 있었다. "처음 개업했을 때 10개의 농장이 있었습니다. 지금은 하나밖에 남지 않았습니다. 하나 남은 농장에서 목축을 하고 있지요." 아트가 내게 설명했다. "농무부는 옥수수나 콩을 재배하라고 장려하지요. 그래서 점점 목축업 종사자는 줄어들고 있습니다. 처음 수의사 일을 시작했을 때 저에게는 200명의 낙농업자 고객들이 있었어요. 이제는 30명으로 줄었습니다. 양돈 농가도 마찬가지입니다. 1,200명에 이르던 것이 이젠 100명 정도 남았습니다. 남은 사람들은 엄청난 규모로 목축업을 합니다. 그들이 생산해내는 돼지 규모는 60만 마리에 이르지요. 저한테는 5,000마리 돼지를 키우는 거대한 농장을 가진 고객도 있답니다. 나머지는 모두 유전자를 조작한 단일 작물 농사뿐입니다."

아침 7시였다. 그는 소형 트럭을 차고에서 꺼내 차 뒤쪽의 약장을 샅샅이 점검했다. 차 뒷문에는 동물 병원의 엠블럼인 에르메스의 지팡이가 새겨져 있었다. 서로 머리를 마주보며 막대를 감은 두 마리 뱀을 보면서* 나는 레아 던햄의 책 표지를 장식한 머리 두 개 달린 돼지를 다시 생각했다. 하지만 머리 두 개 달린 그 돼지는 신화 속 창조물이 아니었다. 앞으로 보겠지만, 이러한 기형은 유전자조작 식품 시대에 더 이상 보기 드문 일이 아니기 때문이다. 신중함을 상징하는 두 마리 뱀 엠블럼은 오늘날 완전히 다른 새로운 의미를 획득했다. "그것은 기업농 시대에 서로 대적하는 두 개의 과학자 진영을 의미합니다. 한쪽은 사적인 이해를 위해 일하는 과학자들이며, 또 다른 한 쪽은 공익

---

* 전국수의학회 사이트에 따르면 에르메스의 엠블럼이 의미하는 바는 세 가지다. 지팡이는 권력, 뱀은 신중함, 날개는 활동력을 뜻한다.

을 걱정하는 과학자들이지요." 수의사는 지친 얼굴로 한숨을 지으며 설명했다.

"40년이 지난 지금 제 일은 완전히 변했습니다." 우리는 안개 덮인 언덕을 가로지르며 뱀 모양의 구불구불한 길을 빠른 속도로 달리고 있었다. 기이한 분위기였다. 간간이 길모퉁이를 지날 때마다, 우리는 직사각형 모양의 큰 건물 옆 농산물 보관 창고의 압도적인 모습을 목격했다.

"제 고객 숫자는 점점 줄어들고 있지만, 지금 남아 있는 고객들은 많은 건강상의 문제를 가진, 전보다 훨씬 많은 가축들을 기르고 있습니다. 소와 돼지의 평균수명은 이전보다 훨씬 줄었습니다. 과거와 달리 농민들이 더 이상 사료를 직접 재배하지 않고 도매상으로부터 사들이지요. 1996년부터 가축들이 먹는 모든 사료는 100% 유전자조작 사료로 전환되었습니다. 처음에는 동물들에게서 건강상의 차이를 발견하지 못했습니다. 그런데 2005년부터 상황은 악화되기 시작했지요."

바로 그 해, 그가 20년간 돌봐오던 여러 축산 농가 생산자들이 같은 현상을 목격하고 그에게 전해왔다. 수많은 송아지들이 심각한 뼈 기형과 왜소증을 가지고 태어난 것이다. "송아지들은 짧은 다리, 부풀어 오른 관절 그리고 비정상적인 머리를 가졌고, 생긴 모습이 마치 불독과 비슷했습니다. 그들은 연골형성장애Chondrodysplasia라는 선천성 질환을 앓고 있었습니다. 이 병은 뼈와 연골 형성에 부정적인 영향을 미치지요." 수의사가 내게 설명했다. "이 기형을 가진 송아지 대부분을 사산하였습니다. 저는 아이오와 대학 연구소에 송아지 간 샘플을 보냈습니다. 그리고 망간의 수치가 극도로 낮다는 사실을 발견했지요." 같은 시기 공장식 축산을 통해 자라난 젖소와 암퇘지도 비정상적으로 작은 난소로 인해 배란에 심각한 문제들을 드러내고 있었다. 그들의 난소는 '완두콩' 크기만 했다. 이는 가축의 출산율을 급격하게 떨어뜨렸다. 아트 던햄은 그들의 내장을 분석했고, 역시 극도의 망간 결핍이라는 특징을 발견할 수 있었다.

"20년 수의사 생활을 하면서 그런 광경을 처음 보았습니다." 수의사가 매우 심각하게 굳은 어조로 단언했다. "저는 원인을 알지 못했지만, 모든 것은 다 연결되어 있었습니다. 망간 결핍은 임신 기간 중 태아의 기형을 유발하고, 갑작스런 유산이나 사산 — 새끼는 아주 작습니다 — 을 야기했습니다. 저는 여러 밤을 하얗게 지새우면서 같은 질문을 지겹게 반복했습니다. 이 초유의 사태를 설명할 수 있는 어떠한 변화가 목축업에 있었던 거지?" 이 질문은 2년이나 답을 찾지 못한 채 표류하고 있었다. 그 사이 망간 결핍은 아이오와 주는 물론 미국 전체 축산업계에서 흔한 일이 되었다. 망간은 당 전이효소를 활성화하는 데 필요하며 이는 연골과 뼈의 합성을 위해 필수불가결한 요소다. 그는 고상한 전문용어로 '뜨거운 감자'를 다루고 있었다. "최근 망간과 당 전이효소가 글리포세이트와 갖는 관계가 영양학자들과 농학자들, 그리고 가축 사육자들의 관심을 끌고 있습니다. 어떤 이들은 글리포세이트가 이 문제에 개입한다고 주장합니다. 글리포세이트가 식물로부터 망간을 흡수해 사용하는 능력이 있어 농작물의 질병 감염 가능성을 높이고 망간 함유량을 줄인다는 것입니다." 2007년 그날, 아트의 고객이 그에게 잡지 《고랑*The Furrow*》—트랙터나 농약 살포기 같은 농기계 분야 다국적기업인 존디어John Deer가 발행하는 농업 잡지—를 보여주기 전까지는. "이 잡지는 저에게 천기누설과도 같았습니다. 글리포세이트는 강력한 금속 킬레이트제로 흙 속에 있는 망간 같은 미네랄을 움직이지 못하게 하며 이는 유전자조작 식물의 망간 결핍을 유발한다고 돈 휴버가 쓴 글이 실려 있었던 것이지요. 저는 그때 무척 흥분했습니다. 그때 저는 '퍼즐의 한 조각을 쥐었다'고 생각했던 것이지요!"

그러나 아트 던햄의 고통은 여전히 끝나지 않았다. 그는 아이오와 대학의 수의학 연구소 파트너들에게 연락을 취해 돈 휴버를 초청할 것을 제안했다. 실패였다. 성과는 없었다. 그는 직접 식물병리학자에게 연락해서 메시지를 남겼다. 2주 뒤 그가 한 암소가 죽은 송아지를 몸 밖으로 내보내는 것을 돕던 중 핸드폰이 울렸다. "돈 휴버였습니다. 그는 정부 관련 일로 너무 바빠서 늦게 연락했는데 미안하다고 말하더군요. 글리포세이트와 관련된 일이었다고 했지요." 저는 그에게 물었지요. "당신, 라운드업이나 유전자조작 농산물을 공격하면 대학에서 쫓겨날 수도 있는데. 걱정 안 하나요?" 그는 제게 답하더군요. "저는 이제 일흔 살입니다. 이미 은퇴를 했지요. 제 연구를 위해 지원금을 쌓아야 할 필요가 없어요. 그래서 제가 보고 생각하는 것을 말할 수 있지요." 9년이 지난 뒤 당시 두 사람의 대화를 회상하며 아트 던햄은 웃음을 터뜨렸다. 그리고 말을 이어갔다. "저는 그에게 제가 수의사로서 겪은 이야기들을 들려주었어요. 그리고 우리가 설정한 가설을 입증하거나 혹은 파기하는 실험에 참여하는 걸 동의하는 고객을 제가 찾아내야 한다는 데 합의했습니다."

이후 몇 주 동안 던햄은 몇몇 돼지 · 젖소 사육업자들이 사료를 기존의 라운드업 레디 콩이나 옥수수에서 '글리포세이트를 치지 않은' 전통적인 사료로 바꾸도록 설득했다. 그리고 그 결과는 마술과도 같았다. 망간 결핍은 사라졌다. 동물들은 건강과 출산율을 빠른 속도로 회복했다.

"그때 아버지는 자신이 실마리를 제대로 찾았다는 사실을 알았다. 그러나 망간 결핍 문제에 있어서, 가축의 건강을 치유하기 위해서는 임상 관찰과 실험적인 식이요법에 의존할 수밖에 없었다."[79] 레아 던햄은 그녀의 책에 기록했다. 다시 말하자면, 아트 던햄은 혼자 이 모든 문제들을 해결해야만 했던 것이다. 그 어떤 농축산 기관도 뜨거운 감자인 글리포세이트에 대한 가시 돋친 자료에 관심을 기울이지 않았다.

이런 상황에서 2011년 5월 17일 아트 던햄은 미네소타수의학연구소에서 일하는 제레미 쉐퍼 박사의 컨퍼런스에 참여했다. 일단 연구 제목은 매우 의미심장했다. 〈망간 결핍과 관련한 태아와 출산 전후의 사망률〉. 쉐퍼 박사는 미국 중서부의 가축 62마리에 대한 자신의 연구 결과를 발표하였다. 뼈 기형을 보이는 모든 송아지 태아들의 간, 허파,

위 등을 분석했다. 모든 송아지들은 하나같이 망간 결핍에 시달리고 있었다. "태아는 영양과 무기질 공급에 있어서 온전히 어머니에 종속됩니다. 태아의 무기질 결핍은 뼈와 신경 시스템의 비정상적인 발달을 유발할 수 있습니다. 망간은 당 전이효소를 활성화하는 데 필요하며 이는 연골과 뼈를 합성할 때 필수적입니다." 그는 현학적인 언어로 뜨거운 감자를 다뤘다. "최근 망간이 글리포세이트와 갖는 연관성이 영양학자들과 농학자, 그리고 축산업자들의 관심을 끌었습니다. 어떤 이들은 글리포세이트가 식물로부터 망간을 흡수하고 사용하는 능력을 통해서 농산물의 질병 감염 확률을 높이고, 망간 수치를 줄이는 데 관여한다고 주장합니다."

그러나 쉐퍼 박사는 결론에서 백핸드를 날려 이 가정을 제껴버렸다. "옥수수나 콩의 망간 결핍은 새로운 현상이 아닙니다. 글리포세이트가 사용되기 전에도, 수십 년 전부터 이러한 현상에 대해 기술되었습니다." 그에 따르면 식물의 망간 결핍에는 여러 가지 원인이 있다. 지나치게 산성인 토양이거나 지나치게 유기체가 풍부한 토양. 혹은 최근 오스트레일리아를 덮친 가뭄에서 목격한 것처럼 충분히 습하지 않은 토양에서도 이러한 현상은 나타난다. 망간 결핍에 대처하기 위해 그는 동물의 사료에 망간을 첨가해줄 것을 조언했다! 그의 이러한 결론은 이 회의를 후원한 엘랑코, 다이아몬드브이, 베링거잉겔하임, 파이저 같은 사료 또는 가축용 약품 전문 다국적기업들을 흐뭇하게 했을 것이다.

쉐퍼 박사의 결론에 대해 아트 던햄은 신랄한 평가를 서슴지 않았다. "쉐퍼가 그렇게 말한 건 연구를 지원하는 자들을 공격하지 않으려고 했기 때문입니다. 그 자리에 참석한 수의사들은 그들이 동물 조직을 수집하여 분석할 무렵 미 중서부는 (가뭄이 아니라) 거대한 홍수가 지나간 뒤였다는 사실을 기억해냈지요."

돈 휴버, 2011년 1월: "완전히 새로운 병원균"

2011년 1월 17일 돈 휴버가 버락 오바마 대통령의 농업 수석 비서 톰 빌색에게 보낸 공개서한은 이렇게 시작한다. "빌색 수석 비서님, 식물과 동물에 대해 연구하는 신뢰할만한 과학자 그룹이 최근 전자현미경을 통해 발견한 새로운 병원균에 저는 비상한 관심을 갖고 있습니다. 그 병원균은 식물과 동물의 건강에, 분명, 인간의 건강에 상당히 부정적인 영향을 주는 것으로 보입니다. 접근 가능한 자료들에 대한 세심한 검토 후 이 병원균은 매우 넓게 퍼져 있고, 상황이 매우 심각하다는 것을 발견할 수 있었으며, 라운드업 레디 콩과 옥수수에서 집중적으로 자라나는 것으로 보아, 라운드업 레디 유전자와 관계 있거나, 라운드업 제초제와 상당한 연관이 있는 것으로 짐작할 수 있습니다. 이 병원균은 과학 연구자들에게 완전히 새롭게 보입니다."

'전문 연구소와 군대 연구소'에서 근무하는 자신의 지위를 알린 뒤, 대령이자 퍼듀 대학 석좌 교수인 그는 당시까지 알려지지 않았던 새로운 유기체의 완전하게 독특한 물리적인 특성을 소개했다. "이 병원균은 전자현미경을 통해서만 보이는데(36,000배), 평균적인 바이러스 크기에 해당합니다. 자가 번식이 가능하며 … 극소 곰팡이와 흡사합니다. 이 전염성 병균이 식물과 포유류의 질병을 촉진한다는 것은 명백합니다. 매우 드문 경우입니다. … 이것은 돼지와 소의 위, 태반에 들어 있습니다. 이 병원체는 … 감염 식물에서 왕성하게 번식합니다. 특히 수확량을 줄어들게 하는, 어디에서나 발견되는 두 가지 질병에서 그렇습니다. 급사 신드롬에 걸린 콩과 고스시들음병에 걸린 옥수수가 그것이지요. 연구소의 실험은 갑작스러운 유산이나 불임을 겪는 수많은 종류의 동물에서 이 병원균을 확인한 바 있습니다. 현재 진행 중인 연구의 예비 결과와 임상 실험 결과에서도 확인했습니다. 이 병원균은 미국에서 소와 젖소, 돼지, 말 등에서 최근 몇 년간 갑작스러운 유산이나 불임이 점점 많이 발생하는 이유를 설명합니다. 특히 젖소에게서 나타나는 20% 이상의 불임과 45%에 이르는 소의 돌발적 유산에 대해 언급하는 최근 보고서들이 여기에 대한 답을 줄 수 있을 것입니다."

편지 마지막에 돈 휴버는 새로운 병원균의 근원과 확산 경로, 결과 그리고 치료법 등을 밝히기 위해 "미국 농무부와 또 다른 기관들의 협조"를 구했다. 그리고 톰 빌색에게 라운드업 레디 자주개자리(소여물로 널리 활용되는 작물)의 판매 허가 지속 여부 결정을 늦춰달라고 요청했다.*

공개서한은 몬산토로부터 즉각적인 반응을 불러일으켰다. 그들은 2001년 2월 24일 발표한 보도자료를 통해 "라운드업 레디 농작물의 재배가 특정한 질병에 훨씬 취약하다거나, 라운드업 레디 농작물에 글리포세이트를 투입하는 것이 병에 대한 감염 확률을 높인다는 사실을 입증한 어떤 신뢰할만한 연구도 없다"며 즉각 반박했다.[80] 돈 휴버는 2011년 12월 10일 인터뷰에서 자신이 편지를 보낸 지 2주 뒤에, 미 농무부의 그레고리 퍼햄으로부터 전화를 받았으며, 그가 새로운 병원체를 확인한 과학자들의 명단을 제공해달라고 요청했다는 사실을 밝혔다. 그는 공식적인 연구 프로그램 지원을 요청했을 뿐이라 말하며 이를 거절하였는데, 사실 그는 그 시점에서 과학자들의 이름을 제공하고 싶지 않았다. 그들이 직장을 잃거나, 그동안 해온 연구에 대한 신용을 잃는다거나 하는 보복을 당할 수 있기 때문이었다. 이 영역에서 일하는 연구자들이 일상적으로 매번 겪는 일이었다.[81]

돈 휴버는 그의 팀에서 일하는 다섯 명의 과학자들과 함께 미 농무부의 여러 책임자들을 만나자는 제안을 받았다. 그들은 "일단 연구를 진행하시면 우리가 그 연구를 검토할 준비가 되어있다"[82]고 말하며 공을 넘겼다. 미 국무부에서 일하는 동료들의 태도에 미심쩍은 시선

---

* 2011년 3월 25일, 돈 휴버는 유럽연합집행위원회 위원장 호세 마뉴엘 바로소와 건강과소비정책위원 존 달리에게 같은 내용의 편지를 보냈다. 그들은 휴버에게 답장을 보내지 않았다.

을 보내던 2013년 10월 3일 이뤄진 인터뷰에서 휴버는 이 이야기를 내게 해주었고, 그는 2016년 8월에 가진 만남에서 다시 한 번 같은 이야기를 해줬다. "농무부에서 일하는 과학자들 중 글리포세이트의 효과에 대해 엄청난 지식을 축적한 과학자들의 입은 모두 자물쇠로 굳게 채워져 있습니다. 그들은 해당 주제에 대해 그 어떤 내용도 말할 수 없도록 통제받았습니다. 저는 그들 중 한 사람으로부터 전화를 받았습니다. 그는 내게 이렇게 말했지요. '저는 곧 은퇴를 합니다. 당신 옆으로 가고자 마음을 굳혔습니다. 제가 지금은 말할 수 없는 많은 것들을 말할 수 있기 때문이지요' 라고요."

돈 휴버의 경고는 효과를 발휘하지 못했다. 2011년 1월 28일, 톰 빌색은 라운드업 레디 자주개자리의 상업화를 허용했다. 그러나 그때부터 돈 휴버를 중심으로 모인 과학자 그룹은 미 농무부의 책임자들이 제기한 도전에 응하기로 했다. 미국 어딘가에서, 극비리에, 그들은 미 농무부가 직접 다루기를 거부한 "새로운 병원균" 연구를 진행했다. "말씀드릴 수 있는 것은, 이 새로운 병원균이 디옥시리보핵산DNA이나 리보핵산RNA을 가진 유기체는 아니며, 단백질이거나 아직까지 알려지지 않은 프리온이라는 사실입니다." 이 연구를 위해 감염된 돼지와 소의 조직 샘플을 제공한 바 있는 아트 던햄은 2016년 8월 내게 이렇게 적어 보냈다.

"이 병원체는 적당한 영양 조건이 갖춰지면 자가생식이 가능합니다. 글리포세이트의 시판 이전에 발견되지 않은 채 존재했을 가능성도 있습니다. 포유동물이 아미노산으로부터 단백질 사슬을 만들어낼 때 수많은 DNA 코딩 오류가 발생하는데, 이것을 효소가 시정할 수 있거든요. 관련 있는 모든 효소가 보조인자로 미네랄을 필요로 하기 때문에 킬레이트제인 글리포세이트가 이 과정을 방해했을 가능성도 배제할 수 없습니다. 현재 이 실험을 진행하는 연구자가 새 병원체가 글리포세이트와 유전자조작 농산물과 연관이 있는지 없는지에 대해 확신하기 전 '코흐Koch의 가설'*을 확인하는 중입니다. 미안합니다만 더 이상은 제가 말씀드릴 수가 없군요. 수의학자로서, 제가 말씀드릴 수 있는 것은, 이 병원체가 유전자조작 식품을 흡수하지 않을 때 동물의 내장에서 사라지며, 더불어 가축의 출산율 저하 문제도 함께 사라진다는 사실입니다."[83]

미국 소들의 출산율 저하, 더 나아가 불임 문제는 매년 "수백만 달러의 손실"을 의미한다고 목축업자들을 위한 잡지사 《호어드 데일리맨》이 2011년 발간한 한 책은 지적한 바 있다.[84] 낙농젖소생식협의회와 공동으로 집필한 이 책은, 매년 30%의 젖소가 도살되는데 이들이 도살되는 주된 이유는 생식 능력 장애로 전체 900만 마리의 젖소 중 8~10%에서 생식 장애가 발생한다고 전한다. 이러한 현상이 시작된 것은 2000년이며 축산협회는 2002년 7월 회의에서 이 문제를 다

---

* 코흐의 가설은 미생물과 질병 사이의 인과관계 설정을 목표로 한다. 이 가정 덕분에, 로버트 코흐(1843~1910)는 결핵 원인 박테리아를 찾아낼 수 있었다. 이 발견으로 그는 1905년 노벨의학상을 수상했다.

를 것을 요청받는 상황에 이르렀다. 협회의 대표 중 한 사람인 데니스 맥도널드는 당시 진정한 경종을 울렸다. "축산업자들은 소의 임신과 송아지에 관련한 당황스럽고 경제적인 황폐를 야기하는 문제에 봉착했습니다. 어떤 축산 농가에서는 상당수의 태아들이 알 수 없는 이유로 유산되었으며 또 다른 축산 농가는 겉으로 보기엔 멀쩡하게 어린 소를 잘 키우는 행운을 누리는 듯 했으나, 도살할 무렵에 이르러 그들의 뼈가 두 배쯤 나이보다 늙어 보여 가격을 제대로 받지 못하는 일도 생겼지요. 우리는 이를 '단단한 뼈hard bone'*라고 불렀습니다. … 당시에는 누구도 이러한 증상의 원인을 알지 못했습니다. 플로리다의 동물 건강 전문 연구자인 마이클 필즈는 이 모든 증상이 공통의 문제, 그들이 섭취하는 사료와 농장의 물이 호르몬을 약화시키는 물질에 의해 오염된 것 때문이 아닌지 의심했지요."[85] 마침내 목축업자는 이런 결론을 내렸다. "이 산업의 지속성은 중대한 위협에 직면했습니다."

2008년: 미국 돈육 농가에서 벌어진 설명할 수 없는 대참사

아트 던햄이 기형 송아지의 첫 사례를 검

* 일반적으로 어린 소(2세)의 뼈는 붉은 빛을 띤다. '단단한 뼈' 증상으로 고통을 겪은 소들은 뼈와 연골이 희고 건조하여 훨씬 더 나이든 동물의 특징을 갖는다.

토하는 동안, 또 다른 질병이 돈육 농가를 덮쳤다. 그 질병의 이름은 돼지성장실패증후군PFTS. "여러 돈육 농가에서 갑자기 등장한 이 질병을 전에는 한 번도 본 적이 없습니다." 아트 던햄은 말했다. "이 병은 엄마 젖을 떼고 5~10일 정도 지난 새끼 돼지들을 강타했지요. 갑자기 아기 돼지들이 먹는 것을 중단했습니다. 아기 돼지들은 급격히 야위었고, 자신의 조직과 기관을 스스로 폐기시키는* 것처럼 보였지요. 정말 끔찍한 질병이었습니다!"

이 낯선 질병은 돈육 생산업자들의 잡지 《내셔널 호그 파머 매거진》 2008년 9월 15일 자를 통해 알려졌다. 양돈업체들은 "2~10%의 새끼 돼지들이 긴 굶주림의 시간을 거친 후에 죽거나 안락사를 당한다. 이들은 신경성식욕부진증과 심각한 전신쇠약증(신체 전반의 쇠약과 영양실조)에 시달렸으며, 가시적으로 연관성을 보이는 병원체는 드러나지 않았다"고 전한다.[86] 돼지성장실패증후군에 따르는 임상적 증상은 2011년 5명의 미국수의학회 학자들이 쓴 글에서 이렇게 묘사되었다. "여러 가지 병원체가 감염된 몇몇 돼지에서 확인되긴 하였으나 이 병의 병태생리학적 병인에 대해서는 명확히 판별된 바 없다."[87]

더 이상 누구를 향해 기도를 드려야 할지 알지 못해 막막해하는 양돈업자들의 다그침에, 아트 던햄은 몇몇 새끼 돼지를 해부했다. 그 결과 소화기관 여러 부분의 손상을 발견했다. 손상된 장 점막, 발육 상태

---

* 《유니버설 백과사전*Encyclopedia Universalis*》에 따르면, '폐기cataboliser'는 살아 있는 존재 일부를 폐기물로 전환시키는 것을 의미한다.

가 안 좋은 융모, 음낭 혹은 장선의 비대화 등이다. 이러한 관찰은 노스캐롤라이나 대학 네 명의 연구자들이 발표한 논문에서도 확인된 바 있다. 그들은 "돼지성장실패증후군이 장상피벽에 발생한 심각한 기능 장애와 점막 및 상피 형태 변화와 관련 있다"*[88]는 사실을 입증한 바 있다.

신기하게도 돼지성장실패증후군을 연구하는 과학자들은 한 번도 이러한 관점에서 문제를 제기한 적이 없다. "질병 발생 시기가 새끼 돼지가 젖을 떼고 사료를 먹기 시작하는 시기이기 때문에, 그들이 먹는 음식의 역할에 대해 문제 제기하는 것이 당연해 보인다"라고 아버지의 문제 해결을 위한 노력 경로를 자세히 기록해온 레아 던햄은 적었다.[89] 고객의 심각한 문제 해결을 위해 골몰하던 이 수의사는 그가 의심을 품어오던 글리포세이트에 대한 연구를 지속했다. 그는 텍사스 에이앤앰A&M 대학 연구자들이 발표를 통해 글리포세이트가 망간보다 코발트를 훨씬 더 잘 킬레이트화 한다는 사실을 알게 되었다. 코발트는 비타민12(코발라민이라고도 불림) 형성에 필수적인 미네랄이며, 이는 소화효소 생성뿐 아니라 장에 유익한 박테리아 활동과 소화관 병원균 제거에도 중요한 역할을 한다. 이 사실에 놀란 아트 던햄은 돼지성장결핍증후군에 걸린 새끼 돼지의 간을 522개나 분석하였고, 유전자조작 식품이 출현하기 이전 시대에 검출된 코발트 수치에 이르는 것은

---

* 장상피벽은 장의 내용물을 신체 나머지 부분과 분리시킨다. 상피벽의 기능은 영양소를 흡수하고 악성 병원체로부터 장을 보호하는 것이다.

하나도 없다는 사실을 확인한다.[90] 그는 목축업자들에게 조언했던 것처럼 양돈업자들에게도 유전자조작 사료 사용을 당장 중단하고 다른 것으로 바꾸라고 조언했다. 그의 처방은 통했다! 바로 그렇게 델라웨어 지역의 유명한 돈육 · 축산업자인 켄 케흘리가 자신의 농장에서 유전자조작 콩과 옥수수 — 라운드업 레디와 Bt — 를 금지시켰고 자신이 키우는 가축들이 건강을 회복했다는 사실을 입증했다. 나는 아이오아 주 페어에서 그와 만날 약속을 잡았으나, 불행히도 그에게 심각한 가족 문제가 생겨서 취소해야만 했다.

극단적 보수 '축산업자이자 연구자', 유전자조작 농업 반대자 하워드 블리저와의 만남

"저는 유전자조작 식품이 동물 건강에 끼치는 피해에 관한 과학 논문들을 샅샅이 찾아보았습니다. 2013년에 장기간 돼지에게 진행한 연구 결과가 발표되었는데, 이것이 유일한 자료였지요! 어떻게 글리포세이트에 흠뻑 적신 작물들이 가축들에게 미칠 영향에 대해 사전 연구도 하지 않은 채, 살충제를 시판하도록 허가할 수 있었을까요?" 아트 던햄이 푸념하며 말했다. 그가 언급한 돼지 연구는 실제로 해당 분야의 유일한 연구였다. 그 연구는 아이오와 북서부 모리스 마을 하워드 블리저Howard Vlieger의 농장에서 진행되었다. 그는 3대째 이어지는 농장의 주인으로, 열렬한 유전자조작 작물 반대자였다. 흔히 낙천적 히피를 연상시키는 생태주의자의 면모와는 완전히 다른 프로필을 가진 사람이지만 말이다. 전통적인 가톨릭 신자인데다가, 공화당의 극단적 보수 성향 정파의 멤버이며, 버락 오바마의 낙선을 위한 격렬한 선거운동을 전개한 바 있다. 그는 자신을 "땅의 학생"[91]으로 간주한다. 그러나 그가 처음부터 무조건적인 화학 농약 반대자는 결코 아니었다. 1989년부터 그는 농약 사용을 최소한으로 축소하는 농법을 개발했다. 3년 후, 그는 화학 농약 사용을 줄이고 싶어 하는 농업인들을 돕는 자문 활동을 시작하였다.

몬산토 유전자조작 종자들이 아이오와 주 평원을 잠식하던 1997년에 하워드 블리저는 그에 휩쓸리지 않고 밭 하나에 시험용 유전자조작 옥수수를 심었다. 결과는 만족스럽지 않았다. 종자는 매우 비쌌고 수확량은 일반 옥수수와 비교할 때 에이커당 39*l*씩 적었다. 그는 다음 해에도 똑같은 시도를 반복했고 다시 돈을 잃었다. 그때부터 그는 자신의 경작지에서 유전자조작 작물을 완전히 몰아냈다. 2000년대 중반에 그는 라운드업 레디 콩과 Bt 옥수수 사료를 사용하는 축산 농가와 양돈 농가 들이 델라웨어 카운티의 아트 던햄과 같은 문제를 겪는다는 것을 알게 되었다. 이 사실에 경악한 그는 콜로라도 대학 미생물학자 일레인 잉엄과 자신이 관찰한 사실들을 공유한다. 그녀는 하워드 블리저가 주디 카르멘의 연구에 참여하도록 권했다. 오스트레일리아 출신의 전염병학자이자 생화학자 주디 카르멘은 유전자조작 작물의 가축에 대한 독성 여부를 실험하기 위한 농장을 찾고 있었는데, 하워드 블리저가 그 요구에 응한다.

그렇게 해서 하워드 블리저는 여러 가지 차원에서 독보적인 연구 협력자가 되었고, 연구 결과는 2013년에 발표되었다.[92] 먼저 이 연구는 돼지를 대상으로 진행했다는 점에서 매우 드문 경우다. 대부분의 관련 연구들은 설치동물(들쥐, 쥐, 토끼), 물고기 혹은 닭 등을 대상으로 진행한 것이었다. 또한 22.7주간 연구를 진행하였다. 이는 돼지가 모유 수유를 떼는 시점으로부터 도축되는 시점까지의 평균 생존 기간에 해당한다. 드물게 진행되었던 돼지를 대상으로 한 연구들도 최대 관찰 기간이 90일을 넘지 못했던 것이 사실이다.[93] 이 연구는 참여 개체 수에 있어서도 독보적이었다. 시험 대상과 비교 대상이 절반씩 정확히 나뉜 168마리 돼지들이 연구 대상이었다. 그리고 마지막으로 — 아마도 가장 중요한 점이 아닐까 싶다 — 이 연구는 농장이라는 "현실 세계"에서 진행되었다. 실험 대상 돼지들은 산업화된 돼지 사육장에서 라운드업 레디 콩과 Bt와 라운드업 레디 옥수수*를 먹었다. 글리포세이트에 잘 적신 것으로 말이다. 유전자조작 콩의 만성 독성을 측정하기 위한 연구들의 대부분은 밭에서 수확한 콩, 즉 글리포세이트 잔류물이 남아 있는 콩을 사용하지 않았다.

연구 결과는 유전자조작 사료를 먹은 돼지의 자궁은 그렇지 않은

* 미국에서는 라운드업 레디와 Bt 유전자를 동시에 포함하는 옥수수를 '이중 유전자조작 옥수수 double stacked'라고 부른다.

돼지보다 25% 무겁다는 사실을 보여주었다. 게다가 실험 대상 돼지 32%는(비교 대상 돼지는 12%) 위가 심각하게 부풀어 오르는 증상을 보였으며, 이는 수컷에서 더 두드러지게 나타났다(비교 대상 그룹보다 4배나 더 많이). "우리의 연구는 두 개 그룹 사이에서 목격한 차이의 주된 원인을 밝혀내지는 못했습니다." 미네소타 주 잭슨빌에서 열린 돈 휴버의 컨퍼런스(앞 장 참조)에 참석했던 하워드 블리저가 2016년 8월에 내게 말했다. 청중들 사이에서 그를 알아보는 건 전혀 어려운 일이 아니었다. 그는 언제나 카우보이 모자(대체로 흰색)를 썼고 콧수염을 길렀기 때문이다.

"반면, 확실한 것 한 가지는 점점 더 많은 농민들이 유전자조작 작물에 대해서는 더 이상 듣고 싶어 하지조차 않는다는 사실입니다. 흐름이 시작된 건 벌써 2~3년 전이고, 점점 더 여기에 동참하는 사람들이 늘어나고 있지요. 저의 경우를 말씀드리자면, 미국 전역과 캐나다의 농장주들과 협업을 합니다. 최근 저는 한 양돈업자에게 자문을 해주었는데, 그는 사료에서 유전자조작 식품을 완전히 없애고 가축에게 주입하던 항생제도 80% 축소했습니다. 그러자 82%였던 돼지들의 임신율이 92% 이상으로 뛰어 오르더군요! 경작자들에게서 나타나는 경향도 마찬가지입니다. 경제적인 이유입니다. 그들은 점점 더 많은 돈을 살진균제, 살충제 같은 것들을 사는 데 써야 하거든요. 전에는 전혀 쓰지 않았던 것들이지요. 제초제도 물론이고요. 그들의 밭은 온통 글리포세이트에 내성이 생긴 잡초들로 덮여 있지요! 솔직히 말씀드리면, 유전자조작 농산물은 우리의 땅과 가축에게 죽음을 가져다주었습니다!"

병원성 슈퍼 박테리아, 글리포세이트 때문에 항생제에 내성이 생기다

"대학에서는 수의사들과 의사들이 협력해야 한다고 가르칩니다. 동물은 인간을 위한 모델이니까요. 그러나 글리포세이트의 경우에는 이러한 원칙이 완전히 무시되었습니다!" 몬산토 국제법정에서 아트 던햄은 상당히 격앙된 어조로 증언했다. "2012년, 저는 오하이오 주 콜럼버스에서 열린 제2회 전국동물농업연구회 연례 총회에 참석한 바 있습니다. 당시 총회는 동물과 인간에게서 매우 심각한 수준으로 증가한 항생제 내성 문제를 주제로 했지요. 그러나 총회에서 글리포세이트는 단 한 차례도 언급되지 않았습니다. 글리포세이트는 우리의 환경과 모든 먹이사슬을 오염시키는 강력한 항생제임에도 불구하고 말입니다! 글리포세이트는 유전자조작 농산물이 생겨나기 전에는 한 번도 본 적이 없는 슈퍼 박테리아를 만들어내 가축에게 엄청난 피해를 입혔습니다."

"몬산토가 글리포세이트의 살충제 기능으로 얻은 7771736번 특허"가 "말라리아나 임질 같은 심각한 감염성 질병에 사용할 것을 권장"한다는 사실을 환기시킨 아트 던햄은 강조했다. "오직 가장 강력한 악성 박테리아가 살아남지요. 그중에서 가스괴저균Clostridium Perfrigens이 2000년대 중반부터 가축에게서 확산되기 시작했습니다. 이 박테리아는 특히 젖소에게 '장출혈성대장증후군'을 유발하는데, 이는 소화기관에서 발생하는 치명적인 질병입니다. '장의 엄청난 혈전'[94]이 특징입니다. 또 다른 박테리아로는 클로스트리듐디피실리Clostridium difficile가 있습니다. 만성 설사 증상을 유발하는 이 질병은 동물 사료에 유전자조작 식품이 도입된 후 아기 돼지에게서 폭발적으로 증가했습니다." 아트 던햄은 단호하게 설명했다. "지난 수년간 병인이 밝혀지지 않은 이 새로운 질병이 열 마리 중 한 마리 꼴로 새끼 돼지들을 죽음으로 몰아갔습니다."[95] 덴마크에서 진행한 연구에 따르면, 이 병은 대장균과 장알균[96]의 매우 공격적인 줄기세포와 관련이 있다.

"그리고 보툴리누스균 중독이 다시 나타났습니다. 완전히 사라졌던 질병이지요. 과거에는 상한 음식 때문에 발생했습니다. 그런데 사료에 글리포세이트가 등장하고 '만성 보툴리누스균 중독'이라 불리는 새로운 형태의 질병이 발병하기 시작한 겁니다. 이 질병은 소들을 정기적으로 감염시킵니다. 대부분의 수의사들은 이 병이 어디에서 온 것인지, 심지어 무슨 병인지 진단을 할 수도 없습니다." 우리는 아트 던햄이 한 고객의 집에서 두 번씩 예방접종을 진행한 델라웨어 카운티를 아침 내내 누비고 다녔다. 마지막 고객은 마크 셰파드였다. 그는 젖소를 키우는 축산업자로 바로 얼마 전에 보툴리누스균 중독에서 소들을 구해낸 바 있다.

그것은 클로스트리듐 보툴리눔균으로 인해 생겨난 것이었다. 포유류의 장에 침투하여 근육 마비를 불러일으킬 수 있는 극도로 위험한 신경 독을 퍼뜨린 후 죽음에 이르게 하는 균이다. 생물학자들은 독성에 다소 차이가 있는 신경 독을 8가지로 구분했다(A, B, C1, C2, D, E, F, G). 인간에게서 나타나는 보툴리누스균 중독은 A, B, E와 관련 있으며, 동물에게서 나타나는 것은 C, D와 관련 있다. '보툴리눔 독소' 교감신경은 미국과 구 소련에서 발달해온 생화학 무기 프로그램에 포함된 것이기도 하다. 돈 휴버가 관여했던 그런 무기에서처럼(앞 장 참조).*

우리가 방문하던 그날은 참기 힘들 만큼 무더운 날씨여서, 마크 셰파드는 물을 뿌려주고자 100여 마리에 이르는 소들을 축사로 들여보냈다. "증상은 무엇인가요?" 내가 물었다. "설사와 변비가 동시에 함께 나타납니다. 매우 비정상적인 일이지요. 혀에 이상이 생겨서 마시지도 먹지도 못합니다. 몸을 숙이면 입을 열 수가 없는 거지요. 부종이 생기고 사지에 마비가 옵니다. 걸을 수도 없지요. 벌써 여러 마리가 죽었습니다." 그가 대답했다.

"소들에게 어떤 사료를 먹이셨나요?"

"기본적으로 라운드업 레디 콩으로 만든 깻묵을 먹였어요."

"보툴리누스균 중독과 글리포세이트와의 연관성은 어떻게 알 수 있나요?"

---

* 보툴리눔 독소는 시안화칼륨보다 50만 배나 강한 독성을 가지고 있다.

"글리포세이트는 넓은 범위에 영향을 끼치는 항생제입니다. 보통 클로스트리듐 보툴리눔균을 죽이기 위해선 5~10ppm 정도의 글리포세이트가 필요하지요. 그런데 병균이 확산되는 걸 막아주는, 특히 동물의 장 속에서 보툴리눔 독소가 퍼지는 걸 막아주는 유익한 유기체들을 죽이는 데는 0.1ppm이면 충분합니다. 소의 소화 작용에 중요한 역할을 하는 수많은 박테리아들이 글리포세이트로 인해 손상을 입습니다. 수의사로서의 제 경험은 이미 유제품 생산 경쟁과 과도한 항생제 남용으로 면역력이 약한 소에게 글리포세이트는 치명적 일격이었다고 말해주고 있습니다." 아트 던햄이 답했다.

"지금도 유전자조작 농산물을 소에게 먹이고 계신가요?" 내가 마크 셰파드에게 물었다.

"아니요! 저는 이제 라운드업에 내성을 지닌 유전자가 없는 사료들만 먹입니다." 마크 셰파드가 주저 없이 답했다. "소들의 사료를 바꾸고 나니까 더 이상 병에 걸리지 않더군요! 아버지는 거의 믿을 수 없어 하시지요…. 유전자조작 농산물이 생겨나기 전에는 보툴리누스증후군이나 장출혈성대장증후군 같은 새로운 질병에 대해서 들어본 적도 없다는 걸 정확히 알고 계시지만 말입니다…."

"저는 시스템에 혐오감을 느낍니다." 격앙된 어조로 아트 던햄이 분명하게 말했다. "수의사가 될 때 저는 선서를 했어요. 인간들의 음식을 정성껏 돌보겠다는 약속이었지요. 제대로 일어서지도 못할 정도로 병에 걸린 가축들, 3~4년밖에 살지 못하고 죽는 동물들을 볼 때, 저는 묻지 않을 수 없었습니다. 이 모든 것들이 우리에게는 어떤 영향을 미칠까?"

"그렇습니다." 마크 셰파드가 고개를 끄덕였다. "우리가 알지 못하고, 연구도 되지 않은 것들이 너무 많습니다. 우리와 우리 아이들의 건강이 매우 걱정됩니다."

보툴리누스균 중독 유행병에 걸린 독일 소

"제 이름은 모니카 크루거입니다. 저는 수의학자이자 미생물학자로 동물 전염병 전문가입니다. 저는 1993년부터 2014년까지 라이프치히 대학* 박테리아와균연구소를 이끌었습니다." 모니카 크루거Monika Krüger는 아트 던햄이 돈 휴버 다음으로 높이 평가하는 과학자다. 그 사실에는 의문의 여지가 없다. 아트 던햄에 이어 몬산토 국제법정에 선 독일 수의학자는 지난 20년 동안 그가 파고들던 바로 그 구체적 질문에 대해 구체적 해답을 제시하는 연구를 진행한 유일한 과학자였기 때문이다.

"저는 15년간 만성 보툴리누스균 중독에 관해 연구해왔습니다. 이 병은 1990년대 중반에 독일 소들에게서 나타나기 시작하여 수많은

---

* 균학은 의학의 한 분야로 인간이나 동물에 존재하는 균을 연구하는 학문이다.

가축들에게 전염되었습니다. 정부는 공식적으로 이 질병의 존재를 부정했지만 말입니다. 2007년부터 2010년에 저희 연구소는 '보툴리눔'이라 이름 붙은 국가 연구 프로젝트에 참여했습니다. 연구의 목표는 장내 미생물*과 클로스트리듐 보툴리눔균, 그리고 거기에 동반되어 나타나는 신경 독소 사이의 연관성을 검토하는 것이었습니다. 실험 결과는 군집 붕괴, 즉 장내 미생물의 불균형을 드러낸 동물 집단만이 ― 이 경우엔 홀스타인 젖소들이 ― 장과 배설물에 클로스트리듐 보툴리눔균을 가진다는 걸 보여주었습니다."

2010년 발표한 보고서에서 독일 연구자들은 "소의 소화 시스템 안에서 항상성** 기능장애가 있다는 결론을 내리고" 있으며 "이 연구 결과는 그러한 상태를 묘사할 뿐, 원인을 드러내지는 않는다. 원인에 대한 규명은 추가 연구를 통해서 밝혀져야 한다"라고 강조하고 있다.[97] 모니카 크루거는 2014년에 발표한 기고를 통해서 다음과 같은 사실을 밝히기도 했다. 해당 실험에서 언급된 소들의 "대변 속 미생물"에서 "특별한 변화"가 발견되었는데, 그것은 "호기성 박테리아와 혐기성 박테리아,*** 대장균, 가스괴저균, 효모, 곰팡이 등 미생물 전체의 심

---

* 장내 미생물은 장내 식물상이라고도 불리며, 인간을 비롯한 포유류 동물의 장내에 살고 있는 마이크로 유기체들의 총체(박테리아, 누룩, 균)를 일컫는다. 이들이 건강에 미치는 영향을 이해하고 싶다면, 줄리아 엔더스의 유명한 책(《장의 비밀스런 매력*La Charme de l'intestin*》, 2014)을 강력 추천한다.

** 프랑스 건강 의학 잡지《건강과 미래*Futura Santé*》에 따르면, 항상성이라 함은 외부로부터 어떤 종류의 공격이 가해져도 내부에서 균형을 지탱할 수 있는 시스템의 능력을 지칭한다.

*** 호기성 박테리아는 산소가 있어야 살아갈 수도 번식할 수도 있는 박테리아며, 혐기성 박테리아는 그 반대의 경우를 말한다.

각한 축소"였다. 그러나 그녀는 보툴리누스균[98]의 '식민지화 과정'에 무엇이 기여했는지를 이해하기 위해서는 "새로운 연구"를 진행하는 것이 필요하다는 생각을 밝혔다.

미생물학자 경력의 한 시점에 글리포세이트의 수수께끼에 맞섰던 사람들이 모두 겪었던 보물찾기 놀이가 시작된 것이다. "완전히 우연하게, 동료가 건넨 전화 한 통" 덕분에 그녀는 세상에서 가장 많이 팔린 제초제의 존재를 알게 되었으며, 특히 그 항생제 기능을 인정한 유명한 '7771736번 특허'에 대해 알게 되었다. "우리 연구소 연구자들은 글리포세이트에 오랫동안 관심을 가졌습니다." 그녀는 헤이그의 법정에서 증언했다. "불행하게도 글리포세이트에 취약한 박테리아들은 우리가 살아가는 데 꼭 필요한 것들입니다. 그 박테리아들은 건강에 도움을 주는 것들이지요. 유산균, 비피더스균, 장구균처럼. 반면에 병원성 유기체들, 살모넬라균, 여러 가지 종류의 클로스트리듐이나 붉은 곰팡이(후사리움) 등은 글리포세이트에 저항하거나 내성을 가지고 있지요.[99] 우리는 특히 글리포세이트가 클로스트리듐 보툴리눔균을 중성화하는 능력을 가진 장알균Enterococcus spp을 파괴한다는 사실을 발견했습니다. 글리포세이트는 동물 소화기에 침투해서 장내 미생물 균형을 손상시킵니다. 장내 미생물들은 신진대사와 면역, 신경체계의 건강한 기능을 위해 필수적인 존재들입니다."

2012년 모니카 크루거는 독일 북부에 사는 수의사로 아트 던햄과도 절친한 요아힘 게흘라흐로부터 연락을 받았다. 30년 전부터 수의사를 해오던 그는 슐레스비히홀슈타인의 기름진 평원 한가운데 디트마르셴에 자리 잡고 살고 있었다. 그곳은 검은 까치 드레스를 입은 소들 때문에 금세 알아볼 수 있는 젖소들의 요람이다. 그러나 이곳에서는 더 이상 그 무엇도 순조롭지 않았다. 2000년대 중반부터 소가 알 수 없는 병으로 죽어갔다. 수천 마리의 소가 희생되었고 수십 개 축산 농가가 파산했다. 이 극적인 이야기는 2015년 《아르테》 방송을 통해 방영된 다큐멘터리[100]에서 나의 독일인 동료 안드레아스 뤼멜을 통해 알려졌다. 다큐멘터리에서 요아힘 게흘라흐가 이미 50여 마리의 젖소를 영문도 모른 채 잃어야 했던 하인츠 히크의 농장에서 소들을 치료하는 모습, 쓰러지기 전 축사로 비틀거리며 들어가는 야윈 소들의 비참한 모습을 볼 수 있다. 축사 밖에서는 십여 마리의 죽은 소들이 각을 뜰 전문 도수를 기다리고, 젖을 짜는 농부와 그의 딸은 종종 현기증을 일으키며 구토가 나온다고 말한다. 모니카 크루거가 마리오 쿠더의 농장을 방문하는 모습도 볼 수 있다. 그는 요아힘 게흘라흐의 고객으로 600마리의 소를 잃었다. 자신의 무능력을 고백한 그의 수의사를 포함하여, 어느 누구도 자신의 소들을 죽인 질병의 원인을 설명해주지 않았다.

모니카 크루거는 동물의 대변 내용물과 장기를 분석했고, 클로스트리듐 보툴리늄균에 감염되었음을 확인했다. 그들의 소변에서는 높은 수치의 글리포세이트가 검출되었다. 만성 피로에 시달려온 마리오 쿠더는 보툴리눔 독소에 대항하는 항체를 가지고 있었다.[101] 모니카 크루거는 마리오 쿠더의 소들(암소 159마리와 암송아지 18마리)을 연구하는 과정에서 "가능한 치료 방법을 검토하기 위해, 우리는 동물에게 돼지감자즙*[102]을 주입해보기도 했고, 클로스트리듐 보툴리늄균 C와 D의 예방 백신을 접종해보기도 했으며, 엔테로코커스 패칼리스Enterococcus faecalis를 중단시켜보기도 했습니다."

젖소의 대변 안에 있는 클로스트리듐 보툴리늄균과 보툴리늄 독소를 줄어들게 하거나 사라지게 한 다양한 치료법들의 상세한 결과들을 다 나열하진 않겠다. 모니카 크루거는 다만 "이 치료법이 결국 동물들의 궁극적인 회복을 돕지 못한 것은, 망간이나 코발트, 구리, 셀레늄 같은 미량원소 결핍 상태에 있었기 때문입니다. 미량원소와 함께 치료받았던 동물들은 건강을 회복했습니다. 장내 미생물 군집 불균형과 미량원소 결핍이 만성 보툴리늄 팽창을 설명해줄 수 있을 것이라고 생각합니다"라고 지적했다.[103]

몬산토의 또 다른 거짓말

또 다른 보물찾기가 시작되었다. 자신에게 주어진 퍼즐을 맞춰나가기 위해. 독일 수의학자는 가축뿐 아니라

---

* 그렇다. 돼지감자를 먹어야 한다! 돼지감자의 프룩탄fructanes에는 풍부한 이눌린inuline이 들어 있으며, 이는 유산균과 대장균, 비피더스균 같은, 병원균이 될 수 있는 박테리아의 번식을 막는 유익한 박테리아를 집중적으로 증가시켜 장내 미생물 균형에 기여한다.

인간에(다음 장 참조) 대한 글리포세이트 침투 비율을 측정하기 위해 여러 가지 역학조사를 진행했다. 이 작업은 집중 사육하는 소들에게서 역시 만성 보툴리누스균 중독이 나타났던 덴마크에서 진행되었다. 유럽 어디에서나 마찬가지로 여기에서도 가축들은 유전자조작 콩으로 만든 깻묵을 사료로 먹으며 자랐다. 남미(브라질, 아르헨티나)나 미국에서 수입한 것들이었다. 매년 3,800만t의 유전자조작 라운드업 레디 콩이 로리앙이나 암스테르담, 함부르크 항구를 거쳐 늙은 대륙의 공장식 양계장이나 축사, 양돈장의 사료 통에 도착했다. 모니카 크루거가 몬산토 국제법정에서 강조한 것처럼 글리포세이트로 오염된 콩이다(유럽의 글리포세이트 허용 잔류량 최고치는 20mg/kg이다. 문제가 많은 이 노출 기준에 대해서는 추후 다시 언급할 것이다).

덴마크에서 모니카 크루거는 8개 축사(전체 1,725마리의 소들 중)에서 온 240마리 젖소 소변에 담긴 글리포세이트의 양을 분석했다. 이를 위해 그녀는 ㎍/ℓ 단위 이하까지도 측정 가능한 제초제 잔류물 검출 기구를 사용했다.[104] 그녀는 혈액을 통해 여러 가지 매개변수를 분석했다. 혈중 콜레스테롤 수치, 요소 수치, 혹은 미네랄 미량원소의 수치 같은 것들이다. 가장 의미심장한 결과는 "모든 젖소의 소변에서 각각 다양한 분포의 농도로 글리포세이트가 발견되었다는 점, 이들의 평균 콜레스테롤 수치는 기준 집단의 수치보다 높게 나타났다는 사실, 모든 젖소에서 코발트와 망간의 수치가 최소 영양 수치에 훨씬 못 미친다는 점"이다. 이 결과는 글리포세이트의 강력한 금속 킬레이트화로

설명할 수 있다.[105]

다른 말로 바꿔보면 글리포세이트의 킬레이트 기능은 두 가지 차원의 역할을 한다고 볼 수 있다. 먼저 글리포세이트는 필수 미네랄을 땅속에 흡착시킴으로써 식물들이 흡수할 수 없게 만든다. 결과적으로 이러한 식물을 먹는 동물은 미네랄 결핍을 겪는다. 두 번째 단계에서, 글리포세이트가 동물의 몸에 침투하면—예를 들면 유전자조작 콩 같은 식물에 남은 잔류물을 통해—이는 동물의 신체 내에 돌아다니는 미네랄과 미량원소들을 다시 흡착하면서 동물의 몸에 새로운 미네랄 결핍을 야기한다. 순환 통로를 차단하는 것이다! 이론적으로 두 번째 작동 방식이 유효하기 위해서는 글리포세이트가 유기체 내에 오염 물질을 축적하는 능력을 가지고 있어야 한다. 말하자면 자기가 오염시킨 유기체의 조직 내에서 충분히 오래 살아 있어야만 하는 것이다.

몬산토는 항상 '그것은 가능하지 않다'고 말해왔다. 그 증거로 이 책에서 한 번 언급한 바 있는 몬산토 대표 독물학자 다니엘 골드스타인의 지휘 아래 2016년 5월 기사가 하나 나왔다. 그는 스리랑카 정부에게 글리포세이트로 만든 제초제 판매 금지를 해제하라고 엄청난 압력을 행사했던 장본인이다(4장 참조). 나름 과학적 객관성을 보장한다고 말할 수 있을 듯 보이는 이 기사는 몬산토 소속 파멜라 젠슨(규제팀 소속)과 존 비치니(식품안전과건강영양팀장), 몬산토와 각별한 관계를 가진 걸로 유명한 커플, 미셸(셸리라는 애칭으로 통하는)과 마크 맥귀르가 공동 서명했다.* 기사 제목은 〈글리포세이트와 아미노메틸포스폰산AMPA은 사람의 모유에서 검출될 수 없다〉[106]였다. 이 기사는 '미국을횡단하는 엄마들협회the Association Moms across America'가 진행한 연구 결과(다음 장 참조)에 대한 답변이었다. 이 협회는 글리포세이트가 모유를 오염시킨다는 사실을 입증해온 바 있다. 이 연구는 당연히 몬산토의 이미지에 부정적인 영향을 끼칠 수밖에 없다.

단숨에 몬산토의 심복들은 색깔을 드러냈다. "동물에 대한 연구는 동물의 글리포세이트(일반적으로 사용되는 제초제) 노출이 글리포세이트의 신체 조직 내 축적으로 이어질 수 없다는 것을 입증해왔다. … 들쥐 연구는 거의 모든 흡수된 글리포세이트는 변화하지 않은 채 빠르게 소변으로 배출된다는 것을 보여주었다." 이러한 단언은 놀라운 것이었다. 몬산토 과학자들은 자신의 회사가 환경청에 제공한 자체 연구를 알지 못하거나 거짓말을 하고 있었다! 내가 앤서니 삼셀을 만났을 때(3장 참조), 그는 자신이 입수한 글리포세이트의 특허 승인과 관련된 두툼한 서류들에 담긴 흥미진진한 연구를 보여준 바 있다.

1988년 3월 23일 자 연구는 두 과학자(W.P. 리들리, K.멀리)가 진행한 것으로, 쥐에게 정맥 주사와 경구를 통해 글리포세이트를 주입했다. 10㎎/kg을 한 번에 주입하기도 했고, 수일에 걸쳐 같은 양을 주입하

---

* 마크 맥귀르는 아이오와 대학 수의학과를 이끌고 있다. 존 비치니의 친구이기도 한 그는 우유 성장 호르몬 프로질락 홍보에 공을 세운 바 있다. 나의 책 《몬산토: 죽음을 생산하는 기업》에 길게 언급한 바 있는 호르몬제다. 셸리 맥귀르는 미국영양학회 대변인으로, 맥도날드나 코카콜라 같은 다국적기업에 대한 자신의 지지를 주기적으로 표현해온 사실 때문에 비판받는 인물이다.

앤서니 삼셀 박사는 몬산토가 미국환경보호청에 보낸 독성학 연구 자료에 접근할 수 있었다.

기도 했다(매번 10mg/kg).[107] 그들은 쥐의 장기 내 글리포세이트의 움직임을 따라가기 위해 글리포세이트에 '탄소14 방사성 표시'를 했다. "첫 번째 결과, 약 30%의 글리포세이트가 경구를 통해 흡수되었고—소비자인 우리로서는 경구 사례가 더 흥미로운 대목이다—적어도 7일 동안 동물의 몸속에서 돌아다녔습니다. 나머지는 소변을 통해 배출되었습니다. 특히 글리포세이트가 반복 투입된 경우에는 모든 조직과 장기, 특히 뼈와 뇌에 축적이 진행되었습니다." 앤서니 삼셀이 내게 설명해주었다.

앤서니 삼셀이 내게 보여준 그림을 통해 우리는 선명하게 10mg/kg을 단 한 번 투입하고 168시간 이후에 뼈에 달라붙는 글리포세이트의 양이 0.552mg/kg에 이른다는 걸 알 수 있었다. 이 같은 양이 반복적으로 투입될 때 뼈에 축적되는 글리포세이트의 양은 0.748mg/kg까지 올라가는 것도 볼 수 있었다. 뇌의 경우, 그 결과는 수컷일 때 0.007mg/kg에서 0.014mg/kg, 암컷일 때 0.006mg/kg에서 0.011mg/kg로 두 배 늘어난다. 신장 축적량은 수컷일 때 0.022mg/kg에서 0.033mg/kg, 암컷일 때, 0.014mg/kg에서 0.026mg/kg으로 측정됐다. "이 실험 결과가 알려주는 것은 한 번 글리포세이트에 젖은 음식을 먹으면 글리포세이트는 우리 몸에서 적어도 1주일 이상 머물며, 이를 매일 꾸준히 먹는 경우 글리포세이트는 우리 몸 전체에 축적된다는 것입니다." 앤서니 삼셀은 이렇게 결론을 내렸다.

덴마크 농가에서 태어난 기형 돼지

"이브가 처음 우리 연구소를 방문했을 때를 결코 잊을 수 없을 겁니다. 2013년 봄이었지요. 그가 커다란 회색 쓰레기봉투에 얼린 새끼 돼지 38마리를 넣어가지고 우리 연구소에 찾아왔지요. 선천적인 기형을 가지고 태어난 돼지들이었습니다. 저는 파랗게 질려버렸지요. 2년 동안 베트남에서 돼지 사육 농장을 운영해 보기도 했지만, 그런 기형을 본 일은 한 번도 없었습니다." 모니카 크루거는 격정적으로 말했다.

"제 아버지는 1959년부터 2003년까지 6만 마리의 돼지들을 길러오

셨는데, 이런 종류의 기형을 본인이 길러온 돼지 중에는 한 번도 본 적이 없다고 하셨습니다." 이브 페데르센Ib Pedersen이 몬산토 국제법정을 위해 준비해온 서류를 보며 말했다. "아버지와 저의 차이점은 하나입니다. 아버지는 돼지에게 한 번도 유전자조작 콩을 사료로 먹이신 적이 없다는 것이지요."

이 대화는 2016년 10월 15일 저녁, 몬산토 국제법정의 첫날 일정이 끝난 후에 이뤄졌다. 여러 증인들은 쿠르트가든 호텔 살롱에 여기저기 모여 앉아 이날 법정에 대해 의견을 교환하고 한잔하면서 서로 인사를 나눴다. 거기에는 아르헨티나에서 온 다미안 베르제냐시와 미국인 아트 던햄, 덴마크인 이브 보럽 페데르센과 그를 만나길 고대해 온 프랑스인 사빈 그라탈루가 함께 있었다. 어린 테오의 엄마 사빈은 앞에서 인용한 바 있는 내 동료 안드레아스 뤼멜의 다큐멘터리를 통해 덴마크의 양돈업자를 알게 됐다. 다큐멘터리에서는 덴마크 북부 도시 비드스텐에 자리 잡은 전형적인 공장식 사육장, 직사각형의 커다란 건물을 볼 수 있다. 450마리 암돼지가 옴짝달싹할 수 없도록 협소하게 짜놓은 격자 위의 축사에 족쇄가 채워진 채 쓰러져 있었다. 옆으로 눕힌 엄마 돼지들 곁에는 새끼들이 기쁨의 소리를 내며 젖을 빨고 있었다.

흰 잠바를 입은 이브 페데르센은 자신이 "지옥으로의 추락"이라고 명명한 경험에 대해 이야기했다. 1997년 그는 주변의 양돈업자들을 따라 라운드업 레디 콩을 사료로 도입했다. 얼마 후 한 암돼지가 머리가 둘 달린 새끼 돼지를 낳았다. "저한테도 이건 매우 드문 경우였어요." 그는 경악하는 표정을 짓는 사빈과 다미안에게 그 불쌍한 새끼 돼지의 사진을 보여주며 말했다. "저는 수의학과에 가져가기 위해 머리 둘 달린 새끼 돼지를 포름알데히드에 담아 잘 보관하고 있었습니다. 그러나 몇 주가 지나자 기형으로 태어난 새끼 돼지가 여러 마리로 늘어났습니다. 자연유산 횟수도 점점 늘어나는 상황이었습니다. 동시에 축사의 동물들은 악질적인 설사를 동반하는 전염병에 정기적으로 시달리고 있었습니다. 저는 유전자조작 콩을 의심하기 시작했습니다. 새로운 콩이 배달될 때마다 새로운 문제들이 생겨났기 때문이지요. 2010년에 저는 글리포세이트에 대한 노출과 선천적 기형 사이의 관계를 입증해낸 안드레스 카라스코 교수의 연구에 대해 들었습니다. 바로 그때부터 저는 저 자신의 실험을 실행하기로 결심했지요."

이브 페데르센이 진행한 연구는 글자 그대로 각별한 것이었다. 2년 동안(2011~2013) 그는 4개월마다 한 번씩 배달되는 유전자조작 콩에서 글리포세이트 잔류량을 측정했다. 오염 정도에 따라 4단계로 분류했다. 0.1ppm 즉 0.1mg/kg, 0.2ppm, 1.1ppm, 2.2ppm. 그리고 사료 분배 상황을 세밀하게 기록했다. 모든 자료를 그의 컴퓨터에 입력했고 확인했다. 노르웨이 트롬쇠 대학(3장 참조) 연구자 토마스 뵌이 다시 확인하고 분석했다.

"2년이 지난 뒤 저는 양돈장에서 태어난 3만 2,000마리의 돼지에 대한 엄청난 통계자료를 모았습니다. 그 어떤 대학 연구팀도 얻지 못한 자료였습니다." 몬산토 국제법정 판사들에게 전한 두꺼운 서류를 한 장씩 넘기며 이브 페데르센이 설명했다. "전체 중 124마리의 새끼 돼지에게서 육안으로 확인할 수 있는 심각한 기형이 나타났습니다. 일부 내부 기형에 대해서는 목록에 기입할 수 없었습니다. 그것이 어떤 종류의 기형인지 정확히 판별하기 위해서는 그들을 부검해야만 하기 때문입니다. 하지만 사산된 모든 돼지들의 경우는 기록을 해두었습니다. 저는 선천적 기형을 가지고 태어난 모든 돼지들의 사진을 찍거나 촬영을 해두었습니다. 그리고 죽으면 냉동 보관을 했지요. 어느 날 어쩌면 이들의 존재에 대해 관심 갖는 사람이 나타날지도 모른다고 생각하면서요…. 이걸 좀 보시지요. 이 새끼 돼지는 닫히지 않은 주머니 같은 모양의 두개골을 가졌어요. 소두증이라고 하지요. 가장 흔히 나타나는 기형입니다."

"이 사진은 제가 아르헨티나에서 본 아이들을 떠오르게 해요." 다미안 베르제나시가 한숨을 내쉬며 말했다.

"많은 돼지들이 안면 형성 장애를 가지고 태어납니다. 돼지들 특유의 길게 튀어나온 납작코가 없거나, 귀가 한쪽 없기도 하고, 눈이 하나밖에 없는데 비정상적으로 큰 경우도 있습니다. 어떤 돼지는 항문 없이 태어나기도 하고, 뒷발 없이 태어나거나 아예 발 없이 태어나기도 하지요. 또 어떤 돼지는 위가 열린 상태에서 태어나기도 합니다. 근육도 없고 보호할 수 있는 피부도 없이 말입니다. 간혹 기이한 형태의 꼬리를 가지고 태어나기도 합니다. 성기가 엉뚱한 곳에 붙어서 나오는 경우도 있습니다…. 이런 것들을 보면서, 이런 현상을 막기 위해 아무

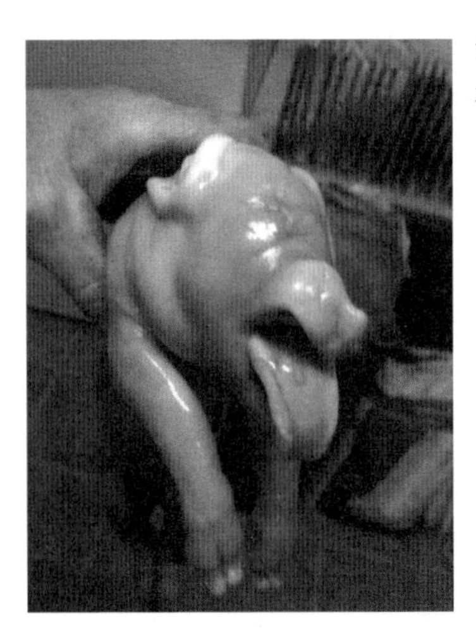

덴마크 축산인 이브 페데르센이 보내준 선천성 기형을 가지고 태어난 새끼 돼지 사진.

것도 하지 않는다면, 사육사 자격이 없는 거라고 생각합니다…." 갑자기 이브 페데르센이 울컥하며 울음을 삼켰고, 그의 목소리는 일그러졌다. 다미안은 말 없이 팔로 이브 페데르센의 목을 감쌌다.

"우리 셋이 여기 이렇게 함께 있다는 것 자체가 기적인 거예요!" 남몰래 흘러내리는 눈물을 닦아낸 후 테오의 엄마가 말했다. "제가 아무도 없는 사막에서 혼자 소리쳐온 지 벌써 수년째에요. 글리포세이트의 위험을 알리는 경종을 혼자서 울려왔어요. 누구도 답하지 않아 인터넷을 뒤져서 카라스코 교수의 연구와 아르헨티나 다미안의 작업을 찾아냈어요. 지난해 텔레비전에 나온 르포를 통해 아주 낮은 농도의 글리포세이트 때문에 이브의 새끼 돼지들이 기형으로 태어났다는 걸 알게 되었지요. 기형으로 일그러진 새끼 돼지를 보았을 때, 저는 거기서 제 아들 테오를 보았어요! 내 뱃속에 있던 테오한테 어떤 일이 일어나고 있었는지 그 아기 돼지들을 통해 본 거예요!"

"뵌 교수 덕분에 저는 매우 소중한 통계자료를 얻을 수 있었습니다." 이브 페데르센은 말을 이어갔다. "이 자료들은 콩 속 글리포세이트 함유 수준과 선천적 기형 비율 사이에 밀접한 관계가 있다는 사실을 선명하게 보여줍니다. 글리포세이트의 함유량이 0.1ppm일 때 기형 돼지 출산 확률은 돼지 1,871마리 중 한 마리입니다. 0.2ppm이 되면 그 비율은 1/1,195로 올라가고, 1.1ppm일 땐 1/529, 2.2ppm일 땐 1/246이 됩니다."

"우리는 이브가 라이프치히에 가져온 아기 돼지 38마리를 해부했습니다." 모니카 크루거가 설명했다. "우리는 돼지들의 뇌와 간, 신장, 위, 근육을 분석했습니다. 그리고 모든 신체 기관과 조직[108]에서 글리포세이트를 발견했습니다. 이것은 글리포세이트가 태반 장벽을 뚫고 지나갈 수 있음을 의미합니다. 이브에 의해 수집된 자료들을 바탕으로 우리는 어미 돼지가 0.87~1.13ppm 수준의 글리포세이트가 함유된 콩을 임신 초반 40일 중 먹었을 경우에 기형아 출산 비율이 1/260에 이른다는 사실을 밝혀낼 수 있었습니다. 콩에 허가되는 글리포세이트 잔류량은 20ppm, 즉 20mg/kg입니다."

"우리의 연구가 발표되고 알려지고 나서, 덴마크 농림수산부는 오르후스 대학에 제가 했던 실험을 반복해볼 것을 요청했습니다. 제가 내린 결론을 확인하기 위해서였지요."[109] 이브 페데르센은 몬산토 국제법정에서 증언했다. "정부의 요청을 매우 기쁘게 생각합니다. 그리고 유럽연합이 몬산토와 관련 업계의 압력에 물러서지 않기를 바라며 글리포세이트를 금지시킬 용기를 가지기를 바랍니다."*

"저는 저희 양돈장에 닥쳐온 일들과 인간 사이에 밀접한 상관관계가 있다고 생각합니다. 이 법정 안에 심각한 기형을 갖고 태어난 아이를 둔 유럽 시민이 있는 것은 결코 우연이 아니지요. 제가 유전자조작 농산물을 배제시키면서 사료들을 바꾸자, 불과 며칠 뒤에 저의 동료 사육사가 동물들 건강 상태가 눈에 띄게 달라졌다고 말했습니다. 가축들에게 만연했던 설사가 순식간에 사라졌습니다. 돼지들은 식욕을 되찾았으며 이전보다 훨씬 잘 먹었어요. 젖의 양이 늘어나 새끼들에게 젖을 물리는 일이 수월해졌습니다. 궤양과 출혈이 금세 멈췄습니다. 그리고 더 이상 기형 새끼 돼지는 태어나지 않았습니다. 돼지들을 치료하기 위한 약 사용량도 66%나 감소했습니다. 돼지들이 섭취했던 글리포세이트 수준은 유럽 시민들이 그들의 식사 시간에 섭취하는 것보다 낮은 수준이었다는 사실을 강조하고 싶습니다. 라운드업을 금지하지 않는 것은 정말 말도 안 되는 일입니다. 이것은 학살입니다."

---

* 2015년 이브 페데르센의 양돈장은 공식적으로 파산했다. 그의 양돈장이 문을 닫은 진짜 이유는 다른 데 있었지만 말이다. "저는 이런 조건하에서 더 이상 이 직업을 지속할 수 없었습니다." 그는 내게 양돈장을 폐업한 이유에 대해 설명했다. 이후 그는 다른 양돈업자들을 위해 일하는 컨설턴트로 활동하고 있다.

7장

어디에나 존재하며 적은 양만으로도 위험하다

"글리포세이트 잔류량과 사망률, 출산율 사이에
상당한 상관관계가 있습니다."

—

노르웨이 트롬쇠 대학 생물학자 토마스 뵌

"사람들은 다양한 경로를 통해, 특히 음식물을 통해
글리포세이트에 자기도 모르게 노출될 수 있습니다."

—

영국 킹스 칼리지 런던 분자생물학자 마이클 안토니우

×

"솔직히 인간이라는 존재는 너무 오만하다고 생각하지 않으세요? 실제로 얼마나 웃긴 존재인가요?" 주디 호이가 머리를 세차게 흔들며 내게 말했다. 너무 세게 머리를 흔든 나머지 그녀가 쓴 카우걸 모자가 날아가지 않도록 붙잡아야 했다. 양 갈래로 땋아 내린 머리카락이 그녀의 주름진 얼굴 옆에서 흔들렸다. "어떻게 우리는 야생동물이 우리에게 보내준 신호가 우리와는 상관없다고 생각할 수 있는 걸까요? 정말 어리석어요!"

"일흔 살을 훌쩍 넘긴…", 2016년 8월에 내가 주디 호이Judy Hoi를 처음 만났을 때 그녀는 자신을 그렇게 소개했다. 그 이상은 알 수 없었다. 그녀가 거기까지만 말했기 때문에. 주디 호이는 미국의 '야생동물 재활 교육자wildllife rehabber'였다. 40년 넘는 세월 동안 그녀는 '물고기와 야생동물서비스FWS, Fish and Wildlife Service'에서 일해왔다. 야생동물을 보호하고 관리하는 연대 기구다. 미국 내무부Department of the Interior에 소속된 기구로 1962년 레이첼 카슨(1907~1964) 덕분에 유명해졌다. 생물학자이자 동물학자인 그녀는 살충제가 환경에 미치는 영향에 대해 엄청난 자료를 근거로 비판한 《침묵의 봄Silent Spring》이라는 책을 출간한 바 있다.[110] 책은 큰 성공을 거두었다(한 달 만에 60만 권이 팔려나갔다). 반세기가 지난 후인 지금도 그 책은 여전히 중요한 참고 서적이다. 절대적으로 독보적인 책인 까닭이다. 화학 농업이 세상을 지배하는 상황에서, 처음으로 한 과학자가 인류에게 풍요와 보편적 복지를 가져다줄 '산업적 농업 모델'에 대하여 감히 문제를 제기하였고, 야생동물뿐 아니라 인간에게도 적용되는 "죽음의 묘약"을 통해 야기되는 피해를 체계적으로 고발했기 때문이다.[111] 이 베스트셀러는 미국의 생태주의 운동이 탄생하는데 기여했고, 미국환경보호청EPA을 창설시키는 데 기여했다. 또한 전쟁 이후 가장 널리 사용되던 살충제인 디디티 사용을 금지시키는 결과를 가져오기도 했다.*

이 책을 쓰기 위해, '물고기와야생동물서비스'의 생물학자였던 그녀는 자신이 "독과 죽음의 사슬"[112]이라 명명한 연결고리를 입증해내기 위해 엄청난 양의 연구를 진행하였다. 수많은 보고서들을 검토하고, 현장을 직접 누비며 만난 자연을 사랑하는 과학자들, 시민들, 농업 관계자들을 통해서 얻은 연구 자료와 지식을 수집했다. 수많은 새, 곤충, 물고기, 양서동물은 물론 반려동물까지 죽이며 나라 전체에 뿌려

---

* 1962년 9월 28일 "단순화의 오류와 무지막지한 실수투성이", "부적절한 감정의 범람"이라며 이 책을 공격하던 《타임》은 1999년 레이첼 카슨을 20세기에 가장 큰 영향을 끼친 100인 중 한 사람으로 꼽았다. 출간 당시 몬산토와 화학 산업 전체가 조직하고 이끌었으며 미국 농무부와 당시 가장 신중했던 언론들의 강력한 지지를 등에 업고 진행된 책에 대한 엄청난 공격을 환기시키며("The Time 100: Rachel Carson," *Time Magazine*, 1999.3.29.).

진 "죽음의 비"가 가져온 끔찍한 결과를 확인한 뒤 그녀는 스스로에게 질문을 던졌다. "똑똑한 사람들이 어떻게 자신들이 원하지 않는 몇몇 개체들을 통제하려는 목적을 달성하기 위해 인류 자신에게까지 병을 초래하고 목숨을 위협하며 환경 전체를 오염시키는 방법을 이용할 수 있었을까?"[113] 거기서 한 걸음 더 나아가 그녀는 이러한 질문을 덧붙였다. "문제는 인류 문명이 스스로를 파괴하지 않고, 문명화된 존재로 간주되는 권리를 잃지 않으면서, 다른 생명들을 파괴하는 전쟁을 지속할 수 있을까 하는 점이다."[114]

주디 호이, 글리포세이트가 일으키는 내분비계 장애에 관한 인상적인 전문가

1950년대의 '저명한 동지'가 전해온 정보들이 바탕이 되어 시작된 이 작업을 20년 동안 지속해온 주디 호이. 그녀의 롤모델이 레이첼 카슨이었다는 사실은 두말 할 필요가 없다. 레이첼 카슨은 몬태나 주 남서쪽에 위치한 비터루트 골짜기의 야생동물을 덮친 새로운 질병에 대하여 세밀하게 기록했다. "언젠가 이 모든 기록이 무언가를 위해 쓰이길" 바라면서. 《침묵의 봄》의 저자는 이런 확신을 그녀에게 전해주었다. "야생동물은 인간을 위한 보초병이다."

주디 호이와의 만남은 유익한 일이었다. 그녀는 동물학자인 남편 로버트와 '빅 스카이'라는 별명을 지닌 미국 북부 몬태나 주 끄트머리에서 둥지를 튼 작은 나무 집에서 살고 있었다. 몬태나는 오랫동안 미국에서 가장 부유한 지역 중 하나다. 아름다운 로키 산맥과 호수, 빙하(지금은 지구온난화로 위협받는)*로 유명한 이 지역은 여전히 부유한 관광객들을 유혹한다. "몬태나 지역의 풍부한 자연 자원(구리, 아연, 금, 은, 팔라듐, 백금)은 문자 그대로 온갖 종류의 산업체들에게 완전히 약탈당했고, 숲은 '곤충들을 통제하기' 위해 뿌린 디디티에 흠뻑 적셔진 채 온통 착취당했다"고 레이첼 카슨은 적었다. "오늘날 몬태나에는 토양과 지하수를 오염시키는 강력한 독성 물질이 새어나오는 2만 여개 광산**이 방치되어 있으며 이 지역의 숲을 산림 기업들이 정기적으로 라운드업으로 적신다"***고 주디 호이는 설명해주었다.

2016년 8월 16일 '물고기와야생동물서비스' 과학자 주디 호이는 야생동물 보호 구역인 자연 공원, 리메트카프리퓨즈Lee Metcalf Refuge 옆 길가에 죽은 사슴 한 마리가 있다는 소식을 접했다. "또 한 마리가 죽었군." 아직 온기가 남아 있는 어린 동물의 몸을 향해 몸을 기울이며 그녀는 한숨을 내쉬었다. "사슴은 골짜기 여기저기 재배 중인 라운드

---

* 지금의 속도로 계속 녹는다면 캘리포니아에 물을 공급해주던 국립공원의 유명한 빙하는 2030년에 사라질 것이다.

** 1882년 첫 번째 구리 광산이 개발된 클라크포크강은 2014년 미국에서 가장 큰 오염 지역으로 분류되었다.

*** 미국에서 사용하는 글리포세이트 중 1~2%는 비행기를 사용해 숲에 뿌리는 것으로 집계된다(Dave Mance, "The great glyphosate debate," *Nothern Woodlands*, printemps, 2012).

업 레디 자주개자리를 뜯어 먹으려고 길을 건너겠다는 안 좋은 생각을 가졌던 것이지요. 길을 건너는 사슴들이 지나가던 차에 치어 죽는 것은 흔한 일입니다. 특히 밤에는." 국도 옆에 푸르른 밭이 펼쳐져 있었고, 녹아내릴 듯한 태양 아래 자동 방사기가 밭에 물을 뿌렸다. 대통령 농업 비서관 톰 빌색이 돈 휴버의 경고에도 불구하고 2011년 상업화를 승인한 바로 그 자주개자리였다. "글리포세이트는 곳곳에 있습니다. 라운드업 레디 콩, 달맞이꽃, 옥수수를 재배하는 수천ha의 경작지로부터 바람과 비가 글리포세이트를 곳곳으로 몰고 옵니다. 1996년부터 야생동물의 건강에 급격한 변화가 생기는 것을 저는 목격했습니다. 흰꼬리사슴을 포함해서 수많은 포유류들은 격렬한 설사와 구토 등의 고통을 겪고는 했습니다. 너무 심각한 수준이어서 제 능력으로는 그들을 구할 수가 없었습니다. 그리고 이곳에서 보낸 20년 동안 한 번도 본 적 없는 선천적 기형이 나타나기 시작했습니다. 여기 보세요. 바로 당신 눈앞에 하나의 사례가 있군요!"

주디 호이는 외과 수술용 장갑을 끼고 수첩과 자를 꺼냈다. 그녀는 사슴을 돌려 눕히고 성기를 조심스럽게 잡아 길이를 측정했다. "이 사슴은 태어난 지 18개월 되었네요. 그런데 성기는 3.5cm밖에 되지 않아요. 지금 막 태어난 새끼사슴보다 5mm 정도 더 크지요…. 이런 걸 '극소형 성기'라고 부릅니다." 그녀가 덧붙였다. "정상의 경우라면 성기 길이가 이것의 두 배는 되어야 합니다. 여기 지금 보이는 것처럼 이런 종류의 기형은 일반적으로 각별히 작은 음낭, 정류 고환 증세와 함께 나타납니다. 고환이 음낭 안으로 내려오지 않은 거지요. 저는 1997년에서 2000년 사이에 검토한 133마리 새끼 사슴을 포함한 254마리 사슴에 대한 첫 번째 연구를 2002년에 발표했습니다. 33마리는 정상이었지만 나머지 모든 사슴들에게서 생식기 기형[115]이 나타났습니다. 당시 저는 내분비계 장애 물질을 포함한 살충제가 이 폭발적 기형의 원인일 것이라 추정한 바 있습니다. 하지만 그것이 글리포세이트 때문이라고는 생각하지 않았어요. 모든 사람들이 글리포세이트는 공격적이지 않다고 말했기 때문이지요."

"기형의 결과는 무엇인가요?" 내가 물었다.

"수컷들은 더 이상 생식 기능을 수행할 수 없게 되었습니다. 그리하여 리메트카프의 야생동물 보호소 사슴 개체 수가 붕괴 수준에 이르렀습니다. 1990년대 유전자조작 농산물이 도래하기 전 사슴의 숫자는 600~700마리였어요. 5년 전, 가장 최근 실시한 조사에서 그 숫자는 60마리 정도로 줄어들었습니다. 수많은 야생동물들이 1990년 말에 발생한 또 다른 선천적 기형 때문에 죽었습니다. 하악골 돌출이라는 기형이 그것입니다."

하악골 부정교합underbite이라고 명명된 안면 기형 현상은 치아 교정 전문의들이 "치아 하부 교합"이라 부르는 증상으로, 아래턱이 위턱에 비해 돌출한 현상을 지칭한다. 2011년 발표한 연구에서 주디 호이는 1996년 1월부터 2009년 12월 사이에 자연사하거나 사고로 죽은 724마리의 사슴 사례를 소개하였다. 145마리의 노새사슴, 영양 들은

2005~2009년 사이 사냥꾼이 사살했다. 그리고 나머지 70%는 치아 하부 교합[116]으로 고통을 겪었다. "1997년 이전에는 단 한 번도 보지 못했습니다!" 우리가 집에 거의 도착했을 무렵 생물학자는 외쳤다.

낙원의 한쪽 모퉁이. 수년 동안 주디와 그녀의 남편은 상처 입은 동물들을 거두어왔다. 그들—사슴, 너구리, 새—이 상처를 회복하면서 이 부부의 땅에 머물렀다. 집에 인접한 창고에 그녀는 자신이 해부한 수백여 마리 동물의 두개골을 보관하고 있었다. 각각의 두개골과 함께 나이, 사망 날짜, 동물의 모든 임상적 특징 등이 적힌 도표를 제대로 작성해뒀다. 주디 호이는 현재 진행 중인 엄청난 보건위생상의 재앙에 대한 "증거물"이라 스스로 일컫는 것들을 양심적으로 풀어 내보이기 시작했다. "사슴, 야크, 영양 그리고 송아지, 암소, 염소의 두개골은 모두 턱의 기형을 보여주고 있지요. 가축들 또한 하악골 부정교합으로 고통을 겪고 있습니다." 그녀가 설명했다. "가축 사육에서 이런 일이 벌어졌다면 대형 참사겠지요. 야생동물과 마찬가지로 새끼들은 어미의 젖을 제대로 빨 수가 없는 겁니다. 새들도 마찬가지로 피해를 입었습니다." 되새, 제비, 딱따구리 등이 모두 부리 변형을 겪었다. 아랫부리가 윗부리보다 길다.

"이러한 기형을 어떻게 설명하실 수 있나요?" 그녀의 방대한 조사 작업에 놀란 내가 물었다.

"저는 그 질문에 대한 답을 찾으며 여러 해를 보냈습니다. 지금 저는 주된 원인이 글리포세이트에 있다는 사실을 확신합니다. 글리포세이트가 엄마 뱃속의 아기에게 영향을 주고 새들 알 속 새끼들에게 영향을 준 주범이지요. 글리포세이트는 강력한 금속 킬레이트제입니다. 그래서 생명체의 몸속에 들어갔을 때 미네랄 결핍을 초래하게 됩니다. 결핍은 엄마를 통해 태아에게 전달됩니다. 많은 연구들이 망간과 칼슘의 결핍이 송아지들의 하악골 부정교합을 가져온다는 사실을 입증한 바 있습니다. 게다가 아연 결핍은 글리포세이트의 에스트로겐 효과를 증가시켜서 내분비선 장애 물질로 작용하게 만들고, 이는 생식기 기형을 유발합니다. 여기에 글리포세이트가 헤지호그 유전자*의 발현을 억제하면서 레티놀산을 방해한다는 사실을 추가하면, 야생동물 사이에 널리 퍼진 기능장애를 완벽하게 설명해주는 칵테일을 얻게 되지요. 그게 바로 글리포세이트입니다."

잠시 휴식을 가진 뒤 주디 호이는 두 개의 알약 병(Bio-plasma, Cal Phos 30X)을 보여주었다. "한 가지 좋은 소식은 하악골 부정교합은 일찍 치료하면 치유 가능하다는 사실입니다. 예를 들어 새끼 노루들에게 12가지 미네랄 소금**을 함유한 바이오플라스마Bio-plasma를 희석시

---

* (옮긴이 주) 세포의 신호 전달 체계에 영향을 주는 유전자로 수정란으로부터의 발생 단계에서 분화와 대칭성, 형태 유지 등에 영향을 끼치며 손, 발가락의 분화에 참여한다. 헤지호그hedgehog는 고슴도치를 의미하는데, 초파리를 이용한 유전자 연구에서 이 유전자에 이상이 생길 때 초파리 유충 등 쪽에 가시 같은 돌기들이 나와서 고슴도치를 연상시킨다는 것에서 이름이 유래했다.

** 동종 요법에서는 12가지 미네랄 소금을 분자의 특징에 근거하여 자연 요법을 개발해낸 독일인 의사 빌헬름 하인리히 쉬슬러의 이름을 따 '쉬슬러 소금'이라고 부른다. 12가지 미네랄 소금은 다음과 같다. 플루오린화칼슘, 인산칼슘, 황산칼슘, 철인산, 염화칼슘, 염화인산, 황산칼륨, 인산마그네슘, 나트륨, 인산나트륨, 황산나트륨, 규토.

킨 알약과 칼카레아포스포리카Cal Phos 30X*를 복용시킵니다. 이 동종 요법 치료제는 전해질 역할을 하는 식염수와 결합하여 미네랄을 세포에 침투시켜 뼈 기형을 교정하는 역할을 합니다. 저는 이런 방식으로 수십 마리의 사슴들과 새들을 치료할 수 있었습니다. 치료 전후의 사진들을 이렇게 찍어 놓았지요." 그녀는 도저히 믿기 힘든 놀라운 결과를 보여주는 사진들을 흔들어 보였다. "하악골 부정교합이 감쪽같이 없어졌습니다. 마술처럼 말예요!"

"저는 그 어떤 동종 요법 제조업체의 이해도 도모하지 않습니다." 주디 호이는 우리 얼굴에 드러난 의문에 답하듯 말했다. "저는 그저 제 일을 하는 겁니다. 아픈 동물들을 치료하는 것. 저는 많은 아이들에게서 나타나는 하악골 부정교합과 씨름 중인 소아과 의사들하고도 협력하고 있습니다. 같은 원인이 모든 척추동물에게 같은 효과를 만들어내고 있으니까요. 적절한 시점에 개입하여 미네랄 소금으로 치료한다면, 치열 교정 전문 치과 의사들은 행복하겠지만 아이들에게는 그렇지 않은 치열 교정기를 피할 수 있습니다."

---

* 칼카레아포스포리카는 동종 요법에서 사용하는 치료제로 인산칼슘을 주 재료로 만든다. 뼈를 구성하는 이 천연 물질은 뼈와 관절 치료를 위해 사용된다.

땅속에 축적되는 글리포세이트

그 어떤 농화학 업계 관계자도 주디 호이와 만난다면 멀쩡하게 걸어 나올 수 없을 것이다. 우연히 화학 산업 종사자들이 이 글을 읽는다면, 그녀가 축적해온 증거물들을 대수롭지 않은 에피소드로 축소하려들 것이 분명했다. 그 "대수롭지 않은 사례들"이 연구 동물의 70%에 이른다는 반론을 날려버리기 위해 그들은 분명 "피할 수 없는" 그들의 논거를 환기시킬 것이다. 그들에 따르자면, 자신들의 논거는 국제적인 규제 기관들에 의해 "검증"된 것이기 때문이다. "글리포세이트가 식탁 위에 놓이는 소금보다 독성이 적으며, 카페인보다 25배, 비타민D보다 500배 덜 위험하다는 사실이 과학적으로 증명되었습니다." 몬산토의 지휘 아래 글리포세이트 원료 제초제를 생산하는 22개 유럽 제조업자들의 모임인 유럽 글리포세이트태스크포스는 말한 바 있다.[117] 그리고 "자연 환경에 노출된 글리포세이트 함량은 매우 낮아 살아 있는 유기체에게 어떠한 영향도 미치지 않는다"는 말을 덧붙일 것이다.

바로 여기에 문제의 핵심이 있다: 문제는 "노출량"이다. 2010년부터 유럽과 미국의 글리포세이트 재허가 과정에서 벌어진 모든 전투는 바로 이 문제에 집중되어 있었다(다음 장 참조). 우리의 건강을 지켜야 할 의무를 지닌 국제 표준 규제를 상세하게 다루기 전에, 글리포세이트가 우리 몸에 침투하는 가장 흔한 세 가지 방식에 대하여 정리해볼

필요가 있다: 그것은 물, 비, 음식이다.

이상하게도 이 핵심적인 주제를 다룬 과학 논문은 그다지 많지 않다. 그러한 상황에서 우리가 일상적으로 마주쳐야만 하는 매우 현실적인 '노출 방식'을 고려하지 않는다면, 어떻게 효과적인 노출 표준을 정할 수 있겠는가? 바로 이것이 아르헨티나인 다미안 마리노가 품었던 질문이다. 그의 연구는 바로 이 결정적인 누락에 대처하기 위한 것이었다. 라프라타 대학 환경연구센터 화학자인 그는 다미안 베르제냐시와 긴밀하게 협력하며 작업하고 있었다. 다미안 베르제냐시는 2016년 6월 바사빌바소에서 열린 26번째 보건 캠프(2장 참조)에 참여하도록 다미안 마리노를 초대한 바 있다. 다미안 마리오는 수년 전부터 다미안 베르제냐시를 도와 글리포세이트 환경오염 경로 전국 지도를 구축해온 박사 과정 학생들과 함께 보건 캠프 현장을 찾았다.

그의 첫 번째 탐색 경로는 농경지였다. 농경지는 지하수와 농산물에 바로 연결되기 때문이다. 그는 제초제와 글리포세이트의 1차 대사 물질 혹은 분해 생성물인 아미노메틸포스폰산AMPA의 잔류량을 측정하기 위해 견본을 채취했다. 내가 다미안 마리노 팀을 따라 견본 채취에 나섰던 날, 그들은 유전자조작 콩을 방금 수확한 게 역력한 밭을 찾았다. 짚이 된 콩 줄기 사이에 바로 뿌려진 또 다른 경작물의 어린잎 사이로 유전자조작 콩의 씨앗들이 바닥에 흩어져 있었다. "우리는 이것과 비슷한 토양 견본을 아르헨티나의 여러 지방에서 채취해왔습니다. 그 어떤 견본도 글리포세이트에서 자유로운 것은 없었지요. 일단 한 번 글리포세이트가 뿌려지면, 없어지지 않습니다. 오히려 시간이 지나면서 계속 쌓이지요. 이는 그 밭에서 새로 경작되는 식물은 글리포세이트 잔류물의 일부를 바로 흡수한다는 걸 의미합니다. 최근 우리는 글리포세이트의 함유량이 10~30㎎/㎏으로 불과 몇 년 전에 비해 10배나 늘어난 토양을 발견했습니다.[118] 시간이 지나면서 글리포세이트가 축적된 결과입니다. 저는 몬산토가 주장하는 것과는 반대로 글리포세이트는 지속 오염 물질이며 땅에 침투해 지하수원[119]을 오염시킬 수 있다고 확신합니다." 다미안 마리노가 말했다.

이는 몬산토 프랑스가 〈우리 발밑에 자라는 편견의 잡초를 잘라 버립시다!〉라는 제목으로 간행한 글과는 완전히 다른 이야기다(3장 참조). 간행물 14쪽에는 이런 내용이 있다. "식물에 도달하지 않은 이 제품은 땅바닥에 떨어져서 미생물에 의해 유기물이나 바로 흡수되는 단순 미네랄로 완전히 분해됩니다. 바닥에 떨어져 바로 땅속에서 자연분해되는 **글리포세이트는 '잔류' 효과를 발생시키지 않으며 이후의 재배에 영향을 끼치지 않습니다.**"* 간행물을 찬찬히 읽으면서, 나는 이 회사는 완전히 구제불능이라고 판단했다. 기업 특유의 프로페셔널한 뻔뻔함으로 몬산토는 "땅속에서 글리포세이트 평균 반감기는 약 32일"이라고 주장한다. 그러나 '브르타뉴물하천협회'가 제기한 소송(1장 참조)이 밝혀낸 바와 같이 몬산토의 비밀 목록에서 해제된 한 연

* 이 문장을 강조한 것은 저자임.

구 자료는 "28일이 경과한 이후 자연 분해 비율은 2%에 불과하다"는 사실을 보여준다. 반감기는 "화학제품이 초기에 가지고 있던 성분이 50%로 감소되는 데 걸리는 시간"을 가리킨다고 몬산토의 간행물은 매우 친절하게 이야기한다. 뭔가 앞뒤가 맞지 않는다.

몬산토가 퍼뜨렸고 관계 당국에서는 눈 감고 반복해온 가장 중요한 낭설의 목을 결정적으로 비틀기 위해 로버트 크레머의 연구를 인용할까 한다. 미주리 대학에서 일하는 그는 — 실제로는 "몬산토의 그늘에서"[120] 일하고 있다고 해도 될 듯하다 — 돈 휴버와 가까운 미생물학자로 감당해내야 하는 수많은 압력에도 불구하고 제 할 일을 제대로 해내는, 미국 농무부에서는 매우 보기 드문 과학자에 속한다. 1997년에서 2007년까지 10년간 그는 '라운드업에 내성을 가진 콩과 옥수수에 적용된 글리포세이트의 영향 평가'를 해왔다. 그는 글리포세이트가 후사리움(붉은 곰팡이, 5장 참조) 번식을 확대시킨다는 결론을 내린 바 있다. 후사리움은 유전자조작 콩과 옥수수의 뿌리에 서식하며 "매년 모든 실험 대상 농지에서" "유전자가 조작되지 않았고, 글리포세이트가 뿌려지지 않은 콩과 옥수수에 비하여"[121] 극도로 심각한 수준으로 확대되어왔다. 그래서 로버트 크레머는 경고음을 울렸고, 그의 이러한 태도가 거슬렸던 미 농무부는 그의 연구 발표를 거부했다.

《로이터》 기자 캐리 길램이 이 사건을 보도하면서 미 농무부는 입장을 재검토하라는 여론의 압박을 받는다.[122] 2011년 발표한 논문에서 로버트 크레머는 "라운드업에 내성을 가진 콩에 뿌린 글리포세이트는 미생물 사이에서 일어나는 복합적인 상호작용과 생화학 활동, 뿌리 성장 등에 부정적인 영향을 주며, 식물의 성장과 수확량에 악영향을 미칠 수 있다"[123]는 사실을 입증해보이고 있다. 그는 《유럽 농경제학 저널*Europeam Journal of Agronomy*》 특집호를 총괄하는 일을 맡기도 했는데, 거기서 2007년 9월 브라질 피라시카바에서 열린 국제 농경제학자 토론회의 논의 내용을 소개했다.

과학 저널들의 편집위원회가 소개한 바 있는 여러 편의 논문들은 글리포세이트가 갖는 저항력, 특히 "뿌린 지 2년이 지난 후에도 여전히 효과를 발휘하는 식물 성장 저지 효과"[124]를 포함해 땅속에서 지속되는 저항력을 입증했다. 또 다른 논문들은 "식물에 뿌려진 글리포세이트가 토양층을 통해 직접 투여되지 않은 다른 식물에게 미치는 결과"[125]에 대해 소개했다. "유실수의 뿌리가 제초제가 뿌려진 길목에 난 잡초들의 죽어가는 뿌리가 퍼뜨린 글리포세이트를 흡수"하거나, "어린 레몬나무가 죽은 잡초로 만든 짚단에 스민 글리포세이트를 빨아들인다"[126]는 것이다.

지표수地表水, 비 그리고 생리대에 들어 있는 글리포세이트

앞서 언급한 〈우리 발밑에 자라는 편견

의 잡초를 잘라 버립시다!〉에는 "물속, 퇴적물 속에서 글리포세이트의 반감기는 약 3.3일"이라는 주장이 있다. 물과 퇴적물 안에서 이 화학물질이 사라져버린다는 뜻이다. 이러한 주장은 세계에서 여섯 번째로 큰 강인 파라나강를 포함하는 팜파스를 가로지르는 모든 지표수, 부유 입자, 하천 퇴적물에서 글리포세이트를 감지한 다미안 마리노를 펄쩍 뛰게 했다.[127] 2017년 연구에서 그는 "세상에서 가장 높은 수준"의 감염 수치를 발표했다. 부유 입자의 농도는 584㎍/kg, 하천 퇴적물은 3,294㎍/kg에 이르렀다.[128] 지표수 농도는 100~150㎍/l 에 이르렀으며, 이는 유럽에서 허가된 잔류물의 허용치의 50배를 상회하는 수치다.

"글리포세이트가 축적되어 생긴 결과라고 설명할 수밖에 없습니다"라고 다미안 마리노는 말했다. "게다가 우리 연구의 가장 걱정스러운 결과 중 하나는 글리포세이트로 인한 오염이 부에노스아이레스 같은 대도시를 피해가지 않는다는 사실입니다. 빗속에 들어 있는 글리포세이트 때문이지요. 우리는 대도시의 빗속에서 최대 70㎍/l 의 글리포세이트를 검출해낸 바 있습니다.[129] 이는 미국에서 발견된 최고 수치의 20배 정도에 해당합니다."

"어떻게 빗속에 글리포세이트가 들어갈 수 있나요?" 내가 물었다.

"제초제를 살포할 때 일부 글리포세이트가 공기 중에 들어가 인공 구름을 형성합니다. 공기의 딱딱한 부분에 달라붙어 작은 결정체가 형성되는 것입니다." 화학자가 답했다. "또한 글리포세이트는 바람을 타고 여행하다가 수백km 떨어진 곳에서 비와 함께 떨어집니다. 대기의 표류를 연구하다가 우연히 면으로 만든 거즈에도 글리포세이트가 존재한다는 사실을 발견했습니다. 대기를 통해 퍼지는 글리포세이트를 측정하기 위해 거즈를 사용하기 전, 저희는 거즈 자체의 오염 여부를 확인하기 위해 테스트를 했습니다. 그리고 2~400㎍/kg! 엄청난 수치의 축적된 글리포세이트를 발견했습니다. 그래서 우린 탐폰, 생리대, 의학용 거즈도 분석했습니다. 우리가 테스트한 것들 가운데 85%에서 글리포세이트가 검출되었습니다!" 2015년 잡지 《6,000만 소비자》는 조사를 통해 11개의 여성용 생리 용품 가운데 1개 팬티라이너에서 글리포세이트가 검출되었다고 확인한 바 있다.[130]

그런데 저널 《과학과 미래》에서 뤽 뮐튀그너가 2015년 10월 아르헨티나인들의 실험을 언급했다. 그는 프랑스국립건강의학연구소Inserm에서 일하는 역학 전문의로 농화학 업계의 낡고 적당한 논거를 반복했다. "문제는 해당 물질의 성분이 검출되었느냐 아니냐에 있는 것이 아니지요. 그것보다는 우리가 그 제품을 사용하면서 해당 물질에 노출되는 수준이 위험을 초래할 수 있느냐 없느냐에 있는 것입니다."[131] 반복되는 그들의 한결같은 후렴구는 문제를 유발하지 않을 것으로 추정되는 '낮은 수준의 함량'을 암시한다.

그러나 글리포세이트의 '문제를 일으키지 않을 함량'을 확실하게 결정할 수 있다고 하더라도 — 앞으로 확인하겠지만 아무것도 확실하지 않다 — '낮은 수준의 독성 함량'을 가진 화학 성분이 물, 탐폰, 생리대, 음식 등의 여러 가지 다른 경로를 통해서 유입된 또 다른 다양한 '낮은 수준 독성 함량'을 지닌 것에 더해지고, 생명체들이 그렇게 더해진 상당 수준의 글리포세이트를 흡수하면, 그건 전혀 안심할 일이 아니다.

게다가 한 번도 조사한 적 없는 독성 물질을 '낮은 수준의 함량'으로 지닌 것들이 많다. 예를 들면 유럽의 공기 중에 포함된 살충제의 함량처럼. 물속에 침전되거나 식료품에 포함된 살충제 함량은 필수적인 조사 대상이다. 그러나 공기 중 살충제 함량에 대해서는 어떤 규제도 없다. 예를 들어 일드프랑스 지역*의 대기 상태에 대해서는 에어파리프Airparif 같은 공인 협회가 감시를 진행한다. 2013년 에어파리프는 일드프랑스 지역 내 농촌과 도시 지역에서 대기 중 살충제 함유량을 1년간 측정하자는 좋은 아이디어를 낸 바 있다. 그 결과: "살충제는 파리의 경계선에서 멈춰 서지 않았다"고 당시 《르몽드》가 보도했던 것처럼 "거의 비슷한 수준의 살충제가 대도시(파리18구)와 농촌 지역(에손의 부와-에흐빵)에서 측정되었으며 숫자로 표현하면 36:38이다".[132] 일드프랑스 지역 대기 질 관측소는 171ha 관측 대상 지역에서 48가지 농약 성분을 검출해냈다(프랑스 전역에서 사용된 1,000여 가지 농약 가운데). 그러나 그들은 글리포세이트를 발견하지 못했다. 그 이유는: 글리포세이트는 그들이 찾아내려는 대상이 아니었기 때문이다…. 2016년 5

---

* (옮긴이 주) 파리 외곽을 둘러싼 수도권 지역.

월 발간 문건을 통해 에어파리프는 이 '망각'을 글리포세이트의 '특수성'으로 설명한다. 글리포세이트의 '강력한 용해성' 때문에, "유기 용매 추출이 용이하지 않으므로 전용 수집을 필요로 한다".[133] 다른 말로 하자면, 글리포세이트 검출은 시간도 오래 걸리고 비용도 많이 든다는 것이다. 결국 이 모든 것이 제조업자들의 이해에 부합하는 결과를 가져온다.

그러나 글리포세이트에 의한 대기오염은 아르헨티나에만 있는 것이 아니다. 미국지질조사국USGS이 진행한 연구에 따르면, 2011년에 미시시피 주와 아이오와 주에서 채집한 공기와 빗물 가운데 60~100%에 이르는 표본에서 글리포세이트가 검출되었으며 그 농도는 각각 0.01~9.1㎍/m³(공기), 0.1~2.5㎍/l(빗물)로 나타났다. 결코 무시할 수 없는 수준이었다.[134] 연구 논문의 주요 저자이자 미국지질조사국의 '농화학제품' 부문을 이끄는 폴 카펠은 《로이터》에서 일하는 나의 동료 캐리 길램과 가진 인터뷰에서 자신의 염려를 선명하게 드러냈다. "글리포세이트는 대기 중에 심각한 수준으로 존재합니다. 따라서 사람들은 호흡기를 통해 노출되어 있는 것입니다. 측정이 까다롭고 비용도 많이 들기 때문에 물이나 대기 중에 함유된 글리포세이트의 영향을 측정하는 연구는 극히 드물게 이뤄졌습니다."[135] 그리고 그는 이 특별한 물질이 갖는 모순에 대해 다시 한 번 강조했다. "글리포세이트는 매우 광범위하게 사용되지만, 매우 적게 연구되었습니다. 더 많은 연구가 필요합니다."

이는 미국지질조사국의 또 다른 조사팀이 낸 결론이기도 하다. 이들은 2001년부터 2010년 사이 미국 38개 주의 대수층(지표수, 침전물, 지하수, 도랑)에서 추출된 3,732개의 표본 자료를 축적해 조사를 실시했다. 글리포세이트는 39.4%의 표본에서 추출되었으며, 평균 함량은 0.02㎍/ℓ였고 최대 476㎍/ℓ에 이르렀다. 이 조사를 진행한 연구원들은 "낮은 함량으로 검출된 글리포세이트의 건강과 관련한 환경적 위험성은… 여전히 규명해야만 하는 것으로 남아 있다"[136]고 결론짓는다.

유전자조작 농작물 재배가 금지된 프랑스에서도 상황은 그리 좋지 않다. 2016년에 살포된 6만t 농약 중에 9,000t이 글리포세이트로 만든 제초제였으며, 그 중 8,000t은 농업인이, 1,000t은 개인과 기업이 공유지 또는 사유지의 제초 관리를 목적으로 사용했다. 9만 5,000ha에 해당하는 6만 1,000㎞ 철로 주변 잡초를 제거한 프랑스국영철도공사가 대표적인 사례다.* 프랑스 국토 곳곳에서 곡물(밀, 옥수수, 보리)이나 유성 식물(유채, 해바라기)을 파종하기 전에 제초제를 뿌린다. 또한 대규모의 감자나 사탕무 재배지, 과수원, 그리고 밭이나 온실에서 재배되는 원예식물 경작지도 빼놓을 수 없다. 그 결과: "글리포세이트와 아미노메틸포스폰산(AMPA, 글리포세이트의 변형 물질)은 하천에서 측정

---

* 2017년 1월 1일부터 프랑스에서는 글리포세이트로 만든 제품을 일반 개인에게 직접 판매하는 것을 금지했다. 2019년으로 예정된 완전한 글리포세이트 판매 금지 전까지, 이 제품들은 '정원 코너에서 벽장을 열쇠로 잠근 경우'에만 제한적으로 판매가 이뤄진다. 그리고 2014-110법령, 생태주의자 상원 의원 조엘 라베의 이름을 딴 소위 '라베법'이라 불리는 법령을 통해 녹지 공간이나 산책로, 숲, 길 등 국가나 지자체, 공공기관이 관리하는 공공지에서는 글리포세이트를 포함한 제초제 사용을 2017년 1월 1일부터 금지했다.

할 수 있는 물질 중 가장 많은 함량을 차지하는 것들"이라고 미래세대 협회는 2015년 3월 하천 함유 살충제에 대한 지속가능발전일반위원회의 최종 보고서 발표를 통해 밝힌 바 있다. 이 보고서는 글리포세이트와 아미노메틸포스폰산이 "하천 표본에서 각각 38%, 53% 검출"되었으며, "그 농도는 0.1μg/l를 각각 13%, 31% 넘는다"고 밝혔다.[137]

황당무계한 글리포세이트의 '무효능' 추정 분량

"글리포세이트 유효 수치에 대한 유럽의 규정은 세계보건기구의 규정보다 9,000배 엄격하다." 이 문장은 〈우리 밭밑에 자라는 편견의 잡초를 잘라 버립시다!〉의 연보라색 네모 칸에 대문자로 적혀 있다. 몬산토 프랑스는 네모 칸 아래에 쐐기를 박았다. "예컨대 0.1μg/l는 올림픽 수영 경기장에 한 방울을 떨어뜨리는 것에 해당한다!"[138]

사실 독자들이 "9,000배"나 "0.1μg/l" 같은 자극적인 말로 강렬한 인상을 심으려는 목적의 네모 칸 속 '정보'를 잘 이해할 수 있을지 의문이다. 나 자신도 나란히 놓인 이 두 숫자가 어디에서 온 것인지 이해하기 위해 자료를 뒤적거리면서 애를 먹었기 때문이다. 두 번째 것부터 다뤄보자. 제일 적은 것부터. 이는 수돗물 속 농약 잔류물 허용 한계 수치로 식수에 관한 유럽연합의 지침에 근거한 것이다. 몬산토 프랑스가 유감스럽다는 듯 강조한 0.1㎍/l*라는 고정 수치는 "임의로 설정된 공통의 한계치"로 "제품 자체의 유독성이 어떠한지와 무관하게 모든 농약에" 일률적으로 적용하는 기준이다. 다음 말을 읽어보자: "안전 문제와 관련해서 지나치게 엄격한 유럽연합은 위험한 농약과 글리포세이트처럼 공격적이지 않은 농약을 구분해야 할 필요가 있다. 세계보건기구는 이 사실을 잘 이해하고 있다. 그들은 글리포세이트에 대한 기준 수치를 900㎍/l로 결정했다. 이는 소비자의 건강에 위험을 초래하지 않는 것으로 간주되는 글리포세이트 함유량이다." 0.1㎍/l와 900㎍/l을 나란히 놓고 보면, 우린 어디에서 9,000이라는 숫자가 나온 것인지 이해할 수 있다.

그렇다면 세계보건기구가 결정했다는 '기준 수치 900㎍/l'는 어디에서 왔나? 바로 여기에서 문제가 좀 복잡해진다…. 몬산토 글리포세이트태스크포스는 유엔 산하 기구인 세계보건기구를 인용하면서, '투명성'이라고 하는 그들에게 익숙하지 않은 주제로 링크[139]를 제안했고, 나는 그것을 클릭했다. 이 링크는 668페이지에 달하는 세계보건기구의 한 문서로 연결되는데, 제목은 〈식수의 질을 위한 가이드라인〉으로 2008년에 작성된 것이다.[140] 이 문서 12장에는 "화학 기술 설명서"가 있고, 거기에서 "글리포세이트와 아미노메틸포스폰산" 단락을 찾을 수 있다. 바로 여기에서—이 표현을 허락해주시길 바란다—우

---

* 강물과 같은 원수(자연 그대로의 물)의 경우 기준치는 2㎍/l이다. 이는 유럽연합 지침 98/83/CE와 75/440/CEE에 근거한다.

리는 완전히 버려진다. 어떻게 세계보건기구가 바로 그 "900μg/l"라는 수치를 계산해낼 수 있었는지 이해하는 것은 불가능하다. 나는 이런 종류의 문서가 지닌 특유의 횡설수설을 해독해야 하는 독자들의 수고를 덜어드리고자 한다. 결국 문서 전체에 여기저기 널려 있는 두 가지 개념만 건지면 된다: NOAEL과 ADI.

첫 번째 용어는 'No observed adverse effet level(NOAEL)'의 약자로 관찰된 부작용이 없는 최대 투여량을 말하며, 두 번째 용어는 'Acceptable daily intake(ADI)'로 일일 한계 허용량을 말한다.

여기서부터 독자들에게 조금 더 집중을 요구해야 할 것 같다. 약간 기술적이며 심지어는 완전히 꼬인 것일 수도 있기 때문이다. 하지만 어떻게 해서 이 수치들이 제시되었으며, 무엇에 이 수치들이 쓰이는 것인지 이해하는 것은 핵심적인 문제다. 우선 이 수치들은 화학제품에 관한 규제 시스템의 축을 구성한다는 것을 알아야 한다. 그 연원은 르네 트뤼오(1909~1994)로 거슬러 올라간다. 그는 파리 의과대학 독물학 정교수였으며 프랑스 암종학의 개척자 중 한 명이기도 하다. 이 연구자는 매우 선한 의도를 가지고 연구를 시작했다: 전쟁 이후, 독성물질—살충제, 각종 첨가물, 플라스틱 등—을 가진 제품이 점점 그 어떤 제약도 없이 먹이사슬을 오염시키는 것을 목격하면서 그는 이러한 위험을 억제할 필요가 있다고 생각했다. 그는 독물학의 아버지라 불리는 스위스 의사 파라셀스(1493~1541)로부터 영감을 얻어 "'독을 만드는 것은 분량'이라는 금과옥조"를 세웠다. 그는 1991년 자신의 실험 과정을 설명한 보기 드문 저작에 이렇게 적었다.[141] "본인이 직접 진행한 관찰에 근거하여, 파라셀스는 실제로, 독성 물질을 미세 분량만 사용했을 때에는 유익할 수도 있다고 판단했다. 반대로 물과 같이 기본적으로 전혀 공격적이지 않은 성분을 가진 물질도 지나치게 많은 양이 투입되면 치명적일 수 있다고 보았다. 게다가 그는 특정 물질의 독성 효과는 흡수량에 비례하여 확대된다는 사실을 확인했다. 바로 이것이 독성학자들이 부르는 '분량-반응 관계'라는 것이다." 르네 트뤼오의 생각은 단순했다: "소비자 보호를 위해 제품 생산 기업들에게 요구해야 할 것은, 몸에 투입되어도 소비자 건강에 영향을 끼치지 않을 독성 물질의 양을 측정하는 연구로 충분하다." 종이 위에서는 이러한 생각이 매우 합리적으로 보인다. 물론 제조업자들이 연구를 날림으로 해치우거나 속임수를 쓰지 않고, 진실로 그가 요구하는 바를 행한다는 전제에 한해서 그렇다. "독을 만드는 것은 분량이다"라는 원칙은 어찌되었든 이후에 독성 물질에 대한 독물학적 평가에서 건드릴 수 없는 것으로 취급된다.

1974년 몬산토는 라운드업을 상업화하기 위해 먼저 "시장 판매 허가" 서류를 미국과 유럽의 규제 관청에 제출해야 했다.* 첫 번째 암초: 규제 당국의 요구가 제초제의, 이 경우엔 글리포세이트의 '주요 성분'에 대한 것뿐이라는 점이다. 전체 제품을 구성하는 여타 보조제에 대

---

* 참고로 유럽식품안전청은 2002년에 설립되었으며 유럽연합 내 화학제품에 대한 승인을 담당한다.

해서는 묻지 않는다. '영업 비밀'이라는 편리한 장막 뒤에 숨어 폴리옥시에틸렌아민POEA* 같은 성분들은 치명적인 독성을 가지고 있을지라도 전혀 테스트하지 않는다. 이 문제는 추후 다시 거론하겠다.

'판매 허가 서류'는 두 가지로 구성된다. 첫 번째는 독성학에 관한 서류로 노출 기준 결정을 위한 제품의 보건위생상 효과 평가를 목적으로 한다. 두 번째는 생물학에 관한 서류로 사용 방법 설정을 통해 제품의 유용성을 입증하도록 한다. 나는 독성학 관련 부분에 집중하고자 한다. 이미 앤서니 삼셀(3장 참조)과 함께 살펴본 바 있듯이 독성학만으로도 수천 쪽에 달하는 테스트와 수치를 검토한다. 물론 '영업 비밀'로 분류되어 모든 실험의 상세한 자료들은 세상에 공개된 바 없기 때문에 결과의 유효성을 확인할 수 없지만 말이다. 이는 '판매 허가 서류'의 신빙성에 의혹을 가질 수밖에 없도록 한다. 몬산토 프랑스의 책임자들은 가슴에 손을 얹으며 이는 결코 "단순한 형식"이 아니라 "진정한 안전의 보증서"라고 확언하지만, 글리포세이트 승인을 위한 첫 번째 서류에 나오는 몬산토가 실시한 급성 독성 물질에 대한 연구를 생각하면 의심은 타당하다.

우리가 앞서 살펴본 바와 같이(3장 참조), 이 테스트는 몬산토 프랑스 표현을 그대로 빌자면 "많은 용량의 글리포세이트에 단 한 번, 단시간 노출시킨 결과를 평가"하는 데 초점이 맞춰져 있다. 이 실험은 그 유

---

* 폴리옥시에틸렌아민은 계면활성제로 글리포세이트의 침투를 돕는 방식으로 식물의 피해를 강화한다.

명한 'DL50'이라는 기준을 설정했다. 이는 실험 대상(이 경우에는 물벼룩이었다)의 절반이 죽는 상황을 기준으로 하는 치사량이다. 우리는 몬산토 과학자들이 글리포세이트의 치사량은 930mg/l(거의 1kg!)라고 결론짓던 것을 기억한다. 그러나 이 실험을 반복했던 노르웨이의 연구자 토마스 뵌에 따르면, 그 수치는 … 10mg/l이다!

몬산토가 미국환경보호청과 유럽식품안전청에 제출한 다른 연구 자료들 역시 같은 종류의 것들이었는지는 알 수 없다. 그러나 몬산토가 대단한 노력을 기울였다는 사실은 인정할 수밖에 없다. 몬산토는 이 제품을 통해 엄청난 재정적 이익을 기대했기 때문이다. 따라서 몬산토는 동물에 대한 글리포세이트의 만성 독성을 측정하기 위한 연구, 즉 28일에서 길게는 2년에 이르는 기간에 걸쳐 적은 양의 글리포세이트에 지속적으로 노출되었을 때의 결과에 대해 실험을 반복했다. 실험 목표는 제품이 기형 유발 성분을 가지고 있는지, 돌연변이를 유발시키는지(DNA에 영향을 끼치며), 암을 유발하는지 등을 판단하는 것이다. 각각의 실험은 여러 가지 용량(일반적으로 3가지)으로 이루어진다. 실험의 또 한 가지 목적이 동물에게 표면적으로 어떠한 독성 효과도 일으키지 않는 용량을 파악하는 것이기 때문이다. 이것이 바로 NOAEL(피해를 끼치지 않는 최대 투여량)이다. 각각의 실험을 통해 몬산토는 "독성 효과가 발견되지 않는 용량"을 설정했다. 그중 가장 낮은 용량을 — 가장 안전한 방법이다 — 채택하는 것이 관례다.

앞서 언급한 세계보건기구 자료의 참고문헌을 추적하다가, 3세대에 걸친 스프라그-돌리Sprague-Dawley 쥐*를 통해 이뤄진 1981년의 실험 자료를 발견했다.[142] 이 자료에는 각각 몸무게 1kg당 3mg, 10mg, 30mg의 글리포세이트가 투입된 음식을 먹은 3개의 실험 집단과 전혀 글리포세이트가 투입되지 않은 음식을 먹은 1개의 통제 집단이 있었다. 각각의 집단에는 10마리의 쥐가 있었다. 과학자들은 "가장 높은 수치의 글리포세이트를 투여한 집단의 3세대 수컷 아기 생쥐들에게서 10마리 중 6마리 빈도로 신장이 부풀어 오르는 증상이 나타나며, 통제 집단에서는 단 한 마리에게서도 그런 현상이 보이지 않았음"을 기록했다. "이 연구에서 NOAEL은 30mg/kg 미만"이라고 그들은 결론짓고 있다. 바로 이 NOAEL이 유럽에서 사용하는 글리포세이트 노출 기준 계산의 바탕이다.

주먹구구식 일일 한계 허용량 계산법

모든 것이 상당히 복잡했다. 그러나 이제부터는 '순수하고 단순한 주먹구구'가 등장한다. 내게 이렇게 말해준 사람은 2010년 1월, 나의 영화 〈우리 일상의 독〉[143] 촬영 때 만났던 서식스 대학 과학정책과 교수 에릭 밀스톤이다. 물론 이성적으로(!) 판

* (옮긴이 주) 실험용 동물을 판매하는 회사에서 종을 균일화하여 판매하는 실험용 쥐의 일종.

단한다면, 쥐는 당연히 인간이 아니다(인간은 쥐보다 훨씬 크니까. 100배 쯤!). 독일 사회학자 울리히 벡[144]의 표현을 빌자면 "한계율의 곡예사들"*은 인간에게 미칠지 모르는 피해를 제한하기 위해, 쥐 실험에서 나온 NOAEL을 "100"이라는 숫자로 나누어야 한다고 생각했다(일종의 안전장치로서). 이 100이라는 숫자가 어디에서 온 것인지 굳이 찾아내고자 하는 건 무의미하다. 〈우리 일상의 독〉에서 입증해보였던 것처럼, 아무도 그 해답을 알지 못한다. 그 결과로 건강에 어떤 위험도 초래하지 않고 평생 일상적으로 투여해도 되는 화학약품의 하루 한계 용량을 의미하는 '일일 한계 허용량'이 산출된다. 구체적으로는, 몸무게 1kg당 하루에 섭취해도 좋은 양을 mg으로 표시한다(mg/day/kg). 글리포세이트의 경우 유럽연합이 정한 일일 한계 허용량은 0.3mg/d/kg(기준 연구를 통해 얻어진 NOAEL을 100으로 나눈 값)이다. 따라서 몸무게가 60kg인 소비자가 있다면 그가 평생 건강에 대한 염려 없이 매일 섭취해도 좋은 글리포세이트 양은 60l ×0.3mg, 즉 18mg이다. 문제는 현재 글리포세이트 일일 한계 허용치가 3가지나 있다는 사실….

1993년 9월 미국환경보호청은 이를 1.75mg/d/kg으로 고정했다. 나는 미국환경보호청이 글리포세이트의 판매 허가 결정을 위해 작성한 두툼한 연구 보고서—292쪽(!)이나 되는—를 샅샅이 뜯어보았다. 보고서는 미국환경보호청이 일일 한계 허용량 계산을 몬산토가 토끼

---

* (옮긴이 주) 몬산토와 같은 화학제품 제조업자들과 그의 과학자들을 비꼬아 칭하는 표현이다.

들을 상대로 진행한 연구를 토대로 설정했다고 설명한다. 더 자세히 말하자면, 75, 175, 350mg/d/kg의 글리포세이트를 각각 경구로 투입시킨 세 집단의 임신한 토끼들을 대상으로 진행되었던 연구였다. 실험은 임신 6일째에서 27일째까지 지속되었다. 그 결과 가장 많은 양의 글리포세이트를 투입당한 집단의 62.5%에 달하는 실험 대상 동물이 사망했다. 나머지 두 종류 집단의 토끼들은 살아남았다.[145] 자, 이것이 미국환경보호청이 NOAEL 175mg/d/kg을 결정하고, 이것을 100으로 나눈 값인 일일 한계 허용량 1.75mg/d/kg을 결정한 방법이다!

다시 말하자면 미국의 글리포세이트에 대한 일일 한계 허용량은 유럽의 그것보다 6배나 높다…. 하지만 미국환경보호청과 유럽식품안전청은 모두 몬산토가 제시한 같은 연구를 참고하여 이 수치를 결정했다! 점입가경인 것은, 농약의 독성을 평가해야 하는 임무를 지닌 유엔 산하기구 잔류농약공동위원회JMPR*는 2004년 글리포세이트 일일 한계 허용량을 1mg/d/kg으로 정했다는 사실이다![146]

충분히 길을 잃을 만하지 않은가?** 수십 년 전부터 우리의 식단을 오염시켜온 독성 물질들의 규제 절차를 연구한 영국인 에릭 밀스톤이 왜 일일 한계 허용량이 "주먹구구"라고 말했는지, 이 허용치라는 것

---

* 잔류농약공동위원회는 세계보건기구와 유엔식량농업기구에 속해 있는 기구다. 르네 트뤼오의 제안에 따라 살충제의 일일 한계 허용량 기준을 설정하기 위해 1963년 만들어졌다. 르네 트뤼오는 식품 첨가물에 대한 일일 잔류 농약 한계치의 기준 설정을 담당하는 식품첨가물전문가위원회JECFA의 창립에도 영향을 미쳤다. 잔류농약공동위원회와 식품첨가물전문가위원회는 국제식품규격Codex Alimentarius의 두 개 기둥으로, 세계 각국 정부와 식품 관련 규제 기관들에게 표준적인 규범을 제안한다.

** (옮긴이 주) 유럽연합은 0.3, 미국은 1.75, 유엔은 1로 제각각이니!

은 "제조업체들을 보호하고, 자신들의 행동을 정당화하기 위해 전문가들 뒤에 숨어야 하는 정치인들을 막아주기 위한 비과학적 개념에 기초해 만들어진 임의의 결정일 뿐"이라고 말한 이유다. "일일 한계 허용치는 대규모 농산물 생산 과정에서의 사용을 포함하여, 우리에게 유독성 화학제품을 사용할 권리가 있다고 결정한 사람들을 위해 필요한 가공물인 것이다."[147]

잔류 농약 허용 최대치의 저항할 수 없는 상승

그런데 이게 끝이 아니다! 일일 한계 허용량이 있어서 다행이겠으나, 문제는 이 농약이라는 놈들은 수많은 야채, 과일, 곡물, 가축과 끊임없이 접촉한다는 점이다. 유럽연합은 글리포세이트 잔류물을 포함할 가능성이 있는 378개의 음식물 리스트를 만들었다. 따라서 "한계율의 곡예사들"에게는 이러한 문제가 제기된다. 안 좋은 식생활 습관(!)을 가진 소비자가 글리포세이트에 오염된 여러 가지 음식들을 일상적으로 먹어 일일 한계 허용치 이상 흡수하는 것을 어떻게 막을 수 있을까? 이 끔찍한 시나리오를 막기 위해, 이들은 몬산토에 각각의 농산물이나 원예 작물 추수 이후에 남겨지는 글리포세이트의 잔류량을 농사 현장에서 측정해달라고 요청했다. 그리고 위험 관리자들이 나라와 대륙마다 서로 다른 식생활 습관을 고려하여 어떤 식품을 어느 정도의 양으로 사람들이 일상적으로 섭취하는지 판단하는 소비 연구를 실시한다. 유럽연합의 리스트에 속하는 사과를 예로 들어보겠다. 2009년 9월, 내가 촬영한 영상에서 잔류농약공동위원회의 의장 출신 네덜란드 독물학 연구자 베르나데트 올센도르프가 설명한 놀라운 내용을 들어보자. "프랑스인 한 명이 하루에 평균적으로 먹는 사과의 양을 알기 위해, 우리는 먼저 프랑스의 연평균 사과 생산량을 취합했습니다. 여기에 수출한 사과를 제외하고, 수입 사과를 더한 다음 프랑스 인구수로 나누지요. 우리는 이렇게 각각의 농수산물 소비량을 측정합니다. 이렇게 측정한 농산물의 양으로 각각의 프랑스인들이 일상적으로 삼킬 수 있는 농약의 양을 측정할 수 있지요."

"엄청난 작업인데요?" 내가 놀라서 물었다. "이 모든 것이 우리가 음식물을 먹다가 병에 걸리지 않도록 하기 위한 것인가요?"

"…그런 셈이지요." 베르나데트 올센도르프는 불편한 미소[148]를 지으며 내게 답했다.

그 결과: 수천 개의 숫자들이 음식물 재배에 허용된 글리포세이트 같은 농약의 잔류물 양을 지칭하는 '잔류 농약 최대 허용치'를 채운다. 유럽연합 사이트에 나온 잔류 농약 최대 허용치가 적용되는 378개 음식물 가운데, 몇 가지를 살펴보자. 괄호 안 수치의 단위는 mg/kg이다.

렌즈콩(10), 겨자씨(10), 완두콩(10), 기름용 올리브(1), 사과(0.1), 차(2), 장미꽃(2), 층층이 부채꽃(10), 시금치(0.1), 상치(0.1), 꽃양배

추(0.1), 옥수수(3), 감자(0.5), 건포도(0.5), 딸기(2), 사탕수수(15), 콩(20), 해바라기씨(20), 유채(10), 키위(0.1), 피스타치오(0.1), 양파(0.1), 밀(10), 귀리(20), 보리(20), 쌀(0.1), 홉(0.1), 돼지 간(0.05), 쇠고기(0.05), 달걀(0.05) 등.[149]

독자들은 잔류 농약 최대 허용치—말이 최대지, 임시 수치다. 이 수치는 계속 올라가고 있으므로—가 최소 0.05부터 최대 20까지(특히 콩의 경우) 다양하다는 것을 알 수 있으리라. 가장 높은 허용치를 갖는 농산물들은 북미와 남미에서 재배되는 라운드업 레디 계열의 품종들이다. 이는 우연이 아니다. 미국산 콩 잔류 농약 최대 허용치는 정확히 1997년에 5mg/kg에서 20mg/kg으로 껑충 뛰었다. 이는 유전자조작 콩이 아이오와의 평원과 팜파스를 침범하던 바로 그 시기다! 2년 뒤 라운드업 레디 콩이 구대륙의 공장식 목축 사료로 상륙했을 때, 유럽연합은 콩 잔류 농약 최대 허용치를 수백 배로 늘려 시류를 쫓았다. 미국과 어깨를 나란히 하기 위해 200배로(0.1mg/kg에서 20mg/kg로)! 옥수수 허용치는 유전자조작 옥수수가 도입될 무렵인 1999년 10배로 늘어났고, 사탕수수도 2012년에 같은 수순을 밟았다. 식품 안전 규제 당국이 새로운 표준을 도입할 때마다 수치는 올라갔다. 그들은 라운드업 레디 재배 기술 자체가 갖는 이유 때문에 글리포세이트 잔류량이 어쩔 수 없이 늘어난다는 사실을 알고 있었기 때문이다. 규제 당국은 농업 기술 변화와 몬산토의 요구에 따라 이 수치들을 바꿀 수 있기 때문에, 일일 한계 허용치나 잔류 농약 최대 허용치 등은 "비과학적 가공물"

에 지나지 않는다고 에릭 밀스톤은 내게 말했다. 렌즈콩으로 흑을 백으로 둔갑시킨 2012년 유럽식품안전청 서류가 대표적인 사례다. "독일 정부는 몬산토 유럽으로부터 수입 렌즈콩 속 글리포세이트 허용 잔류 수치 상향 조정을 허가해달라는 요청을 받았습니다. 글리포세이트가 미국과 캐나다에서 사용 허가를 받은 건조제라는 사실을 고려하여 렌즈콩 잔류 농약 최대 허용치를 10mg/kg으로 높이자는 제안이었습니다."[150] 보라. 어떻게 몬산토의 단순한 요청 하나로 렌즈콩 잔류 농약 최대 허용치가 50배 늘어나게 되었는지….

실제로 북미에서는 비유전자조작 작물 추수 전에 매우 흔하게 글리포세이트를 사용한다. 몬산토의 선전에 따르자면, 이는 수확 직전 잡초를 없애줄 뿐 아니라 곡물을 건조시켜서 익는 속도를 단축시킨다. 몬산토는 밀, 보리, 귀리, 유채, 마, 완두콩, 렌즈콩, 강낭콩, 비유전자조작 콩[151] 등의 재배에 이 방식을 권한다. 유럽에서 글리포세이트 재승인 임무를 맡은 글리포세이트태스크포스는 이를 마치 '좋은 농업적 관행'이라도 되는 듯 공개적으로 권장한다. "글리포세이트를 뿌린 농작물에 남아 소비자들에게 노출되는 잔류물은 최소치이며, 일일 한계 허용량에 훨씬 못 미치는 것"이라고 안심시키면서. 글리포세이트 사용을 망설이는 농민을 설득하기 위해 기업 연합은 독일 농부 에릭 크뤌이 밀 이삭에 글리포세이트를 뿌리는 장면을 담은 영상을 인터넷을 통해 공개했다. "곡물에 남은 습기를 줄이고 밀짚을 건조시키려고 밭에서 이틀씩 말릴 필요가 없다"고 그는 비디오에서 설명한다.*[152] 이러한 사용법은 유럽에서 가장 많이 소비하는 식품 중 하나인 밀의 글리포세이트 잔류 허용량이 왜 이토록 높은지 설명해준다. 밀은 일반적으로 글리포세이트로 잡초를 제거한 밭에 심기 때문이다….**

토마스 뵌: 글리포세이트 관련 규정들을 재평가해야 한다

"저는 글리포세이트에 대한 규정들을 재평가해야 한다고 생각합니다. 제가 연구한 바에 따르면 기존 규범은 소비자가 아니라 오직 기업을 보호하기 때문입니다." 2017년 2월 트롬쇠에서 토마스 뵌을 만났을 때, 이미 여러해 전부터 글리포세이트에 대해 연구해왔던 그가 한 말이다(3장 참조). 연구를 통해 "글리포세이트는 무해하다"라는 신화를 구축한 몬산토의 연구가 "과학적으로 잘못된" 것이었음을 밝혀낸 뒤, 노르웨이 생물학자는 라운드업에 내성을 가진 유전자조작 농산물에 대한 또 다른 도그마를 공격하기 시

----

* 잡지 《프랑스 농업*La France agricole*》에 따르면, "프랑스에서는 이 같은 방식을 매우 조금 사용한다"("책임을 지닌 회원국들과 사용 제한", 2016년 8월 2일). 벨기에는 2017년 1월 공식적으로 금지시켰다 ("수확 전 글리포세이트 사용의 철회", 《르스와르*Le Soir*》, 2017년 1월 23일).

** 땅의친구들협회가 강조한 것처럼 "밀은 7~10㎎/kg의 비타민 E13을 보유하고 있다"("글리포세이트, 인간에 대한 오염", 2013.6.).

작했다. 유전자조작 식물들에 대한 규제의—실질적으로는 탈규제의—초석을 이루는 "물질의 등가성"이라는 원칙이 바로 그것이다. 이 저명한 '원칙'은 유전자조작 식물, 예를 들어 유전자조작 콩은 비유전자조작 일반 콩과 '물질적 등가성'을 갖는다는 의미다. 유전자조작 콩은 콩과 같은 물질 성분을 가지고 있으므로 딱히 유전자조작 콩을 테스트할 필요도 없고 특별한 독물학 연구를 진행할 필요도 없다는 주장을 가능케 하는 원칙이다.

1992년 5월 29일 발표된 미국식품의약국FDA 지침*에 따라 승인된 이 원칙의 유효성을 입증하기 위해 몬산토는 라운드업 레디 콩과 비유전자조작 콩의 유기적 성분을 비교하는 연구를 진행한 바 있다. 단백질, 지방, 섬유질, 탄수화물, 이소플라본 등 두 가지 콩 속에 들어 있는 유성 식물 구성 요소의 성분 비율을 측정했다. 라운드업 레디 콩의 발명자이자 이후 몬산토의 부사장이 된 스테판 파제트가 지휘한 이 연구의 결과는 1996년 《영양학 저널*The Journal of Nutrition*》에 발표되었는데, 전혀 놀라울 것이 없었다. "글리포세이트에 내성을 갖도록 조작한 콩의 성분은 전통적인 콩의 성분과 동등하다"는 것이 이 연구의 제목이었다.[153]

토마스 뵌은 자신이 지도하는 박사 과정 학생인 마렉 쿠라Marek Curha

---

* 《몬산토: 죽음을 생산하는 기업》에서 나는 '물질의 등가성 원칙'이 몬산토 부사장이 되기 전 미국식품의약국 2인자였던 변호사 출신 마이클 테일러가 만든 것임을 폭로한 바 있다. 이 원칙은 식품의약국 일부 과학자들의 반대에도 불구하고 채택되었다.

와 함께 이 실험을 반복했다. 그리고 다시 한 번 그는 몬산토와는 매우 다른 결론에 도달했다.[154] 연구자들은 아이오와의 도매상으로부터 구입한 세 종류의 콩을 재배했다. 첫 번째는 라운드업 레디 콩이었다. 몬산토가 규정한 재배 규칙을 준수하며 라운드업을 뿌려 재배했다. 두 번째는 일반적인 비유전자조작 콩으로 전통 농약을 치고 재배했다. 세 번째는 유기농 콩이었다. 그 어떤 화학 농약(비료든 살충제든)도 치지 않고 재배했다. 결과는 명확했다. "유기농 콩은 가장 건강한 영양적 구성을 갖고 있었다. 당분도 많았고 단백질도 월등히 많았으며 아연 같은 미네랄도 풍부히 갖고 있었다. 섬유질 면에서는 일반적인 콩이나 유전자조작 콩보다 낮은 수치를 보였다. 또한 포화지방과 오메가-6지방산도 적었다." "유전자조작 콩은 글리포세이트 잔류물과 아미노메틸포스폰산 잔류물을 각각 3.3mg/kg, 5.7mg/kg 함유했다." 저자들은 이렇게 결론을 내렸다. "35가지 다양한 영양 성분을 비교해본 결과, 우리는 유전자조작 콩과 비유전자조작 콩 사이의 성분은 동등하지 않음을 입증하였다."

어디에서 이러한 결과의 차이가 올 수 있는지 이해하려고 애쓴 결과, 토마스 뵌은 몬산토 연구에서 라운드업 레디 콩을 글리포세이트로 적시지 않았다는 사실을 발견했다! 그의 동료 마렉 쿠라는 1996년에서 2015년 사이에 이루어진 라운드업 레디 콩에 대한 유기적 성분 분석에 대한 15개의 연구를 검토하였다. 15번 중 14번은 제조업체 재정 지원 연구였으며, 이 중에서 7번만 글리포세이트에 적신 콩을 사용하였다. 신기하게도 이 7번의 연구에서 과학자들은 콩 속의 제초제 잔류량을 측정하는 것이 바람직하지 않다고 판단했다. 마치 이 정보는 불필요한 것처럼. 총 15번의 연구 가운데 단 한 번의 연구만 콩을 글리포세이트에 적시고 글리포세이트의 잔류량을 측정했는데, 그것은 바로 토마스 뵌 팀의 연구였다. 그리고 마치 우연인 듯, "라운드업 레디 콩과 비유전자조작 콩 사이의 구성 성분에서 유의미한 차이점이 발견된 유일한 연구이기도 했다"라고 마렉 쿠라는 〈유전자조작 식물의 안전 평가 연구: 라운드업 레디 재배에서 글리포세이트의 잔류량은 무시된 주제〉라는 제목의 논문에 적었다. 여기서 마렉 쿠라는 "글리포세이트에 내성을 가진 유전자조작 식물 재배는 바로 그 제초제(글리포세이트)와 함께 사용되도록 고안되었음"을 상기시키며, "제조업체들의 연구가 가진 방법적인 결함"을 지적했다.[155]

한 가지 더 중대한 사실이 있다: 마렉 쿠라는 몬산토가 '물질의 등가성 원칙'을 확인하기 위해 진행한 두 번째 연구에서도 글리포세이트에 적신 씨앗을 사용하지 않았다는 사실을 발견했다! 하지만 이 연구는 라운드업 레디 콩이 동물에게 미치는 영향을 측정하기 위해 들쥐, 닭, 메기, 젖소 등을 대상으로 진행된 독물학에 관한 연구였다. 1996년 《영양학 저널》에 실린 연구 논문은 "글리포세이트에 내성을 갖는 유전자와의 혼합은 콩의 영양적 가치를 변질시키지 않았다"[156]고 주장했다.

나는 《몬산토: 죽음을 생산하는 기업》에서 이 연구에 대해 길게 언급한 바 있다. 이안 프림 교수가 내게 말한 것처럼 "바로 이 대목이 먹이사슬에 유전자조작 식품 도입을 정당화시켰기 때문"이다. 노르웨이 베르겐 대학에서 생화학과 분자생물학 분야에서 일하는 영국인 과학자는 2003년 유전자조작 식품에 진행된 (드문) 독물학 연구에 대한 분석을 시도했다.[157] 그는 몬산토가 진행한 연구를 비판할 적당한 말을 찾을 수 없었다. 그는 "질 나쁜 과학"이라고 몬산토의 연구를 평했다. "만약 그 연구 결과가 게재되기 전에 누군가 나에게 그것을 읽어보라고 했다면, 나는 그 연구 논문을 던져버렸을 겁니다. 연구에 제공된 자료들이 터무니없이 부족하거든요." 그는 몬산토가 기업 비밀이라는 명분으로 그가 요청한 연구 기초 자료 제공을 거부한 사실을 한탄하며 말했다.

"정상적인 경우라면, 한 연구가 발표된 후 실험을 반복하고자 하거나 과학 발전에 기여하고자 하는 연구자라면 누구든지 발표 연구에 대한 기초 자료 열람을 요청할 수 있습니다. 몬산토가 이를 거부한 것은 그들이 뭔가 감출 것이 있다는 인상을 줄 수밖에 없습니다. 연구 결과가 충분히 설득력 있지 않았거나, 연구 결과가 안 좋았거나, 혹은 연구 방법이나 진행 절차가 과학적으로 분석을 할 만큼 충분히 엄격하지 않았던 것입니다." 결국 이 연구를 진행하기 위해 이안 프림은 몬산토가 규제 기관에 제시한 연구 자료 요약본을 얻는 것에 만족할 수밖에 없었다. 그는 거기에서도 매우 황당한 사실들을 발견할 수 있었다. 예를 들면, 들쥐를 대상으로 한 실험 결과에 대하여 몬산토 연구자들은 이렇게 적었다. "색깔이 짙은 밤색이었다는 사실을 제외하면 부검에서 발견된 그들의 간은 정상으로 보였다." 색깔 변화를 유전자 변형 관련 요소로 간주하지 않았다는 것이다. "어떻게 그들은 간을 잘라 그것을 현미경으로 관찰해보지도 않고 짙은 밤색으로 변한 간이 정상이라고 말할 수 있었다는 말인가?" 이안 프림은 이렇게 꼬집었다.[158]

토마스 뵌이 베르겐 대학 동료 이안 프림의 비판과 의견을 같이 한다는 사실은 두말할 필요가 없다. 토마스 뵌은 다시 한 번 더 몬산토의 독물학 연구를 반박했다. 이번엔 물벼룩이 실험 대상이었다.[159] 그는 아이오와에서 온 콩들을 다시 한 번 세 개 집단으로 분류하여 물벼룩에게 먹였다: 유기농 콩, 일반 콩, 유전자조작 콩. 매번 그는 콩을 갈아 가루를 만들어 물벼룩들이 사는 수조에 뿌려주었다. 라운드업 레디 콩은 평균 1kg당 9㎎의 글리포세이트를 포함하고 있었다. "우리는 각각의 집단에서 기대 수명 차이를 관찰할 수 있었습니다"라고 그는 설명했다. "글리포세이트에 적셔서 재배한 유전자조작 콩을 먹고 자란 물벼룩은 가장 짧게 살다가 죽었습니다. 번식 비율도 가장 낮았습니다. 가장 좋은 결과는 유기농 콩에서 얻었습니다. 유기농 콩을 먹고 성장한 물벼룩은 가장 오래 살았고, 자손 수도 가장 많았습니다. 이윽고 우리는 유전자조작 콩만 사용해서 실험을 반복했습니다. 우리는 글리포세이트 잔류량과 사망률, 출산율 사이에 상당한 상관관계가 있음을 확인할 수 있었습니다. 매우 걱정되는 결과입니다. 이 콩은 밭에서 가져온 것입니다. 우리가 물벼룩에서 목격한 부정적인 결과는 인간을 포함한 다른 동물들에게서도 비슷하게 나타날 것이라고 예측하기 때문입니다."[160]

2016년: 과학자들, 경종을 울리다

런던 킹스 칼리지의 분자생물학자 마이클 안토니우Michael Antoniou도 같은 걱정을 하고 있었다. 그는 프랑스 캉 대학 질-에릭 세랄리니 교수가 2012년 발표[161]에서 연구한 바 있는 간과 신장을 분석했다. 몬산토가 이 프랑스 연구자가 진행한 연구의 가치를 떨어뜨리기 위해 꾸며낸 놀라운 음모에 대해서는 다시 언급하겠다(다음 장에서). 여기에서는 다만 이 연구가 한편으로는 라운드업 레디 옥수수(라운드업에 흠뻑 적셔진!)의 효과에 대해, 다른 한편으로는 라운드업을 약한 수준으로 탄 물을 마신 실험용 쥐에 대해 조사하는 2년짜리 독물학 연구였다는 사실만을 밝혀둔다. 아마도 독자들은 엄청난 크기의 종양으로 인해 몸이 변형된 쥐들이 찍힌 끔찍한 사진을 기억할 것이다. 그러나 가장 심각한 결과—분명 시각적으로는 덜 볼만했지만—는 실험 집단의 쥐에게서 발견된 신장과 간 손상이었다.

"세랄리니 교수는 양이 다른 세 가지 라운드업이 담긴 물을 2년 동안 쥐들에게 줬습니다." 마이클 안토니우가 말했다. "그중 하나의 분량은 극도로 적었습니다. 유럽 하천에서 허용되는 수치의 절반에도 못 미쳤으니까요. 2년 뒤, 질-에릭 세랄리니 교수는 쥐들의 피와 소변, 장기 조직을 분석하고 간과 신장에서 발생한 피해의 징후를 기록했습니다. 우리 연구소에서는 이들로부터 '유전자 발현 프로필'이라고 불리는 것을 검토하였습니다. 지방 독성,* 산화 스트레스, 조직 괴사 같은 여러 가지 피해[162]가 예상되는 결과를 얻었습니다.[163] 우리는 간 구성을 분석하였습니다. 어떤 종류의 단백질과 대사 물질[164]이 있는지 파악하기 위해서지요. 현미경을 통해 이뤄진 조사를 통해 간 관련 질병의 강력한 징후들이 드러났습니다. 가장 명백한 질병은 '비알콜성간지방증'이라 불리는 것이었습니다. 이 질환은 대서양 양쪽 연안에 있는 사람들에게서 점점 더 많이 발견되는 질환입니다."

"염려스러운 결과인가요?" 내가 물었다.

"비알콜성간지방증은 진행성 질환입니다." 마이클 안토니우가 답했다. "처음 나타나는 징후는 피로와 구토 증상입니다. 그리고 간 기능을 손상시키는 황달 증상으로 진화합니다. 마지막 단계에 가면 더 이상 손을 쓸 수가 없는 상황인 간경화로 나아갑니다. 글리포세이트로 만든 제초제들은 심각한 걱정거리가 아닐 수 없습니다. 우리의 연구는 이 제초제는 극도로 낮은 함량으로도 매우 심각한 질병을 장기간에 걸쳐 야기할 수 있다는 반박할 수 없는 증거를 드러냈거든요. 쥐에게 투입된 글리포세이트의 양은 0.04나노그램(0.004㎍/l)으로 극

* 지방독성Lipotoxicity은 인슐린을 생산하는 베타 세포 내 지방산 축적으로 인해 발생하는 간 기능 저하를 말한다.

도로 미세한 수준입니다. 글리포세이트 유럽 일일 한계 허용량의 1/75,000이고, 미국 허용량의 1/400,000입니다! 글리포세이트는 세상 어느 곳에나 편재하는 특성을 가지기 때문에 더욱 걱정스럽습니다. 사람들은 다양한 경로를 통해, 특히 음식물을 통해 글리포세이트에 자기도 모르게 노출될 수 있습니다. 규제 당국은 반드시 글리포세이트 노출 기준 강화를 재검토해야 합니다."

마이클 안토니우는 2016년 다른 여러 나라의 과학자 13명과 함께 글리포세이트로 만든 제초제HBG, herbicides à base de glyphosate에 대한 〈합의 선언문déclaration de consensus〉을 발표하였다. 이는 오늘날 이 물질이 갖는 보건환경적 영향에 대해 우리가 알고 있는 모든 것과 그에 따른 과학자들의 조언을 담은 과학적 종합 평가서다.[165] 이 선언문의 공동 저자들은 결론에서 그들의 우려를 입증하는 7가지 핵심 사항을 강조했다. 그 내용은 다음과 같다.

1 글리포세이트로 만든 제초제는 전 세계에서 가장 광범위하게 사용되며 그 사용량은 계속 증가하고 있다.

2 세계적으로 이 제초제들은 특히 농업 지역에서 식수원, 비, 공기를 오염시키고 있다.

3 글리포세이트의 물과 땅속에서의 반감기는 공지된 것보다 훨씬 길다.

4 글리포세이트와 그 대사 물질은 콩 공급 과정에 광범위하게 자리 잡고 있다.

5 인간의 글리포세이트 제초제 노출은 증가하고 있다.

6 글리포세이트는 권위를 인정받는 기구에 의해 인간에게 암을 유발할 수 있는 물질로 분류된 바 있다.

7 미국과 유럽연합의 관계 당국이 결정한 글리포세이트의 일일 한계 허용량에 대한 평가는 시대에 뒤처진 과학적 자료에 기반을 둔 것이다.

종합 평가서에서 13명의 과학자들은 글리포세이트로 만든 제초제가 내분비계 장애 물질로 활약한다는 것을 입증하는 (점점 그 수가 늘어나는) 연구들에 규제 기관이 관심을 가져야 한다고 말한다. 나는《우리 일상의 독》에서 내분비계 장애 물질에 대해 길게 언급한 바 있다. 나는 책에서 고인이 된 동물학자 테오 콜본Théo Colborn이 어떻게 미국과 유럽의 과학자들이 실행한 수천 개의 연구를 참조해 이 극단적인 독성을 가진 물질의 존재를 발견했는지 이야기했다. "과학자들이 특정 종류의 동물 개체 수가 가혹한 수준으로 감소하거나 성인 동물이 새끼를 낳는데 어려움을 겪으면서 생식 시스템에서 심각한 기능장애가 발생하는 현실을 세계 곳곳에서 목격하고 있다." 이 같은 기능장애는 세인트로렌스강의 흰고래, 돌고래, 온타리오호와 미시간 주의 갈매기, 담비, 표범과 플로리다 주 흰머리독수리의 삶을 강타했다.

미래를 예견한 레이첼 칼슨의 저작에 영감을 받은 테오 콜본은 이 같은 현상을 초래한 죄인을 지목하기에 이른다. 기업들이 다양한 이유로 인해 사용한 합성 호르몬이 바로 그것이다. 디디티 같은 살충제, 전기 변압기에서 절연제로 사용되어 온 몬산토의 폴리염화바이페닐, 플라스틱을 경화시키는 데 사용해온 비스페놀 A, 프라이팬 코팅제로 쓰이는 퍼플루오로옥타노익에시드PFOA 등이 그것이다. 1991년 7월 위스콘신 주 윙스프레드에서 열린 역사적인 과학자 회의에서 '내분비계 장애 물질'이라는 어휘가 만들어졌다. "우리는 어휘를 선택했습니다. 화학물질들은 내분비계의 기능을 방해하는 것들이기 때문이었습니다."

테오 콜본은 설명했다. "내분비계는 우리 몸의 분비선들이 만들어내는 50여 가지 호르몬의 활동을 조절하는 역할을 합니다. 갑상선, 뇌하수체, 부신 땀샘, 난소와 고환 등 생식기가 분비하는 호르몬까지. 이러한 호르몬은 중대한 역할을 하지요. 이들은 태아의 성장이나 혈당 조절, 혈압, 뇌나 신경의 기능 혹은 생식능력에 이르기까지 생명 유지를 위한 핵심적인 과정을 조정하기 때문입니다. 내분비계는 태아의 성장과 관련된 모든 과정을 수정 순간부터 출생에 이르기까지 총괄합니다. 각각의 근육, 뇌나 장기의 구성 등 모든 것이 바로 내분비계의 작용에 의존해 이뤄집니다. 문제는 우리가 자연 호르몬과 유사한 화학물질을 만들었고, 이것이 같은 수용체로 스며들어가 호르몬의 기능을 '작동시키거나' '정지시키는' 역할이 가능해진 것입니다. 그 결과는 돌이킬 수 없을지도 모릅니다. 특히 태아가 자궁 내에 있을 때 이러한 물질들에 노출될 경우에는 더욱 치명적이지요."[166]

1996년에 나온 베스트셀러 《우리의 도둑맞은 미래*Our Stolen Future*》[167]에서 그와 공동 저자들은 "이 위험한 방해자들"이 어떻게 매우 적은 양으로도 작용하며 현재의 규제 시스템을 퇴화시키는지 설명한다. 내분비계 장애 물질이 개입하면, 일정한 수준의 '양'이 독성을 만들어내는 것이 아니라 극소량일지라도 노출 순간 효과를 발휘한다. 이후 수천 개의 연구가 내분비계 장애 물질이 생식능력 기능장애(남성의 불임), 호르몬에 의한 암 질환(유방, 전립선, 고환), 당뇨병, 집중력 장애, 비만 등을 유발시킨다는 사실을 입증했으며, 특히 엄마의 뱃속에서 내분비계 장애 물질에 노출된 경우 더욱 심각한 결과를 가져온다는 사실을 증명했다. 2016년 〈합의 선언문〉에서 마이클 안토니우와 다른 공동 저자들은 글리포세이트가 내분비계 장애 물질로 작동한다는 사실을 입증하는 몇 가지 연구를 열거하면서 이들이 '태아와 아이들'을 위협한다고 강조한다. 같은 해에 세랄리니 교수팀이 발표한 연구는 폴리옥시에틸렌아민과 같은 보조제가 글리포세이트와 함께 있을 경우, 글리포세이트 단독으로 있을 경우보다 더욱 치명적인 방식으로 해로운 역할을 한다는 사실을 밝혀냈다.[168] 세상에서 가장 많이 팔리는 제초제의 해로운 기능을 입증하는 압도적인 증거 더미 앞에서 점점 더 많은 과학자, 생태 환경단체, 시민사회 단체가 글리포세이트 판매 허가가 더 이상 갱신되지 않도록 행동에 나서고 있다. 그러나 내가 이 문장을 쓰고 있는 바로 이 순간까지도 이들의 목소리가 제대로 반영되고 있는지는 여전히 확실하지 않다….

8장

몬산토와 규제 기관, 공모의 증거들

"분석 표본 100%에서 글리포세이트가 발견되었습니다."

—

프랑스 미래세대협회 대변인 프랑수아 베이예레트

"의학 통계들은 글리포세이트에 내성을 가진
유전자조작 농산물이 도입된 시기부터
자폐증이 폭발적으로 증가했다는 사실을 입증했습니다."

—

미국 매사추세츠 공과대학 수석 과학자 스테파니 세네프

"위험은 명백하다. 이 독약은 우리의 음식에, 밭에, 놀이터에,
그리고 우리가 살고 있는 거리에 뿌려지고 있다."

—

205만 명이 참여한 글로벌 시민단체 아바즈의 서명운동

"보셨어요? 저희가 알려드리는 소식에는 반갑지 않은 내용이 담겼습니다! 저희 연구에 따르면 분석 표본 100%에서 글리포세이트가 발견되었습니다. 이 결과는 프랑스 인구 전체가 글리포세이트에 감염되었다는 사실을 의미합니다. 표본 수가 제한되어 있기는 하지만, 연구 결과는 독일이나 미국에서 더 큰 집단을 표본으로 해서 얻은 결과와도 부합합니다." 2017년 4월 6일 파리에서 살충제의 위험에 대한 엄격한 정보화 작업을 진행한 미래세대협회가 기자회견을 가졌다. 협회 대변인 프랑수아 베이에레트가 연구 결과를 발표하였다. 협회는 8~60세에 이르는 도시 혹은 시골에 거주하는 사람 30명에게 '작은 병에 소변을 담아줄 것'을 요구했다![169]

"시민 100% 감염"

가수 에밀리 루아조, 전 환경부 장관 델핀

바소, 유엔식량기구에서 일했던 연구자 올리비에 드 슈터와 함께 나 역시 이 소변 검사에 참여한 '지원자' 중 한 사람이었다. 소변 검사 지시 사항은 매우 엄격했다. 아침에 본 소변을 작은 병에 모은 후 10분 동안 중탕냄비에 둔다. 병원체 감염을 막기 위해서다. 소변이 든 병을 프랑슈아 베이에레트에게 전하면 그는 크로노포스트를 통해 독일 라이프치히바이오체크연구소에 보낸다. 0.075㎍/l 정도의 아주 낮은 함량의 글리포세이트도 측정해낼 수 있는 유럽에서는 드문 연구소다. 앞장에서 극소량의 글리포세이트가 어떤 결과를 초래할 수 있는지 확인했다. 극소량은 간과할만한 수치를 뜻하지 않는다. 그러나 연구소들 대부분은 적절한 도구가 없어서 이 같은 극소량은 측정할 수 없다.

실험에 드는 비용은 표본당 85유로로 일개 시민단체가 쉽게 감당할 만한 수준은 아니었다. 다른 사례와 비교를 해보자면, 소변 표본 하나에 담긴 500개의 화학물질을 검사하는데 드는 비용이 240유로였다. 글리포세이트 하나에 85유로, 몬산토의 스타 제초제 글리포세이트는 각별히 많은 돈이 드는 귀하신 몸인 셈이다…. "소변에 담긴 글리포세이트를 검출해내는 것은 인간의 글리포세이트에 대한 노출 정도를 확인하는 것입니다"라고 프랑수아 베이에레트는 기자회견에서 설명했다. 실제로 섭취된 글리포세이트의 1/3은 피를 통해 온몸에 전파되며 그중 99%가 신장을 통해 소변으로 배출된다. 2/3는 대변으로 배출되기 전에 위와 장에 머물며 미생물에게 영향을 끼치는 것으로 추정된다.

"표본 전체에서 글리포세이트가 0.075㎍/l 이상 검출되었습니다. 평균 수치는 1.25㎍/l, 가장 높은 수치는 2.89㎍/l였습니다. 30개 표본 가운데 29개에서 수돗물 허용 수치 0.1㎍/l보다 12배 높은 수치가 검출되었습니다." 미래세대협회 대변인은 결과를 상세히 설명했다. 미래세대협회 보고서는 누가 가장 높은 수치(2.89㎍/l)를 기록했는지는 말하지 않았다. 글리포세이트 검출 수치를 대중에게 공개하도록 허락한 인사들 가운데 전 환경부 장관 델핀 바소가 최대치에 가까웠고(2.4), 그 뒤를 가수 에밀리 루아조(2.07), 프랑수아 베이예레트(1.27)가 따랐다. 올리비에 드 슈터와 나는 낮은 수치(0.8)를 기록한 그룹에 속하는 특권을 누릴 수 있었다.

프랑수아 베이예레트가 초반에 강조했던 것처럼, 이 결과는 독일에서 얻은 결과와 유사하다. 모니카 크루거(6장 참조)는 2,009명의 사례를 조사한, 글리포세이트 감염에 관한 세상에서 가장 큰 규모의 연구를 지휘했던 바 있다. 〈소변기 2015〉라고 명명한 이 연구는 하인리히 뵐 재단이 재정 지원했고, 2016년 3월 결과를 발표했다. 99.9%의 소변이 글리포세이트를 포함하였으며 79%는 물 허용 수치보다 5배 높은 수준을 나타냈다. 1/3은 10~42배 이상 높았다.[170] 아이와 청소년, 육식을 주로 하는 사람에게서 수치가 높았으며 최고치는 4.2㎍/l에 이르렀다.

2016년 모니카 크루거는 유럽의회 의원 48명의 소변 분석에서도 역시 비슷한 결론을 얻었다. 이들에게서 검출된 글리포세이트는

0.17~3.27㎍/l였다.[171] 가장 높은 수치를 기록한 사람은 맥주 애호가인 벨기에의 환경주의자 의원이었다. 2016년 2월 뮌헨환경연구소가 발표한 연구는 가장 많이 팔리는 맥주 14개가 모두 글리포세이트 잔류물로 오염되었다는 사실을 폭로했다. 그중 독일산 하써뢰더필스Hasseröder Pils는 29.74㎍/l라는 압도적인 기록을 보였는데, 이는 식수 허가 수치의 300배에 가깝다.[172] 이 사건은 독일에서 상당한 분노를 야기했고, 사태의 주범이 "홉"이라는 사실이 밝혀졌다. 2014년 또 다른 연구에서 모니카 크루거는 유기농 식사를 하지 않는 사람들 99명과 유기 농산물을 섭취하는 41명의 소변을 비교했다. 첫 번째 집단의 소변에서 검출된 글리포세이트 양은 두 번째 그룹에 비해 평균 4배 높았다.[173] 마찬가지로 미국에서도 2016년 5월 유기농식품소비자협회와 캘리포니아 대학이 공동 진행한 연구에서 소변 검사에 참여한 사람 131명 중에서 97%에게서 평균 3㎍/l의 글리포세이트가 검출되었으며, 아이들이 평균 3.58㎍/l로 각별히 높은 수치를 나타냈다.[174]

"직업적으로 직접 글리포세이트에 노출되는 경우를 제외하면, 글리포세이트 노출 핵심 경로는 음식이라고 우리는 생각하고 있습니다. 제가 바로 좋은 사례지요. 집에서 저는 유기농 음식물을 먹습니다. 그러나 일터에서는 프랑스국영철도공사SNCF에서 파는 샌드위치를 먹거나 유기농 식당이 아닌 곳에서 식사를 해야만 합니다. 그래서 저는 이번 연구 결과에서 중간 지점에 위치합니다. 글리포세이트의 인구 전체에 대한 광범위한 침투는 그것의 독성학적 특징을 생각할 때 매우 우려스러운 일입니다. 시민들이 글리포세이트에 대한 노출 현실을 고려하지 못하고 있으며, 유럽연합이 이 물질에 대한 판매 승인을 갱신할지도 모른다는 사실 또한 매우 염려스러운 일입니다." 프랑수아 베이에레트가 설명했다.

음식물에 포함된 글리포세이트 잔류량 증가

"왜 사람의 소변에 글리포세이트가 있는가? 어디에서 온 것인가? 왜 사람이나 동물이 먹는 음식(수입 콩 같은)이나 식수는 글리포세이트 연구에서 그토록 드물게 분석되는가? 우리 몸에 존재하는 글리포세이트가 건강에 미치는 영향은 무엇인가? 왜 인간에게 이루어지는 정기적이고 반복적인 글리포세이트 유입의 효과에 대한 장기적 연구는 이뤄지지 않는가?"

명백한 질문들이 2016년 6월 '땅의친구들협회'가 작성한 〈글리포세이트: 인간에 대한 오염〉이라는 문건에서 쏟아져 나왔다. 나는 이러한 질문들을 유럽식품안전청 같은 식품 보건 규제 기관이 무시해왔다는 사실에 내기를 걸 수도 있다. 유럽식품안전청은 "1990년 말 닥쳐온 식품 안전에서의 위기 상황 이후, 2002년 1월 유럽연합의 식량 공급에 대한 신뢰를 획득하고 유지하기 위한 목적으로 만들어진 기구"라고 사이트에서 설명하고 있음에도 불구하고.

이탈리아 파르마에 위치한 유럽식품안전청은 화학제품 사용이 먹이사슬 내에서 일으키는 위험을 측정하는 사명을 수행하는 기관이다. 규정을 직접 만드는 것은 아니지만, 이들은 유럽연합집행위원회와 유럽의회, 유럽연합 소속 국가들이 음식물 위험 관리에 있어서 효과적인 판단과 적절한 결정을 내려야 할 때 "과학적인 의견과 조언"을 제시하는 역할을 담당한다. 구체적으로 이들은 살충제(그 밖에도 유해 첨가물, 식품 접촉 플라스틱 등)의 일일 한계 허용량과 잔류물 최대 허용량을 규정하는 임무를 맡는다. 유럽연합집행위원회에 기준을 제시하고 회원국은 제시 기준을 승인하는 절차를 거친다. 일반적으로 유럽식품안전청의 "의견"은 우편으로 전하는 편지처럼 조용히 지나가는데, 글리포세이트만은 예외였다. 2015년부터 전례 없는 논란의 중심에 선 이 화학물질에 대해서 제조업체와 규제 기구 전문가들이 한편에, 독립 과학자와 소비자단체, 환경운동 단체가 다른 한편에 위치해 서로 맞서 격렬한 논쟁을 벌여왔다.

2009년부터 유럽식품안전청은 매년 "식품 농약 잔류물"에 대한 보고서를 발행했다. 유럽연합 27개 회원국에서 관찰한 종합 보고서인 셈이다. 최근의 2017년 4월 보고서[175]는 2015년 즉, 유엔 산하 국제암연구센터가 글리포세이트를 "인간에게 발암 가능성을 가진" 물질로 판정했던 바로 그해에 진행한 연구 결과를 담고 있었다. 이 정보가 유럽 정부들*로부터 과도한 경각심을 불러일으키지 않은 건 분명해 보인다. 그들은 모두 일관되게 세상에서 가장 많이 팔리는 제초제의 "매우 걱정스러운 독물학적 특징"을 무시해왔기 때문이다.

22개 국가가 분석한 8만 4,341개 음식물 가운데 5,329개 사례에 대해서만 글리포세이트 잔류물 테스트가 이뤄졌다(2014년에는 4,721개). 이건 정말 웃기는 짓이다! 플루퀸코나졸fluquinconazole은 6만 1,717개 샘플 테스트가 이뤄졌고, 헥사클로로벤젠hexachlorobenzène은 5만 5,722개, 이미다클로프리드imidacloprid는 6만 4,807개, 린덴lindane(이미 오래 전부터 금지된!)은 6만 5,807개를 테스트했다. 린덴의 경우 '모범생 자리'를 놓치지 않는 독일이 68.3%의 실험을 진행했고 그 뒤를 영국(7.2%)과 프랑스(6.4%)가 잇는다. "글리포세이트가 대중의 높은 관심을 끌고 있다"는 사실을 상기하며 유럽식품안전청은 "분석된 콩 샘플은 매우 제한적이다. … 유럽연합 국가로부터 온 샘플은 11개뿐이었다"**라고 말한다. 그리고 전설적이고 신중한 어조로 덧붙인다. "글리포세이트가 자주 사용되는 강낭콩은 세계적인 상업 거래 대상이기 때문에 글리포세이트 잔류물에 대한 보다 상세한 정보가 바람직해 보인다." 도대체! 이렇게 대범한 자들이 있나! 콩으로 빚은 사료용 깻묵을 먹고 자라는

---

* 프랑스에서는 관련 정부 기관이 재정경제부 산하에 있는 경쟁국, 소비국, 사기근절국이며, 이들은 농림부 산하의 식품국과의 연계 하에 관련 업무를 수행하고 있다.

** (옮긴이 주) 다수 농가에서 쓰는 사료용 콩이 미국이나 중남미에서 수입된 유전자조작 작물임에도 불구하고, 그 콩들에 대한 글리포세이트 잔류물 테스트가 전혀 이뤄지지 않았다. 콩이야말로 가장 심각하게 글리포세이트에 오염된 곡물임에도 불구하고 5,329개 가운데 콩은 11개뿐이었다는 사실은 샘플들의 잔류물 테스트의 의미를 무색하게 하는 다분히 의도적인 선택으로 보인다.

유럽의 가축들에 대해서는 한마디 말도 없나! 일반적으로 글리포세이트 잔류물에 대한 연구는 1,853종의 채소와 1,684종의 과일과 견과류 그리고 1,407종의 곡물과 27종의 동물성 식품에 대해 진행된다! 다시 말하자면, 각각의 국가는 평균적으로 한 점의 비프스테이크나 돼지갈비를 테스트한 셈이다….

잔류물 테스트에서 가장 큰 몫을 차지한 품목은 1,079개의 샘플이 제출된 밀이었다. 이중 0.6%가 글리포세이트 잔류물 최대 허용량인 10mg/kg를 초과하는 것으로 밝혀졌다. 또한 측정된 밀 샘플 가운데 "38.1%에서 정량 한계에 이르거나 그것을 초과하는 26가지 종류의 농약들이 발견되었다"고 보고서는 지적한다. 글리포세이트는 26가지 중 세 번째로 양이 많은 농약이다.

정량 한계LOQ란 무엇인가? 측정할 수 있는 "양의 한계"를 의미한다. 즉, 실험실 기계가 측정할 수 있도록 설정된 잔류물 최소량을 의미한다. 문제는 유럽식품안전청이 그 정량 한계가 얼마인지 말하지 않는다는 사실이다! 또한 진심으로 걱정스러운 부분은 유럽의 극소수 연구실만이 미량의 글리포세이트를 측정할 수 있는 시설을 갖추었다는 점이다. 바로 이런 식으로 유럽 시민들은 그들의 속임수에—이 표현을 쓸 수밖에 없음을 양해해주기 바란다—속수무책으로 당해왔던 것이다. 유럽식품안전청이 보고서 요약본에 적은 것처럼 그들은 사람들을 속임수로 안심시켜왔다: "2015년에 분석한 8만 4,341개의 샘플 중 97.2%에서 측정 가능한 잔류물이 검출되지 않았거나 법적 허가 수준의 양만 검출되었다.” 공중 보건 차원에서 말하자면, 이 보고서는 두 가지 이유에서 거의 아무 쓸모도 없다고 말할 수 있다: 우선 도대체 어느 수준의 잔류량부터 그들이 “측정할 수 있다”고 말하는지 알 수 없으며, 두 번째로 앞 장에서 이미 살펴본 바 있듯이, “허가 농약 최대 잔류량”이라고 하는 것이 소비자들을 안전하게 보호하기 위해서가 아니라 제조업자들의 필요를 충족시키기 위해 제멋대로 날조한 것이기 때문이다. 이런 까닭에 유럽식품안전청은 캐나다산 렌즈콩 중 두 개 샘플만 10㎎/㎏이라는 글리포세이트 잔류물 최대 허용량을 초과했다고 자랑할 수 있는 것이다. 렌즈콩의 농약 잔류물 최대 허용량이 어떤 식으로 몬산토의 요구에 의해 간단히 올라갔는지를 안다면(앞서 살펴봤듯), 퍽이나 안심(!!)할 수 있을 터이다.

“전 세계 제초제 시장에서 글리포세이트가 점하는 압도적 우위에도 불구하고 음식에 남은 글리포세이트 잔류물에 대한 평가는 여전히 매우 적다. 자료의 부족은 음식물을 통해 사람에게 노출된 글리포세이트를 측정하기 어렵게 한다.” 앞서 언급한 땅의친구들협회 문서는 상황을 완벽하게 요약하고 있다. 그러나 여러 어려움에도 불구하고, 이들이 설명한 바와 같이 경각심을 갖지 않을 수 없는 문제다. “글리포세이트 살포 후, 글리포세이트와 그 분해 물질들은 식물 전체에 퍼진다. 식물의 잎사귀뿐만 아니라, 씨와 열매에도. 따라서 씻는 것으로는 글리포세이트를 제거할 수 없으며 익혀 먹는 것으로도 이 물질을 분해할 수 없다.” 유럽식품안전청이 발행한 기술 문서는 이를 재확인한다. "글리포세이트는 음식을 냉동, 건조, 가공한 이후에도 1년 이상 음식에 머무를 수 있는 극도로 견고한 성질이 있다."[176] 음식물 농약 잔류량을 평가하는 유엔 산하기구 잔류농약공동위원회(앞 장 참조)는 여기서 한걸음 더 나간다. 그들은 1994년 발간 보고서를 통해 특정 식품 가공 과정은 음식물 함유 글리포세이트 양을 증가시킨다고 보고했다. 예를 들어 밀기울 생산 과정에서 글리포세이트 함량은 4배 증가할 수 있다.[177] 영국 정부가 진행한 빵 속 글리포세이트 잔류량 실험에서 38%의 샘플이 최대 0.9mg/kg의 수준으로 오염되었음이 실제로 밝혀진 바 있다. 통밀 빵은 겨로 인해 5.7mg/kg 수준까지 더 각별히 오염되었음이 드러났다.[178]

영국에서 진행된 이 연구는 예외적인 것이다. 일반적으로 환경단체들이 종종 대학들과 협력하여 음식물 내 글리포세이트 잔류량을 측정하는데, 그들의 측정 도구는 일반적으로 제한적인 수준이며 따라서 그들의 연구 결과 역시 제한적이기 때문이다. 이들의 연구는 세밀한 결과를 알리기보다는 주로 세상에 경고음을 울리는 데 목표를 두고 있다. 이런 이유로 미국의 시민운동 단체 '푸드데모크라시나우 Food Democracy Now!'는 1943년부터 식품의약행정단과 협력해온 샌프란시스코 안레스코 연구소와 연합하여 활동해왔다. 그들은 미국에서 가장 일반적으로 소비되는 음식물 29가지—감자 칩, 아침식사용 시리얼, 콘플레이크, 쿠키, 크래커 등—를 테스트했다. 그랑프리는 시리얼 '오리지날치리오스 Original Cheerios'가 차지했다. 무려 1.125mg/kg의 글리포세이트를 포함하고 있었다. 냠냠! 거기에 비하면 켈로그의 콘 플레이크는 0.078mg/kg로 창백한 수준이었다. 크리스피체다크래커는 0.327mg/kg, 스타시즈심플리네이키드피타칩스는 0.812mg/kg를 기록했다. 2016년 11월 보고서[179]에서 푸드데모크라시나우는 내가 앞서 소개한 마이클 안토니우와 질-에릭 세랄리니의 연구를 포함한 최근의 여러 과학 연구들은 글리포세이트가 0.1ppb의 극소량만으로도 인간 건강에 피해를 입힌다는 것을 입증했다고 경고한다. 0.1ppb는 0.0001mg/kg에 해당하는 극소량이다.

물론 이 수치는 글리포세이트 유럽 생산자들의 연합체 글리포세이트태스크포스를 동요시키지 않았다. 이들은 평소의 뻔뻔함을 지속할 뿐: "글리포세이트 잔류물에 소비자들이 노출될 수 있는 최대치는 입증되었다. 모든 음식물과 식수가 허가된 최대치의 잔류물을 포함하고 있다고 해도(가능성이 거의 없는 이야기) 일일 한계 허용량의 4%를 초과하지 않는다. … 이러한 현실에서 현재의 글리포세이트 침투량은 가능한 노출 최대치에 현격하게 미치지 못한다." 이들의 뻔뻔한 주장에 대해선 노코멘트….

알레르기, 자폐증, 섬유근육통: 미국 엄마들의 경고음

젠 허니컷Zen Honeycutt은 어처구니없는 '글리포세이트 마피아의 프로파간다'를 보며 전혀 웃을 수 없었다. 그녀는 2013년 '미국을횡단하는엄마들협회'를 창설한 캘리포니아 한 가정의 엄마다. "협회 설립 목표는 먹이사슬을 오염시키는 화학물질이 유발하는 모든 피해에 대하여 미국 모든 엄마들의 관심을 일깨우는 것이었습니다. 문제들의 선두에는 유전자조작 식품과 글리포세이트가 있지요." 그녀의 단호함은 내게 강렬한 인상을 남겼다. 나는 '맘스' 대표를 2016년 5월 25일 시카고에서 열린 자폐증 관련 세미나에서 만났다. 그녀는 당시 자신이 창설한 협회의 활동 발표를 위해 그 자리에 초대받았다. 그녀는 협회 활동을 통해 정기적으로 자폐아의 부모들과 접촉했다. 자폐증은 미국에서 점점 더 흔히 발견할 수 있는 질병으로, 이 질병을 앓는 아이들의 수는 1960~1970년대 5만 명당 1명에서 2014년 50명당 1명으로 급격히 늘어났다. 학자들의 예측에 따르면, 지금의 속도가 지속될 경우 이 수치는 2050년에는 12명당 1명에 이를 것이라고 한다.

세미나 개막 전날 아침 젠은 유기농 카페에서 처음으로 마주하는 시카고 거주 협회 회원 6명과 오찬 모임을 가졌다. 솔직히 말하자면 나는 7명의 아이 엄마들이 나눈 하나같이 고통스러운 이야기들을 들으며 격한 감정에 사로잡혔다. 몬산토 직원들로부터 "미친년들" 취급당한 그녀들의 말을 여기에 최대한 충실하게 옮겨보겠다.

젠이 먼저 말을 시작했다. "저는 13세, 11세, 9세 아들 세 명의 엄마입니다. 맏아들은 다섯 살 때 추수감사절에 죽을 고비를 넘겼습니다. 제 아들은 칠면조 요리 속 피칸에 격렬한 알레르기 반응을 보였습니다. 아이가 부풀어 오르기 시작했지요. 저와 남편은 아이를 데리고 응급실로 달려갔습니다. 아이에게 스테로이드를 투약하더군요. 신의 가호로 아이는 살아났습니다. 그러나 음식 때문에 아이가 목숨을 잃을 수도 있었다는 끔찍한 생각이 저를 계속 사로잡았어요. 그때부터 미국의 무수한 엄마들이 이런 걱정을 안고 산다는 걸 알게 되었습니다. 오늘날 알레르기로부터 안전한 가정은 매우 드물기 때문입니다." 그녀의 이야기는 식탁에 둘러앉은 6명의 여자들로부터 동의를 불러일으켰다.

"우리가 어렸을 때, 이런 종류의 알레르기는 전혀 없었어요!" 젠은 말을 이어갔다. "저의 둘째 아들은 8세 무렵 자폐 증상을 보이기 시작했습니다. 갑자기 아무것도 아닌 일에 불같이 화를 내거나 학교에서 아무것도 하지 않으려고 했어요. 저는 제 아이를 자연 요법 전문의에게 데려갔고, 의사는 아이 소변에서 1mg/l에 가까운 함량의 글리포세이트를 발견해냈지요. 저는 그때 몹시 화가 났습니다. 하지만 그것이 도대체 어디로부터 온 것인지 알 수 없었지요. 저의 나머지 두 아들에게서는 검사 결과가 네거티브로 나왔거든요. 저는 정보를 수집하기 시작했고, 글리포세이트가 밀의 건조제로 사용되어왔다는 사실을 발견했습니다. 제 둘째 아들은 우리 집에서 아침식사로 시리얼을 먹는 유일한 아이였지요. 나머지 두 아이들은 글루텐 알레르기가 있었거든요. 우리는 가족 식탁에서 밀을 완전히 없애고 유기농 식단으로 바꿨습니다. 그러자 제 아들의 자폐아 증후가 사라졌습니다…."

"저의 세 아들 중 한 아이에게서도 똑같은 일이 일어났었답니다." 캐슬린 디키아라가 말을 이어갔다. "먼저 의사는 아이에게 자폐아라는 판정을 했고, 결국 '비전형 자폐증'을 앓고 있다고 하더군요. 우리 가족은 모두 아픈 상태였습니다. 제 막내아들에게는 만성 습진과 다양한 알레르기가 있었고, 저는 섬유근육통을 앓고 있었습니다. 이 병은 저의 모든 활동을 방해했지요. 저는 점차 글루텐과 유제품, 설탕을 식단에서 없앴습니다. 그러나 이 질병들은 여전히 지속되었어요. 결국 우리는 100% 유기농 식단으로 바꿨지요. 그러자 서서히 우리 모두는 질병에서 벗어날 수 있었습니다. 이후 저는 식이요법 전문가가 되어 어떻게 화학물질들, 특히 글리포세이트가 우리 장의 박테리아를 침범하면서 면역 체계를 무력화시키는지 설명하는 책을 썼답니다."[180]

"제가 발견한 것도 역시 마찬가지예요!" 메릴린 할리핸이 말을 이어갔다. "저에게는 44세 딸이 있답니다. 딸아이는 섬유근육통을 진단받았습니다. 그 때문에 제 딸아이는 언제나 피곤해했고, 이유 없이 물건을 떨어뜨리곤 했어요. 그래서 먹는 음식을 완전히 바꾸었어요. 가공 식품과 유전자조작 식품은 철저히 식단에서 배제했습니다. 유기농

과일과 채소만 먹었어요. 그러나 저는 글리포세이트에 대해서는 남편 덕에 알게 되었습니다. 제 남편은 밀가루 음식, 그중에서도 특히 통밀 빵만 먹으면 격렬한 관절통을 느꼈거든요. 알고 보니 통밀 빵의 겨에 글리포세이트가 가득 있더군요. 밀을 추수하기 전에 건조제로 글리포세이트를 듬뿍 치기 때문이지요. 제 딸과 남편은 유기농 음식만 먹은 후부터 많이 좋아졌답니다."

"자, 봅시다." 젠이 목소리를 높이며 가방에서 종이 뭉치를 꺼내들었다. "여기 이 서류는 2015년 10월 22일 발표된 미국환경보호청 공식 문건입니다. 여기에는 매년 각각 농작물에 투여하는 글리포세이트 양이 집계되어 있지요. 복숭아, 배 각각 500t, 살구 4t, 호박 10t, 토마토 150t, 딸기 5t, 호두 300t, 밀 4,300t, 사탕수수 150t, 유전자조작 사탕무 650t.* 많은 사람들이 유전자조작 식품을 피하기 위해 사탕무에서 사탕수수로 식단을 바꾸지만, 글리포세이트는 사탕수수에도 건조제로 사용됩니다! 그리고 콩은 어떤 줄 아세요? 말도 마세요. 자그마치 5만 5,000t이 쓰였습니다! 두유나 두부에서도 제초제를 발견할 수 있는 겁니다!"

"아이들이 먹는 작은 이유식에도 들어 있어요." 제니퍼 귀스트라 코젝이 말했다.

"맞아요!" 캐슬린 디키아라가 맞장구쳤다. "얼마나 많은 소아과 의

* (옮긴이 주) 본문의 단위는 리브르livre인데, 독자들에게 익숙한 단위인 톤으로 환산했다 (1livre=0.5kg).

사들이 유제품 알레르기를 겪는 아기들에게 두유나 콩으로 만든 요구르트를 추천하는지 생각하면 정말 끔찍한 일이에요!"

"미국에서는 이제 가족들에게 좋은 식사를 제공하는 게 너무 어려운 일이 되었어요." 눈에 띄게 격한 감정에 휩싸인 바바라 키미카타가 말했다. "이 문제는 가정마다 언쟁을 불러일으키는 진정한 골칫거리입니다. 요리에 적합한 유기농 식품을 구하지 못하면 엄청난 스트레스를 느끼지요…."

"친구나 동료들의 저녁 식사 초대에 선뜻 응할 수 없게 만들기도 하지요." 젠 허니컷이 덧붙였다. "그래서 이 문제는 진정한 사회적 문제이자 인간관계에 관한 것입니다. 제 아들 중 하나가 친구 집 생일잔치 초대를 받으면, 저는 그때부터 스트레스를 받기 시작해요!"

"저는 그런 경우 바로 어떤 음식을 아이들이 먹는지 물어본답니다." 제니퍼 귀스트라 코젝이 갑자기 갈라진 목소리로 말했다. "저는 우리 아이들이 형편없는 음식을 급식으로 먹는 학교에서도 목소리를 높이고 있어요! 이런 문제를 공개적으로 말하기 위해선 용기가 필요합니다!"

"맞아요." 젠 허니컷이 결론지었다. "그러나 지금 우리는 무엇이 우리가 겪은 문제의 진원지인지 알고 행동할 수 있지요. 바로 이 사실을 고통을 겪는 모든 미국의 엄마들에게 말해야 합니다…."

몬산토의 꼭두각시들

2014년은 미국을횡단하는엄마들협회가 처음으로 크게 한 건 터뜨린 해였다. 젊은 엄마 10명의 모유를 테스트했는데, 3개 샘플에서 글리포세이트 잔류물 함유량이 76~166㎍/l[181] 검출된 것이다. "미국에서는 처음으로 실행한 테스트였습니다." 젠 허니컷이 설명했다. "우리는 이번 실험에 과학적인 연구 가치가 있다고 주장하지는 않겠습니다. 우리는 이번 시도를 통하여, 독립 연구자들과 규제 기관들이 이 핵심적인 주제에 대한 연구를 지속해주길 촉구하고자 하는 것입니다." 실제로 이 테스트는 한 저명한 연구소가 실행한 것이었지만—미주리 주 세인트루이스의 마이크로브이노테크연구소—몬산토는 바로 그들의 사냥개들을 풀어 테스트 결과를 물어뜯었다.

전투에 뛰어든 첫 번째 주자는 다니엘 골드스타인이었다. 우리는 이 책에서 이미 두 번이나 그 자를 마주친 적 있다. 첫 번째는 스리랑카에서 글리포세이트가 금지되었을 때(4장 참조), 두 번째는 몬산토 두 명의 간부와 함께한 연구에 공동 저자로. 그 연구는 미국을횡단하는엄마들협회의 모유 조사에 대한 직접적인 답변이었다(6장 참조). SNS에서 눈에 띄게 활발하게 활동하는 몬산토의 책임 독물학자는 한 포럼에서 자신의 습관적인 '주장'을 반복했다. "글리포세이트는 몸에 들어오자마자 변형되기도 전에 소변으로 급속히 배설됩니다. 지방과 피부 조직에 축적되지 않습니다."[182] 자신의 확언에 무게를 더하기 위해, 그는 유럽식품안전청 사이트를 참고 자료로 끌어들였다. 그들이 흔히 하는 이런 행동은 규제 기관이 제조업체들을 거들어주는 들러리일 뿐이라는 사실을 확인해준다. 제조업체들이 규제 기관들로부터 자신들의 이해에 부합하는 긍정적인 '의견'을 얻어내기 위해 강력한 로비 활동을 벌이는 이유다. 그리고 나서 몬산토는 조직적인 정보 조작의 지렛대를 움직이기 시작했다. 꼭두각시 대학 교수들에게 두둑히 지불하고 그들로 하여금 미디어에서 몬산토를 방해하는 정보들을 반박하도록 하는 것이다. 이러한 수법에 대해 내게 알려준 사람은 다이앤 포사이스다. 전직 농약 전문 로비스트인 그녀는 책 《우리 일상의 독》을 위해 증언해준 바 있다.[183]

스위스의 농약 제조회사 산도즈 아그로(1996년 시바-가이기Ciba-Geigy와 합병하여 노바티스Novartis가 됨)와 미국 자회사의 정부 대응 팀에서 일했던 그녀는 화학 컨소시엄(기업 연합)을 담당했다. 이 컨소시엄은 테오 콜본이 내분비계 장애 물질에 대해 폭로한 직후(앞 장 참조) 반격을 위해 몬산토가 구성한 것이었다. "저의 임무는 미국 50개 주에 농약 기업들이 만들어놓은 우호적인 모든 협회, 그룹과 접촉하는 것이었습니다. 이 허수아비 협회들은 우리가 조각조각 조립해 만든 것들이었지요. 기자들이 인터뷰를 청하면 바로 이 허수아비 협회들로 연결해줬지요." 그녀는 내게 '환경보호인디애나연합' 혹은 '환경보호와교육을위한캔자스협의회' 등 유령 협회들의 주소가 적힌 우편물들을 보여주며 내게 설명했다. "우린 그들에게 돈과 정보를 제공하고, 그들은 독립적인 단체인 척 하면서 기업의 입장을 옹호하는 것이지요." 다이앤 포사이스는 말을 이어갔다. "동시에 저는 기업의 이해를 옹호하는 대학 교수 조직을 꾸려서 관리하기도 했습니다. 그들에게 두둑한 연구비를 지원해 우리에게 유리한 연구를 하게 만들기도 하고, 우리의 이해를 옹호하는 발언을 언론에 나가서 하도록 만들었습니다…."

얼마나 많은 대학 교수들이 글리포세이트 옹호 '임무를 수행'하는지 파악하는 것은 불가능하다. 우리는 이미 아이다호 대학 수의학과를 이끄는 마크 맥귀르(6장 참조) 교수를 마주친 바 있고, 그의 아내, 미국영양학회—몬산토를 위해 일하는 중요한 여론 형성 조직—의 대변인인 미셸도 만난 바 있다. 매사추세츠 어린이 종합병원 소아과장이며 하버드 대학 소아과 교수인 로널드 클라이만 또한 코카콜라와 유전자조작 식품의 오랜 옹호자다.[184] 그는 '본능적으로' 미국을횡단하는엄마들협회의 모유 테스트를 미디어에서 평가 절하했다. 두 가지 핵심 논거를 들먹이며. "글리포세이트는 화학적 특징으로 인해 인체에는 물론 모유에 축적되지 않습니다. 10개 중 3개 샘플에서 검출된 글리포세이트 잔류물 수준은… 젖먹이가 노출된다고 해도 글리포세이트 일일 한계 허용량의 1/50 정도인 낮은 수준이므로 아기나 엄마에게 그 어떤 위험도 없습니다."[185]

몬산토의 허수아비가 공언한 내용은 그의 동업자 폴 윈체스터 박사에 의해 거짓임이 입증된 바 있다. 인디애나폴리스 어린이 병원 소아과 폴 윈체스터 박사는 임신 여성 69명의 소변을 분석하였고, 91%의 샘플로부터 글리포세이트를 검출했다. 그의 연구팀은 2년(2015~2016)에 걸쳐 병원 산부인과의 여성들을 추적하였다. 이 연구는 소변에서 높은 수준의 글리포세이트가 검출된 여성들과 미숙아 분만이나 저체중아 분만 등 출산 위험 사이에 존재하는 상관관계를 입증했다.[186]

걱정스러운 상관관계들

이처럼 무시무시한 '전쟁 기계'에 맞서 "독립 과학자들이 자신의 영혼과 양심을 걸고 흔들림 없이 작업을 수행하는 것은 쉬운 일이 아닙니다"라고 미국 매사추세츠 공과대학MIT 수석 과학자 스테파니 세네프는 말했다. 전기정보통신엔지니어링 박사인 그녀는 30년 전부터 생물학과 정보통신학 사이의 상호 작용을 연구해왔다. 10여 년 전부터 그녀는 영양 결핍과 환경적 독소가 인간의 건강에 미치는 영향에 대한 연구에 집중했다. 이를 계기로 그녀는 2016년 8월 시카고에서 열린 자폐아에 관한 학회에 초대받았고, 나는 그녀를 만날 수 있었다. 2013년부터 스테파니 세네프는 생명화학자 앤서니 삼셀(3장 참조)과 협업했으며, 그와 함께 글리포세이트가 "현대의 질병으로 가는 길"[187]일 수 있음을 입증하는 6편의 논문을 발표했다. 세미나에서 그녀는 왜 세상에서 가장 많이 팔리는 제초제가 "미국에서 20년 전부터 폭발적으로 늘어난 자폐증"과 연관을 가질 수 있는지에 대하여 발표했다. 자신의 주장을 설명하기 위해 그녀는 두 개의 곡선 그래프를 선보였다. 하나는 미국 경작지에서의 라운드업 사용량 증가를, 또 다른 하나는 애틀랜타질병통제예방센터에 매년 보고된 자폐 증상 숫자를 나타냈다. 두 개의 곡선은 1995년을 즈음하여 기하급수적 상승을 보이는 것까지 완벽하게 일치했다.

"하나의 상관관계가 반드시 어떠한 인과관계를 내포하는 것은 아니라고 말하며 당신의 주장을 모략하는 자들에게 뭐라고 답하시나요?" 컨퍼런스가 끝나고 그녀와 진행한 인터뷰에서 내가 물었다.

"저는 그런 주장에 대해 아주 잘 알고 있지요!" 그녀는 함박웃음을 지으며 내게 답했다. "그 주장은 농약 제조업체가 내놓는 논문이나 그들의 심복들이 써내는 글에 정기적으로 등장합니다. 저는 그들의 주장이 놀랍다고 생각합니다. 우리가 어떻게 담배와 폐암 사이의 상관관계를 입증했나요? 사람들은 먼저 폐암 증가라는 사실을 확인했고, 담배 산업의 성장을 그것과 연관시킨 것입니다. 이것이 시작이었던 겁니다. 그 후에 담배 제조업체들의 부인과 저지 작전에도 불구하고, 동물 실험을 통한 연구들이 담배와 그 보조제들이 폐암을 불러일으킨다는 사실을 입증했지요. 자폐증에 대해서도 마찬가지입니다. 의학 통계들은 글리포세이트에 내성을 가진 유전자조작 농산물이 도입된 시기부터 자폐증이 폭발적으로 증가했다는 사실을 입증했습니다. 유전자조작 농산물 도입이 글리포세이트의 소비를 폭발적으로 증가시킨 셈이지요. 과학자로서 혐의자인 글리포세이트의 화학적 특징과 질병의 상관관계에 의혹을 제기하는 것은 완벽하게 정당한 일입니다.

자폐증의 생물학적 메커니즘을 글리포세이트 성분 메커니즘과 비교해보면, 둘을 연관 지을 수 있는 매우 놀라운 요소들을 발견할 수 있습니다. 가장 인상적인 부분은 장을 자극하는 것입니다. 자폐 성향을 보이는 아이들의 다수가 동시에 소화기관 장애로 고통을 겪습니다. 대표적 사례가 '장 투과성'이라고 불리는 증상이지요.* 이 질병은 글리포세이트의 항생제 활동과 관계가 있을 수 있습니다. 글리포세이트가 갖는 항생제적 특질은 유산균과 같이 우리 몸에 유익한 박테리아들을 소멸시키는 것입니다. 유산균 같은 유익한 박테리아들은 병원성 세균의 확산을 억제하면서 아이들의 성장을 돕는데도 말입니다. 더 심각한 문제는 장과 뇌 사이를 연결하는 소통 경로를 통해 유해한 박테리아들이 뇌를 점령할 수 있다는 것입니다. 글리포세이트가 금속 킬레이트제라는 사실을 고려하면, 이 점이 신체 내 망간 결핍을 야기할 수도 있습니다. 이 경우 자폐증의 다른 증후들과 또 연결되는 것이지요. 망간은 세포 내 미토콘드리아 활동을 보호하는 데 필수적인 요소입니다. 게다가 망간은 신체에 투입된 글루탐산을 해독할 때 없어서는 안 될 물질입니다. 글루탐산**이 신체에 과다할 경우 신경 독을

---

* 장 투과성('새는 장 증후군')은 상대적으로 흔한 질병이다. 장벽에 생기는 구멍으로 인해 독소와 병원성 미생물이 혈관을 통해 돌아다니는 것을 막지 못해 감염되거나 면역력이 약화되는 질병을 말한다.

** 글루탐산 혹은 글루탐산염(음이온 형태)은 대뇌의 핵심적인 신경 전달 물질 중 하나인 아미노산이다.

야기합니다. 자폐 증상을 보이는 아이들의 대변과 피, 뇌에서는 높은 수치의 글루탐산이 발견됩니다."

"당신의 글리포세이트에 대한 집착이 가소롭다고 말하는 사람들에게 뭐라고 답하십니까?"

"저는 글리포세이트가 자폐증의 유일한 원인이라고 말한 적은 없습니다." 스테파니 세네프는 답했다. "다만, 저는 글리포세이트가 자폐증의 폭발적 증가에 핵심적인 역할을 한다고 생각합니다. 그렇게 생각하는 사람은 저 하나만은 아니지요!"

그녀는 내게 낸시 스완손이 발표한 논문을 보여주었다. 그녀는 미 해군과 웨스턴워싱턴 대학에서 활동해온 물리학자다. 2012년 연구에서 "만성질환을 앓는 환자 비율이 미국 전체 인구의 25%에 이를 만큼 극적으로 증가한 사실"을 목격하고, 이 물리학자는 22개 만성질환의 급격한 증가와 글리포세이트 제초제 사용의 상관관계를 밝혔다.[188] 22개 질병에는 자폐증, 고혈압, 당뇨병, 비만, 알츠하이머, 파킨슨병, 염증성 장 질환, 급성신부전증, 갑상선암, 간암, 방광암, 췌장암, 신장암, 백혈병 등이 있다. 이 모든 질병에서 "피어슨 상관 계수가 매우 높은 상관관계를 갖는 것으로 나타났다". 상관 계수가 0.841~0.994에 이르렀기 때문이다.*

---

* 칼 피어슨(1857~1936)은 영국의 수학자로 두 가지 변수 사이의 연관성 강도를 측정하는 수학 공식을 발전시켰다. 피어슨 상관 계수는 -1과 1 사이에 놓여 있으며, 1에 가까울수록 상관관계가 높은 것으로 본다.

2015년 스테파니 세네프는 낸시 스완손 그리고 물고기와야생생활 서비스에서 일하는 동물학자 주디 호이와 함께 새로운 논문을 발표했다. 세 명의 여성 연구자들은 동물에서 관찰한 것과 비슷한 질병 상관관계가 인간에게도 성립하는지 확인하기 위해, 먼저 동물 관찰을 시작했다.[189] 이들은 미국 수백 개 병원의 진료 기록과 애틀랜타질병통제예방센터 자료 은행에서 1998~2010년 해당 자료들을 검토했다. 각각의 서류는 환자의 나이, 성별, 지리적 위치, 증상에 대한 진단 결과를 상세히 담고 있었다.

"주디의 관찰 대상 대다수가 새끼 사슴에 집중되어 있었기 때문에, 우리는 관찰 대상을 6일 이하 신생아 사슴으로 집중시켰습니다. 처음에는 '6일/15세'로 카테고리를 정했고,* 나중에는 신생아 사슴을 제외한 나머지 전체를 조사 대상으로 삼았습니다." 수천 개의 자료를 연령별로 분류하고 구분하는 프로그램을 고안한 스테파니 세네프가 설명했다. 결과는 놀라웠다. "우선 주디가 아기 사슴들에게서 관찰한 질병들은 소아과 병동에서 아기들에게 나타난 것들과 일치한다는 점을 확인하였습니다. 머리와 안면 기형, 안구 변형, 혈액 이상, 피부 질환, 비뇨-생식기 기형, 림프관 문제, 폐 관련 질환 등이 그것이지요. 조금 더 나이를 먹은 두 개의 다른 그룹에서 우리는 간암 발생 빈도 상승을 확인했습니다. 자폐증과 관련해서 드러난 것처럼 글리포세이트 사용 증

---

* (옮긴이 주) 사슴의 평균수명을 15년으로 보고, 태어난 지 6일째인 신생아 사슴을 그렇게 표시했다는 의미다.

가와 각 질병의 발병률 사이의 상관관계는 완벽했습니다….”

글리포세이트 재승인을 둘러싼 유럽연합의 파란만장 연대기

“저는 글리포세이트 재승인 보고서 분석에 참여했습니다. 특히 독일연방연구소의 위험 평가 부분과 유럽식품안전청의 결론 부분을 검토했습니다. 저는 유럽의 규제 기관들을 과학적 사기 행위로 고발합니다. 그들의 기만적인 지침은 관련 규제 기관들이 재승인 요청 서류를 제출한 당사자, 몬산토가 이끄는 글리포세이트태스크포스가 제시한 결론을 더욱 강화한 것일 뿐입니다.”

농약 제조업체의 독물학자였고, 현재는 독립적인 컨설턴트로 일하는 피터 클라우싱Peter Clausing 박사의 매우 강경한 발언이 판사 호르헤 페르난데스 수자를 깜짝 놀래켰다. 옆에 앉은 판사 디오르 폴 소우는 자신의 이어폰을 조절했다. 독일 전문가가 말한 고발의 문장에 담긴 근엄함에 놀란 듯 했다. 정작 피터 클라우싱 박사는 완벽한 양복 정장을 입고 침착한 어조를 유지하였으며, 전혀 흥분한 기색이 없었다. 몬산토 국제법정의 마지막 섹션은 “이해관계자와 관련 기구에 가해진 압력”이라는 주제로 진행됐다. 포문을 연 피터 클라우싱에게 다시 발언 기회를 주기 전에, 나는 글리포세이트태스크포스라는 이름으로 뭉친 제조업자들의 글리포세이트 재승인 요구가 불러일으킨 믿을 수 없는 파란만장한 연대기의 큰 윤곽을 되짚어보고자 한다.[190]

이 예측 불허 연속극에서 핵심적인 배우들이 연기한 역할을 이해하기 위해서, 유럽연합의 농약 관련 규정에 의하면 농약 제조업체가 유럽연합 시장에 진출을 원할 때 회원국 중 한 국가에게 이를 위한 허가를 요청해야 한다는 사실을 다시 한 번 확인한다. 허가 요청서를 받은 국가는 '보고 책임을 지닌 국가'로 간주된다. 그러나 2장에서 본 것처럼 제조업체가 보고 책임 국가를 선정한다. 이는 실로 놀라운 특권이다. 몬산토와 공동의 이해관계를 가진 자들은 이 대목에서 최대한의 이윤을 취할 줄 안다. 그들은 독일을 선택했다. 바스프와 바이엘의 나라다. 이곳의 전문가들은 농약 제조업체에 호의적인 걸로 유명하다. 이윽고 전문가들의 명성이 입증된다. 독일 정부는 연방 연구소에 글리포세이트 위험성 평가를 맡겼다. 독일연방위해평가연구원은 글리포세이트에 대한 독물학적 연구를 평가하는 임무를 맡아 유럽식품안전청에 전달할 예비 보고서를 작성했다. 유럽식품안전청은 최종적인 의견을 제시하고 글리포세이트의 일일 한계 허용량과 잔류 농약 최대 허용량을 결정짓는 역할을 맡는다. 글리포세이트에 대한 마지막 사용 허가는 2002년에 이뤄졌다.* 10년마다 한 번씩 자동 진행되는 검토 절차 — 글리포세이트와 관련하여 축적된 독물학 역학 자료들을 검토하

---

* (옮긴이 주) 2017년 11월 유럽연합은 다시 한 번 향후 5년간 글리포세이트를 사용할 수 있도록 재승인했다.

기 위해서—에 따라 2012년에 재승인 검토 절차가 예정되어 있었다. 그러나 안드레스 카라스코 교수의 연구로 촉발된 소동 이후, 결국 재검토는 2015년으로 아무 설명 없이 연기되고 말았다.

2015년 2월 15일에 독일연방위해평가연구원은 그들의 예비 보고서를 유럽식품안전청에 제출했고, 유럽식품안전청은 유럽연합집행위원회에서 회원국들이 승인 여부를 결정할 수 있도록 최종적인 의견을 작성해 제출해야 했다. 그러나 2015년 3월 20일 기계가 갑자기 멈춰 섰다. 국제암연구센터가 글리포세이트를 "암 유발 성분이 있는" 물질로 등급을 매긴 놀라운 결정이 이뤄진 직후였다. 나는 2015년 봄, 유엔의 발표가 베를린의 독일연방위해평가연구원이나 파르마의 유럽식품안전청 복도에서 틀림없이 불러일으켰을 소동을 목격하고 싶은 나머지 작은 생쥐로 둔갑하고 싶은 마음이었다. 국제암연구센터 보고서가 사이트에 올라간 후인 7월 29일, 독일연방위해평가연구원은 예비 보고서에 95쪽의 추가 보고서를 더해야 한다고 (어쨌든?) 느꼈다. 추가 보고서는 리옹 국제암연구센터 전문가들의 글리포세이트 평가에 완벽하게 '헌정'된 것이었다. 이 긴박한 사건은 2015년 12월 12일까지 지속되었다. 이날은 유럽식품안전청이 마침내 그들의 공식 결론을 작성한 날짜다. 유럽식품안전청의 결론은 배배 꼬인 몇 가지 표현으로 요약할 수 있다. "글리포세이트가 인간에게 암을 유발하는 위험을 야기하는 것은 일어나기 힘든 일이며, 제시된 여러 증거들(국제암연구센터에 의해)을 가지고 글리포세이트가 암 유발 기능이 있다고 분류하기는 어렵다."[191] 여기서 한 술 더 떠서, 유럽식품안전청은 글리포세이트의 일일 한계 허용량을 0.3mg/kg에서 0.5mg/kg로 올리는 결정까지 해버렸다! 이것은 대놓고 엿을 먹이는 행동이다! 현재 유럽인들의 높은 글리포세이트 노출 수준을 고려할 때 현행 규정으로는 규제 기관과 제조업체에 대한 소송을 충분히 막을 수 없을 것이라는 염려만이 이 조치를 설명할 수 있다.

오래 기다려왔던 유럽식품안전청의 의견은 프랑스의 미래세대협회나 미국의 푸드데모크라시나우 같은 환경단체들로부터 강력한 항의를 불러일으켰으며 — 매우 드문 경우 — 피터 클라우싱 같은 독립 과학자들이 항의 대열에 가세했다.

사기 혐의로 고발당한 유럽의 규제 당국

"유럽과 독일의 규제 기관들이 벌인 사기를 이해하기 위해서는 '농약의 활성 분자는 암 유발 성분 1A나 1B*로 분류되지 않은 경우에만 사용 승인을 허가한다'는 유럽연합의 조항을 상기할 필요가 있습니다." 독물학자 피터 클라우싱이 설명했다.

---

* 유럽연합 판정 등급 기준은 유엔 산하 국제암연구센터와 다르다. 1A그룹은 역학 자료들을 통해 "인간에게 암을 유발하는 물질"임이 밝혀진 것을 의미한다. 1B그룹은 장기간 동물 실험을 통해 "인간에게도 암을 유발할 수 있는 물질"로 밝혀진 것을 의미한다.

"그 조항은 1B가 동물에게서 발암 성분으로 작용하는 충분히 입증할만한 증거가 있는 경우에 부여한다고 상세하게 정의내리고 있습니다. 유럽연합의 이 조항은 '적어도 한 종류 이상의 동물에 대한 연구를 2회 이상 진행해 동물의 종양 발생 증가를 입증하였을 때 충분한 증거가 있는 것으로 간주한다'고 명료하게 말하고 있습니다. 이런 경우 해당 농약은 유럽연합 승인이 나지 않아야 마땅합니다. 글리포세이트의 경우 쥐 연구 외에도, 생쥐에 대한 독립적인 실험이 다섯 번 있었으며 이 연구들은 규제 당국에 의해 신뢰할만한 연구로 인정받았습니다. 이 모든 연구들은 연조직육종 같은 하나 혹은 여러 가지 종류의 암이 증가하였음을 통계적으로 입증하였습니다. 다섯 개의 실험 중 세 개에서 림프선 종양 같은 특정 종양의 심각한 증가가 드러났습니다. 이것은 이 실험 결과가 얼마든지 재현 가능함을 보여주는 것이지요. 모든 증거들은 글리포세이트가 1B 등급 이상을 받을 조건을 넘치도록 갖고 있음을 입증합니다. 당연히 글리포세이트 사용 금지라는 결론을 이끌어내야 했지요. 그러나 유럽의 규제 당국은 생쥐를 대상으로 한 연구 5개가 보여준 결과가 타당하지 않다고 간주하면서 스스로 세운 규칙을 위반했습니다."

서론에 이어 피터 클라우싱은 췌장과 간, 갑상선 종양이 과도하게 나타난 생쥐와 쥐에 대한 연구 결과를 무시한 베를린과 파르마 "전문가"들이 내세운 다섯 가지 논거를 하나씩 반박했다. 유럽연합 전문가들이 보여준 매우 기술적인 속임수를 자세히 거론하지는 않겠다. 이 책에서는 그들이 내세우는 위장 논거의 골격만을 언급하고자 한다.

우선 그들은 여러 연구에서 관찰된 결과들에 대해 통계적으로 의미를 가질 수 없다고 평가한다. 대다수가 수컷이었고 암컷이 소수였다는 점을 그 이유로 내세운다. 두 번째로 그들은 몇 가지 종양은 글리포세이트에 의한 것이 아니라고 주장한다. 일부 농약 업체에서 진행한 연구가 비슷한 결과를 보여주지도 않거니와, 과도한 양이 촉발한 우연한 결과일 뿐이라는 것이다. 앞서 인용한 생쥐 연구 결과를 무시하기 위해, 그들은 자신들의 실험 결과를 '이력 관리 데이터베이스'(2장 참조) 결과와 비교하였다. 영국 학자 마이클 안토니우는 이를 "엄격한 과학적 방법론에 배치되는" 방식이라 평가한 바 있다. 어쨌든 이러한 방식으로 그들은 적어도 한 연구에서 생쥐들이 글리포세이트가 아닌 발암성 바이러스에 의해 감염되었다고 판단하였다. 그 '정보'가 어디서 기인하는지는 명확히 밝히지도 않은 채.

피터 클라우싱은 이 모든 '논거'를 '사기'라고 판단한다. 그는 몬산토 국제법정에서 거침없이 자신의 생각을 펼쳐보였다: "많은 자료들을 변형시키고, 존재하는 연구 결과를 무시하며, 신뢰할만한 증거들을 부정한다는 것은 화학 업계가 발암 성분을 가진 제초제의 시장 판매를 지속하도록 허가하겠다는 규제 당국의 의도에 의한 것이라고밖에 간주할 수 없습니다." "왜요? 도대체 왜 이런 결탁을 하는 걸까요? 무슨 일이 일어나고 있는 건가요?" 독일인 독물학자가 증언하는 내내 눈살을 찌푸리던 판사 스티븐 슈리브만이 물었다.

"저에겐 어떤 증거도 없습니다만." 피터 클라우싱은 이렇게 말한 후 잠시 쉬었다가 다시 말을 이어갔다. "유럽연합 내에서 글리포세이트의 재승인과 관련한 문제에는 엄청난 경제적 이해관계가 걸려 있다는 사실을 상상할 수 있지요. 또 다른 이유도 있습니다. 독일연방위해평가연구원은 2002년 글리포세이트가 위험하지 않은 물질이라고 선언한 바 있습니다. 그러니 이제 와서 완전히 의견을 바꾸는 것이 그들에게 곤란한 문제였을 수도 있습니다. 당시에도 대다수의 연구들이 이미 존재하고 있었거든요…."

"하지만 당신이 지적한 두 규제 기관이 범한 과오들은 엄격한 과학에 기초한 의도와 명백하게 모순되는 것들 아닌가요?" 캐나다 판사는 물었다. "과학자들이 자신의 명성에 금이 갈 수 있는 일을 서슴지 않는다는 사실이 몹시 놀랍습니다. 심지어, 매우 충격적이라고 생각합니다!"

"매우 중요한 부분을 지적하셨습니다." 피터 크라우싱이 가벼운 미소를 띠며 말했다. "규제 당국은 누가 그러한 평가를 했는지 말하기를 거부합니다. 공식적으로 독일 연구소 멤버들은 이름을 밝히지 않습니다. 그러니 그 어떤 과학자도 자신의 과학자로서의 명성에 금이 갈 염려를 할 필요는 없습니다."

사실—이 부분은 모든 관찰자들이 지적해온 허점이기도 하다—누가 독일의 예비 보고서 저자인지, 최종 의견을 작성한 유럽식품안전청의 연구자는 누구인지 아는 것은 불가능하다. 국제암연구센터도

이 두 보고서를 작성한 "전문가"의 정체를 알지 못한다. "흠… 그런데 독일 예비 보고서 서론을 보니까, 보고서 용지가 글리포세이트태스크포스에서 제공하던 것이던데." 2016년 6월에 국제암연구센터 글리포세이트 논문 코디네이터였던 캐스린 규턴은 내게 말했던 바 있다. 그녀는 매우 조심스러운 방식으로 자신이 아는 정보를 전했다.

"독일연방위해평가연구원과 유럽식품안전청은 한 번도 보고서의 저자들 이름을 공개한 적이 없고, 이해 충돌에 대해 언급한 바도 없습니다." 국제암연구센터 보고서 프로그램 디렉터 커트 스트라이프는 극도의 신중함과 함께 캐스린 규턴이 정보를 전하기 3개월 전 이미 내게 말했었다. "17명 연구 그룹의 명단을 대중에게 공개하고, 각 연구자들이 가질 수 있는 이해 충돌 가능성의 지점에 대해서도 밝힌 국제암연구센터의 태도와 두드러지게 다른 점입니다." 독일연방위해평가연구원 사이트는 그들이 보유한 농약 잔류물 관련 전문가 그룹 명단을 올려놓는 것에 만족할 뿐이다. 그들 12명 중 4명은 농화학 기업을 위해서 일하는 연구자들이다. 2명은 바이엘에서, 1명은 바스프에서, 또 한 사람은 유로핀즈Eurofins에서 일한다. 그러나 논쟁적인 예비 보고서 작성에 누가 참여했는지에 대해서는 아무런 말이 없다.

과학자와 생태 단체의 반란

"우리는 세계 곳곳에 위치한 대학과 정부 산하 연구 기관에서 일하는 독립 과학자들로, 환경적 위험 요소들이 암을 포함한 인간의 건강에 미치는 영향을 이해하는 것에 직업적인 소명을 두고 있습니다. 우리는 최근 유럽식품안전청의 결정에 관하여 심각한 우려를 표명하고자 함께 단체를 결성했고 국제암연구센터의 결정을 검토했습니다. 우리는 국제암연구센터의 결정이 유럽식품안전청의 결정보다 훨씬 더 신뢰할 수 있는 것이라는 결론에 도달했습니다. … 그것은 화학 제조업계로부터 어떤 방식으로도 재정 지원을 받지 않는 독립적인 과학자들의 결정이기 때문입니다. … 우리는 독일연방위해평가연구원이 작성한 예비 연구 논거는 철저한 과학적 사기라고 판단하며 그들이 자신들의 주장을 철회해야 한다고 생각합니다."

마른하늘에 날벼락이라고 할까! 이 공개서한은 2015년 11월 27일에 전 세계 과학자 96명이 작성한 것으로, 유럽연합집행위원회 보건식품안전담당관 비테니스 안드리우카이티스와 유럽식품안전청 사무총장 베르나르 울에게 전해졌다. 이를 주도한 사람은 국제적으로 널리 알려진 미국의 생물통계학자 크리스토퍼 포르티에였다. 그는 매우 인상적인 이력을 가진 사람이다: 200권이 넘는 과학 도서의 저자인 그는 미국질병통제예방센터 환경건강국 국장, 미국독성질병등록센터 센터장, 국립환경보건과학연구소 부소장과 국립독물학프로그램 부소장을 두루 역임한 후 은퇴했다. 그는 국제암연구센터의 글리포세이트에 대한 작업을 진행하는 '전문가'들로부터 '특별 손님'으로 초대받았고, 자신의 의견을 전달했다. 그러나 워싱턴의 환경단체인 '환경보호기금'의 자문으로 활동하기에 의견 작성에는 참여하지 않았다. 내가 2016년 8월 23일에 그를 만난 장소가 바로 환경보호기금 사무실이었다.

"어떻게 그 공개서한을 작성하게 되셨나요? 대체로 침묵을 지키는 성향인 과학자들에게서 나온 결로는 매우 이례적인 내용이던데요." 내가 물었다.

"저는 독일연방위해평가연구원과 유럽식품안전청이 국제암연구센터의 의견을 비판한 내용을 보고 충격을 받았습니다. 그들은 몬산토가 말하는 것처럼 우리의 연구가 마치 '시궁창 과학'이라도 되는 듯 말했지요. 두 기관이 제시한 의견이 완전히 기만적인 것이었던 만큼, 용납할 수 없는 공격에 답하는 것이 마땅했습니다. 저는 먼저 국제암연구센터 글리포세이트에 연구 작업에 참여한 17명의 과학자들에게 연락을 취했습니다. 그러나 대부분의 연구자들은 함께할 수 없었습니다. 그들은 정부 산하 연구소에서 일하기 때문에 중립을 지켜야 하는 의무가 부여되기 때문입니다. 조금씩 정보가 알려지고, 많은 과학자들, 특히 역학자들과 독물학자들이 국제암연구센터 연구 논문과 그 논문이 바탕으로 하는 자료들을 검토한 후 저에게 연락을 취해왔지요. 결국 96명의 과학자가 함께 독일연방위해평가연구원과 유럽식품안전청이 내린 결론은 과학적 관점에서 사기라는 결론에 서명했습니다.

"왜죠?"

"두 기관의 전문가들은 적절하지 않은 절차를 사용했기 때문입니다." 크리스토퍼 포르티에가 강력하고 단호하게 답했다. "그들은 핵심적이고 과학적인 증거들을 무시했고, 그 대신 적합하지 않은 연구결과를 채택하여 평가에 이용했습니다."

"왜 그들은 그렇게 했을까요?"

"왜 그렇게 했는지 저는 알 수 없습니다. 그러나 제가 말씀드릴 수 있는 것은 과학적 관점에서 그들의 행동은 사기라는 것입니다! 제가 보기에, 독일연방위해평가연구원과 유럽식품안전청은 글리포세이트를 금지할 수 없다고 판단한 것 같습니다. 그들은 글리포세이트가 건강에 위험하다는 것을 잘 알고 있으면서도 말입니다. 글리포세이트를 위험하지 않은 물질로 만들어, 사용 금지 결정을 피하도록 하기 위해 그들은 과학을 비틀어 버린 겁니다."

"국제암연구센터가 몇 가지 연구에 대해 고려하지 않았다고 말하는 독일연방위해평가연구원과 몬산토에 대해서 뭐라고 답하고 싶으신가요?"

"그들에 대한 저의 답변은 '독일연방위해평가연구원이 그 연구 자료들을 우리에게 제공해야 한다'입니다. 그들이 그 자료들을 주지 않는 한, 저는 제가 들여다보지 않은 몬산토 측이 제공했다는 연구의 타당성에 대해 판단할 수 없습니다. 독일 의회에서 이뤄진 청문회에서 독일연방위해평가연구원 소장은 연구소 전문가들이 해당 보고서를 작성하기 위해 글리포세이트태스크포스가 작성한 보고서를 차용했다고 인정한 바 있습니다. 저는 유럽의 규제 기관들이 보여준 투명성 부재에 매우 큰 충격을 받았습니다. 그들은 분명 뭔가를 숨기고 있다는 인상을 줍니다. 그들이 다루는 문제의 심각성을 볼 때, 도저히 묵과할 수 없는 일입니다."

글리포세이트에 대한 18개월의 집행유예

그리고 새로운 사건의 출현과 함께 파란만장한 대서사가 다시 시작되었다. 2016년 3월 2일 5개 유럽 국가의 6개 환경 시민단체(Global 2000, PAN Europe, PAN UK. Génération futures, Nature et progrés Belgique, WeMove)가 베를린에서 유럽연합의 글리포세이트 평가에 책임을 묻는 고발장을 제출했다. 사상 초유의 사건이었다! 유럽연합의 글리포세이트 '발암 성분에 대한 부정'과 '법 조항 위반'에 대한 고발장을 뒷받침하기 위해 피터 클라우싱은 두꺼운 보고서를 작성했다. 이는 독일연방위해평가연구원과 유럽식품안전청의 구두 속에 들어간 또 하나의 돌이 되어 그들을 방해하는 핵심적인 역할을 했다.[192]

우연히 3월 2일이라는 날짜를 선택한 게 아니었다: 5일 뒤 3월 7일에 유럽연합 회원국 대표자들은 향후 15년 동안 글리포세이트를 재승인하는 안건에 대해 찬반 의견을 내야 했기 때문이다. 그러나 회의는 5월 18일로 연기됐다. 그리고 5월 유럽연합집행위원회는 2016년 7월에 유효기간이 끝나는 글리포세이트 판매 승인 기간을 갱신하기 위해 필요한 찬성표를 얻지 못했다. 프랑스 대표(당시 환경에너지부 장관 세골렌 루아얄의 용기 있는 입장에 힘입어), 몰타, 네덜란드, 스웨덴은 재승인에 반대하는 입장이었다. 그러나 다음 일곱 나라는 기권 표를 던졌다: 독일, 오스트리아, 불가리아, 그리스, 이탈리아, 룩셈부르크, 포르투갈. 걸림돌에 가로막힌 유럽연합집행위원회는* 이 상황을 돌파하기 위해 숫을 날렸다: 18개월 동안 기존 승인 기간을 연장하기로 결정한 것이다. 헬싱키에 있는 유럽화학제품규제국ECHA에게 새로운 보고서를 쓸 임무를 부여해 뜨거운 감자를 떠넘기면서.

같은 시간, 글리포세이트 재승인을 반대하는 사람들을 들쑤신 스캔들 하나가 날아든다. 브뤼셀 회의 이틀 전에 유엔 잔류농약공동위원회가 제네바에서 새로운 전문가 의견서를 발표한다. 이 보고서는 다음과 같이 결론을 맺는다: "글리포세이트가 음식을 통해 인간에게 암을 유발한다는 것은 있을 법하지 않은 이야기다."[193] 이 문장은 여러 가지 차원에서 흥미롭다: 우선 이 문장은 완벽하게 단정을 짓지 않는다. "있을 법 하지 않은unlikely"이라는 어휘가 갖는 뉘앙스 때문이다. 유럽식품안전청의 보고서에서도 저자들은 바로 이 부사를 이용했다.

---

* (옮긴이 주) 유럽연합에서는 회원국의 55%가 찬성하고, 찬성국들의 인구가 EU 인구의 65% 이상이면 '가결'되는 '가중다수결 제도'를 단계적으로 도입하여 2017년에 전면 실시했다.

또한 처음으로 전문가들이 음식에 남은 글리포세이트 잔류량에 관한 문제를 다뤘다는 점에서도 그러하다. 우리가 이미 앞에서 다뤘던 이 주제는 제조업체들과 규제 당국이 대체로 묵인해왔던 부분이다. 이 갑작스러운 관심은 2016년 봄, 세계적인 시민단체 아바즈Avaaz가 시작한 후 205만 명이 참여한 서명운동 주제와 무관하지 않아 보인다: "위협은 명백하다. 이 독약은 우리의 음식에, 밭에, 놀이터에, 그리고 우리가 살고 있는 거리에 뿌려지고 있다."[194]

모든 정황은 몬산토 임원들이 2016년 3월에 열린 유엔 잔류농약공동위원회의 막후 조정자였음을 말해주고 있었다. 유엔 도장이 찍힌 '의견'을 어떻게든 얻어내, 그것으로 글리포세이트 노출 음식물의 위험성을 최소화하려는 의도다. 2016년 5월 17일 유럽 그린피스를 비롯한 여러 환경 시민단체들은 유엔 잔류농약공동위원회의 의장과 부의장(영국의 독물학자인 알렌 보비와 이탈리아의 신경독물학자인 안젤로 모레토)이 국제생명과학연구소ILSI 이사회의 일원이라는 사실을 폭로했다. 이 연구소는 중립성과는 거리가 먼 기구다.[195] 이 연구소는 코카콜라, 다농Danone, 맥도날드 같은 대규모 식품 회사들이 1978년 워싱턴에 설립했다. 몬산토나 바스프 같은 농약 회사, 파이저Pfizer나 노바티스 같은 제약 회사들이 이후 가세했다.*[196]

국제생명과학연구소 유럽 지부 사이트는 2017년에도 여전히 자신

---

* 국제생명과학연구소 유럽 사이트www.ilsi.org/Europe에서 1986년 기준 유럽 지부 재정 후원자 전체 명단을 볼 수 있다. 워싱턴에 본부를 둔 국제생명과학연구소는 모든 대륙에 지부가 있다.

들의 '미션'이 영양과 음식물 안전, 시민들의 신뢰, 지속 가능한 발전을 위해 과학적 증거에 기반을 둔 해법을 찾아내는 것이라고 규정하고 있다. 그러나 그들이 공지한 선한 의도 뒤에는 이보다 훨씬 저열한 현실이 감춰져 있다. 이런 이유로 2001년 세계보건기구는 내부 보고서를 통해 국제생명과학연구소와 담배 산업의 "정치적·재정적 연관성"[197]을 폭로한 바 있다. 국제암연구센터가 담배 내 인간에 대한 발암 유발 성분을 한창 조사할 무렵, 담배 업계가 국제생명과학연구소의 여러 가지 연구를 지원한 바 있음—간접흡연의 영향을 최소화하는 방향—을 보고서로 폭로했다.

이 폭로는 담배 제조업계를 대상으로 진행된 미국의 거대한 소송들의 제출 서류 중 기밀 정보 리스트에서 제외된 700여 개 자료들Cigarettes Papers을 기반으로 이뤄졌다. 이 자료들은 담배 업계와 국제생명과학연구소가 1983~1998년에 얼마나 긴밀하게 동업 관계를 유지해왔는지 입증한다.[198] 미국의 시민단체 유에스라이트투노우US Right to Know가 취득한 자료에 의하면 국제생명과학연구소는 2012년 몬산토에서 50만 달러의 기부금을 받았고, 몬산토, 신젠타Syngenta 등 농약 제조회사들의 모임인 크롭라이프인터내셔널Croplife International로부터 52만 8,500달러를 받은 바 있다.[199] 나는 2009년 9월 유엔 잔류농약공동위원회가 열렸을 때, 회의를 주재한 안젤로 모레토를 인터뷰하는 엄청난 특권을 누린 바 있다. 당시 그는 농약 업체들이 수행한 연구 자료들을 '기업 기밀'이라는 이유로 보호해야 한다는 일방적인 주장을 적극

두둔하면서 아무 거리낌 없이 농약 기업들을 옹호하는 입장을 드러냈다. 3년이 지난 후 나는 모레토 교수가 유럽식품안전청의 전문가 패널에서 빠진다는 소식을 접했다. 유럽의회가 모레토 교수가 국제생명과학연구소 이사회의 일원이란 사실을 스스로 신고하지 않았음을 폭로했기 때문이었다.[200]

몬산토 페이퍼

그러나 아무 소용없었다. 유럽화학제품규제국 2017년 3월 15일 자 보고서 결론은 글자 그대로 경악스러웠다. 요약본에서 모두 무기명 처리된 소위 '전문가들'은 이렇게 결론을 내렸다. "글리포세이트는 발암 성분을 가지고 있지 않고, 생식에 있어서 돌연변이나 독성을 야기하지 않는다."[201] 다시 한 번 "가시오. 여기 멈춰 서 있지 말고, 어서 쭉쭉 지나가시오!"라는 메시지를 담고 있었다. 여세를 몰아 유럽연합집행위원회는 회원국들에게 향후 10년간 글리포세이트 판매를 연장하는 내용으로 재승인을 제안할 것이라고 발표했다.[202]

그러나 기계는 다시 한 번 멈췄다. 대서양 양쪽 규제 당국들을 심히 당혹스럽게 하는 미국발 소식 때문이었다. 2015년 11월 크리스틴 셰파드와 그의 변호사 티머시 리젠버그(3장 참조)가 처음 고소를 제기한 이후 1,500명이 넘는 비호지킨림프종 환자들이 밀러변호사사무소를 찾았고 1,500명의 또 다른 환자들이 미국 전역의 또 다른 변호사들과 소송을 시작했다. 캘리포니아에서만 몬산토를 원고로 하는 200개의 소송이 시작됐다. 이 소송은 캘리포니아연방법원 빈스 샤브리아 판사가 주재하는 집단 소송으로 진행되었다. "고소인들의 이름으로 판사에게 우리가 비밀 해제 권리를 얻어낸 수천 건의 몬산토 내부 서류를 공개해달라고 요청했고, 판사가 우리의 요청을 받아들였습니다!" 티머시 리젠버그는 2017년에 내게 보낸 메일에 이렇게 적었다. 2017년 3월 16일 '몬산토 페이퍼'라는 이름의 대서사극이 시작된다. 세인트루이스에 위치한 그 회사가 미국 법원에 제출해야만 했던 메일, 내부 메모, 보고서, 서류들은 수천만 페이지에 달했다. 사회단체 유에스라이트투노우는 이 엄청난 양의 증거물 일부를 기자 캐리 길램과 함께 파헤쳤고, 그녀는 이 내용을 보도했다.[203]

몬산토 페이퍼는 몬산토가 가장 구역질나는 기술들을 동원하여 그들의 방식에 반기를 드는 과학자들을 향해 인정사정없는 전쟁을 벌여왔음을 입증했다. 내가 《몬산토: 죽음을 생산하는 기업》에서 폭로했던 것처럼, 그들이 취한 방식이 새로운 것은 아니었다. 그러나 글리포세이트 재승인을 위한 절차가 진행될 시기가 다가오면서 그들은 점점 더 심각한 수준으로 폭력성을 드러냈다. 내 기억으로 그 시작은 2012년이었다. 그들이 겨냥한 첫 번째 희생자는 안드레스 카라스코(2장) 교수였다. 그리고 다음은 질-에릭 세랄리니(전장 참조)였다. 세랄리니 교수는 자신의 연구가 《음식과 화학 독물학 저널*Journal of Food and Chemical Toxicology*》에서 취소당할 정도로 몬산토가 벌인 신랄한 중상모략의 피해를 입은 바 있다. "그의 논문은 완전히 기만적이고 그 어떤 근거도 없는 허황한 이유로 취소되었다"고 마이클 안토니우 박사가 내게 설명해주었다. 몬산토 국제법정에서 시민단체 '유전자조작감시GMO Watch' 공동 대표 영국인 클레어 로빈슨Claire Robinson은 프랑스 연구자를 향한 몬산토의 무자비한 파괴 공작에 대해 살 떨리는 결산 보고를 진행했다.[204] 이 책에서는 독자들이 몬산토가 어느 수준까지 뒤틀린 공격을 가할 수 있는지 가늠할 수 있도록, 굵직한 윤곽에 대해서만 요약 서술하겠다.

공격의 포문은 불투명한 집단 과학미디어센터Science Media Center가 열었다. 그들은 "몬산토를 포함한 다국적기업들로부터 재정 70%를 지원받으며 생명과학을 지지하거나 응원하는 역할을" 해왔다고 클레어 로빈슨은 법정에서 설명했다. 그들은 몬산토의 꼭두각시들에게 세랄리니 교수의 연구 결과를 평가 절하 하는 사이비 인터뷰를 시켰고, 그러면 다른 매체들—《뉴욕 타임즈》나 《로이터》 같은—은 친절하게 이 내용을 실어다 날랐다. 몬산토를 위해 꼭두각시 역할을 해온 사람 중 하나로 브루스 채시가 있다. 미국 법원이 기밀 해제한 문서를 통해 일리노이 주립대학 석좌 교수인 그가 《음식과 화학 독물학 저널》 편집장 월리스 헤이즈에게 세랄리니 교수의 연구 게재를 취소해달라는 내용의 메일을 보낸 것이 밝혀졌다.[205] 과학미디어센터는 브루스 채시 교수가 몬산토로부터 2010년과 2011년에 5만 7,000달러를 받았다는 사실을 언급하지 않으려고 조심해왔다. 《포브스》도 전문 로비스트들이 작성한 6개의 기사를 게재하면서 몬산토 구하기에 나섰다. 앞서 담배 업체들을 위한 작업에서 활약한 바 있는 헨리 밀러 혹은 유전자조작 식품 찬양 팸플릿을 주로 쓰는 존 엔타인 같은 이들의 기사다. 이들은 질-에릭 세랄리니의 "길고 추악한 활동가로서의 이력"을 규탄하며, 그가 "사기"를 저지르고 있다며 신랄하게 공격했다. 그들은 세랄리니가 연구 기초 자료들을 다 내놔야 한다고 주장했다. 이거야 말로 적반하장이다. 몬산토는 "영업 비밀" 운운하며 자신들의 연구 자료들을 꽁꽁 감춰왔던 사실을 기억한다면!

두 명의 강적이 버티고 서 있는 무대로 들어가보자. 나는 그들을 이미 《몬산토: 죽음을 생산하는 기업》에서 마주친 적 있다. 첫 번째는 제이 번Jay Byrne이다. 그는 바이러스 정보 조작 전문 통신 업체V-Fluence를 설립하기 전, 몬산토 인터넷 전략 책임자를 맡았던 인물이다. 그리고 샤나파트나 프라카쉬Channapatna S. Prakash. 유전자조작 식품 옹호 사이트 AgBioWorld.com 설립자인 그는 악의적인 선동을 위해 가짜 과학자를 만들어내길 서슴지 않는다. 두 동업자는 세랄리니 교수의 연구 결과를 무효화시키고자 완벽하게 기만적인 두 가지 논거를 들이대며 인터넷에서 서명운동을 전개했고, 100여 명의 과학자들이 서명했다. 첫 번째 논거는 "좋은 쥐를 사용하지 않았다는 것"이었다. 세랄리니 교수 연구의 공동 저자 중 한 사람으로 몬산토 국제법정에서 증언한 니콜라 드파르즈Nicolas Defarge는 회상했다. "신기한 것은 몬산토 역시 글리포세이트와 유전자조작 농산물 승인 요청 실험을 할 때 스프라그-다울리 쥐를 사용했다는 사실입니다. 왜 우리가 쓸 때는 나쁜 품종이고 그들이 쓸 때는 좋은 품종이 되는 걸까요?" 프랑스 캉 대학 생물학자는 이런 말로 그들의 논리를 비꼬았다. 두 번째 주장 — 그들이 자주 말하는 — 은 "확정적 결론을 내리기에 실험에 사용한 쥐의 수가 충분하지 않았다는 것"이다. 니콜라 드파르즈가 말을 이어갔다. "우리는 실험에서 그룹당 10마리씩 쥐를 사용했습니다. 몬산토의 과학자들이 유전자조작 옥수수 승인을 위한 실험에서 쥐를 몇 마리 사용했는지 아시나요? 그룹당 10마리였어요!"

그럼에도, 이 두 인간이 벌인 믿을 수 없는 캠페인은 결실을 거뒀다. 1년간 이어진 끝없는 압력과 전 몬산토 간부 리차드 굿맨의 《음식과 화학 독물학 저널》 이사직 선임 이후 편집장 월리스 헤이즈는 세랄리니 교수의 논문 게재를 철회한다.[206] 이 결정은 수많은 과학자들로부터 "과학 검열"이라는 빗발치는 지탄을 불러일으켰다. 2014년 또 다른 과학 잡지 《유럽 환경 과학*Environnemental Science Europe*》[207]의 편집위원회는 세랄리니의 논문 기초 자료를 검토한 후 자신들의 매체에 다시 게재하였다.

몬산토의 조작과 미국환경보호청의 공모

'몬산토 페이퍼'는 그들이 그 어떤 양심의 거리낌도 없이 거짓말을 해왔고 자료를 조작해왔음을 다시 한 번 확인해주었다. 우리가 지금까지 본 것처럼 몬산토는 끊임없이 "글리포세이트가 유전적 독성을 가지고 있지 않다"고 주장해왔다. 글리포세이트는 DNA에 영향을 끼치지 않는다는 것이다. 실제로 몬산토는 그렇지 않다고 믿어왔고, 만약을 대비하여 '경계선'을 치기 위해 최악의 계략을 상상해냈다.

몬산토는 자사의 유럽 및 아프리카 독물학 책임자인 마크 마르텐에게 영국인 제임스 페리(2010년 사망)를 작업에 끌어들이도록 했다. 당시 세계 유전독성학계 1인자로 꼽히던 사람이자 300여 편의 중요한 논문을 발표한 과학자 제임스 페리는 — 몬산토의 지하 감옥에 갇힐 — 보고서를 작성하는 책임을 맡는다. 이는 캘리포니아의 법정[208]에서 시민들의 편에 선 변호사들이 제출한 서류들을 통해 드러난 사실이다. 몬산토가 유전적 독성에 대하여 연구하였으나 발표하지 않은 논문들과 이미 발표한 논문들을 검토한 후, 페리 교수는 "글리포세이트는 생체 내에서 염색체 이상 유발 가능성을 갖는다"고 결론을 내렸다. 즉, 글리포세이트 성분은 "유전 물질의 구조적 손상을 야기할 수 있다"는 것이다. 몬산토가 그와 함께 꾸미려던 작전의 의미를 눈치채지 못한 것이 분명한 이 과학자는 몬산토에게 "글리포세이트의 유전적 독성에 대하여 명확히 정의하기 위해 추가적인 테스트를 다양하게 진행할 것"을 제안했다. "우리는 페리가 요구한 연구를 진행하지 않을 것"이라고 신경질적으로 말한 몬산토 간부는 윌리엄 헤이든이다. 그는 마크 마르텐에게 이렇게 물었다고 한다. "페리 교수는 농약 회사를 위해 일한 적이 한 번도 없었나요?" 페리 보고서—결국 자신들의 목을 조이는 데 쓰일 뿐이어서 영원히 감춰야 할 금기가 된—에 너무 많은 돈을 지불한 게 아니길 바라면서, 그는 몬산토 내부 표현으로는 "유전적 독성의 구멍"을 메워줄 "또 다른 전문가"를 찾으라고 지시했다. 2001년 몬산토의 한 간부가 보낸 단체 메일에서 마크 마르텐은 이렇게 망신을 당했다: "마크는 이번 건을 완전히 어설프게 다뤘다. 페리 교수가 글리포세이트는 유전적 독성을 가지고 있다고 발표하기 직전까지 갈 뻔 했다…."[209]

비밀문서 목록에서 해제된 또 다른 자료에서 운 나쁜 마크 마르텐은 어떻게 계면활성제가—라운드업 제조에 포함되는 유명한 첨가제다—소비자들의 피부를 통해 글리포세이트의 흡수를 돕는지 설명한다. 그러나 다시 한 번 말하지만, 이 계면활성제에 대한 검사는, 그 유해성에도 불구하고 글리포세이트의 노출 한계 규정(일일 한계 허용량이나 농약 잔류물 최대 허용량)을 설정할 때, 전혀 이뤄진 바 없다. 이는 미국 환경보호청을 불안하게 만들었다. 여러 개의 몬산토 내부 메일을 들여다 볼 수 있었던 유에스라이트투노우와 캐리 길램이 이 같은 사실을 확인했다. 2016년 4월 유럽의 동종 기관들이 그랬던 것처럼, 미국

환경보호청은 글리포세이트의 재승인을 정당화하기 위해 발버둥 쳤다. 미국환경보호청의 간부 중 한 명인 쿠 느귀엔Khue Nguyen은 몬산토에게 "현재뿐 아니라 1980년대 초부터 사용한 합성 성분 전체와 안전성을 입증하는 모든 연구 자료들을 다 달라"고 간곡히 요청했다. 안 하는 것보다는 늦게라도 하는 게 낫다! 그러나 이 사람조차도 거짓말을 늘어놓는 걸 피해가지 못했다. 쿠 느귀엔은 83세 아마추어 정원사가 환경보호국에 라운드업에 대한 자신의 우려를 전하였을 때 이렇게 답한다: "농약 제조업체들은 그들이 사용하는 보조제들의 성질에 대하여 환경보호국에 알려야만 합니다. 라운드업에 있어서, 보조제들은 걱정할 문제가 아닙니다. 사용자가 사용 방법을 제대로 준수한다면 아무런 문제가 없지요."[210] 그는 2016년 4월 16일 뻔뻔하게 노인에게 답장을 써서 보냈다. 보조제의 독성 가능성은 몬산토의 독물학자들 사이에서 이미 오래된 논쟁 주제다. 2011년 2월 12일자 메일에서 마크 마르텐은—또 이 남자!—세 명의 동료들에게 이렇게 썼다. "누군가 내게 라운드업의 완벽한 성분 배합을 연구하겠다고 하면, 나는 내가 거기에 어떻게 반응할지 알고 있네. 그 자리에서 좌불안석하겠지." 2012년 4월 25일, 앞에 인용한 바 있는 윌리엄 헤이든은 그의 동료 도나 파머(여전히 몬산토에서 자리를 지키는)에게 제대로 고백한다. "홀슨, 드세소와 함께 이 상황에 대해서 논의했는데 결과는 예상했던 대로야. 글리포세이트는 차라리 괜찮아. 그런데 보조제들에 대해서는 완전히 취약하지. … 내가 너에게 전에 말했던 대로야: 글리포세이트는 OK. 그러나 다른 성분들과의 배합이, 즉 보조제들이 피해를 야기하지."[211]

캘리포니아 판사가 비밀문서 목록에서 해제한 몬산토의 서류들은 몬산토와 미국환경보호청 사이의 지속적인 결탁 관계를 폭로했다. 미국환경보호청 간부들은 시민들의 이해보다 몬산토의 이익을 지키기 위해 신속하게 대응해왔다. 2013년 3월 4일자 편지에서 독물학자 마리옹 코플리(2014년 1월 사망)는 글리포세이트 재검토 과정을 지휘한 자신의 상사 제스 롤런드를 고발했다. "글리포세이트 연구는 인간에게 암을 유발할 수 있는 물질로 분류될 수밖에 없음을 입증"[212]했으나 제스 롤런드는 "몬산토에 유리한 방향으로 보고서를 조작하도록" 연구원을 협박했다. 우리는 이 서류들을 통해 미국환경보호청의 책임자들이 글리포세이트 잔류물 노출 음식물이 일으키는 위험을 측정하는 연구가 이뤄지지 않도록 갖가지 노력을 다 했다는 사실을 알 수 있다. 애틀랜타질병통제예방센터 산하 연방독성물질통제기구는 2015년 10월에 관련 실험을 하겠다고 발표했지만,[213] 지금까지 연구 결과를 발표한 바 없다.

몬산토는 어떻게 국제암연구센터와의 전쟁에 임했나

또한 '몬산토 페이퍼'는 몬산토가 글리포

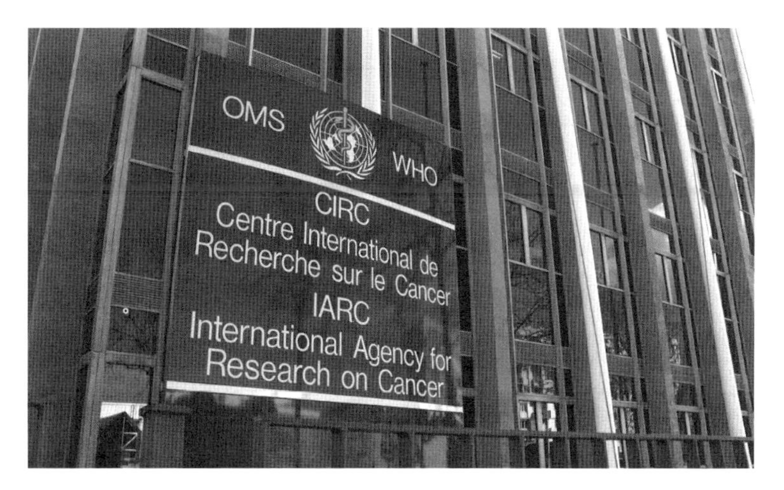

세계보건기구 산하 국제암연구센터 건물. 프랑스 리옹에 있다.

세이트 연구에 참여한 유엔 산하 국제암연구센터 과학자들에게 가한 놀라운 공격을 폭로했다. 국제암연구센터 사이트에 연구 결과에 대한 종합 검토 의견이 올라온 바로 그날, 몬산토에서 규제 관련 업무를 담당하는 부사장 헨리 밀러(3장 참조)는 국제암연구센터가 속한 세계보건기구 대표 마거릿 찬Margaret Chan에게 매우 거만한 어조로 선전포고 메일을 보냈다. "국제암연구센터가 수행한 심각하게 문제적인 작업의 결론을 바로잡기 위해 당장 어떤 조치들을 취해야 할지 결정하고자 하니, 신속한 만남을 요망"한다고 썼다. 또한 협박조로 "국제암연구센터의 글리포세이트 발암 물질 등급 판정 작업과 관련한 모든 회계, 기부자를 포함한 모든 재정 관련 서류"를 자신에게 제출하라고 요구했다.[214] 처음부터 그들의 공격은 물불을 가리지 않았다. 국제암연구센터를 무릎 꿇게 하기 위해 연구 결과의 가치를 떨어뜨릴 수 있는 모든 짓을 다 했다. 국제암연구센터 재정 상태를 약화시키기 위한 공격도 했고 논문 공동 저자들에 대한 중상모략도 서슴지 않았다. 소속 변호사들을 통해 다양한 방법으로 과학자들을 괴롭혔고 미디어를 통해 그들의 연구를 평가 절하하기도 했다.

이러던 와중에 《로이터》에서 17년간 일한 캐리 길램은 2017년 6월에 그의 전 동료 케이트 켈란드가 몬산토가 제공한 가짜 특종을 어떻게 기사화했는지 폭로한다. 케이트 켈란드가 전한 가짜 특종은 《로이터》를 통해 처음 보도되었고, 몬산토가 미리 설계한 조직망을 통해 관련 업계와 일반 저널로 널리 퍼져 나갔다.[215] 내용은 국립암연구센터 소속의 저명한 역학자 에런 블레어가 연구 전문가 그룹을 지휘하면서 글리포세이트 노출과 비호지킨림프종 사이에 연관성이 없음을 알리는 증거들을 감췄다는 것이다. 농촌 건강 연구에 관한 이 자료는 농약의 보건위생상 영향에 대한 가장 규모가 큰 연구로, 일찍이 농촌 지역에서 한 번도 진행된 적이 없던 것이었다. 1998년부터 아이오와 주와 노스캐롤라이나 주 농촌 지역에 사는 주민 8만 9,656명—농업인, 배우자, 전문 농약 살포업자 등—은 매년 그들의 건강 상태를 점검받았다. 질병이 나타나는 즉시 등록하기 위해서다. 그렇게 축적한 자료를 동시에 의사의 정기적인 점검을 받는 통제 그룹의 자료와 비교 분석했다.

2005년 이 연구가 시작되고 나서 7년 뒤에 첫 번째 결과가 80여 개 과학 잡지에 게재됐다. 이 연구는 여성 농약 사용자에게서 높은 난소

암 증가(3배), 농민의 아내에게서 높은 피부암 발병률(통제 그룹에 비하여 64% 높음)을 보였다. 남성 쪽에서는 림프계 관련 암 증가가 두드러졌다. 골수암(25%), 전립선암(농민 24%, 전문 농약 살포업자 37%) 발병률이 통제 그룹에 비해 높았다.[216] 2014년 예비 결과의 경우에는 농약에 일반적인 수준에서 노출되는 것이 비호지킨림프종의 지나치게 높은 수준의 발병을 부추기는 것이라고 하기에 어렵다는 결과를 보여주었다. 그러나 국립암연구센터의 연구자들은 이런 부분적인 결과를 발표하는 것은 시급하고 중요한 문제가 아니라고 생각했다. 암의 일반적인 잠복기는 '20년 혹은 그 이상'이기 때문이다. 바로 이것이 에런 블레어가 국제암연구센터에 이 자료를 전달하지 않은 이유였다. 국제암연구센터는 이미 발표한 연구만을 분석 자료 대상으로 삼기 때문에, 에런 블레어가 발표하지 않은 내용을 채택할 수는 없었다.

농화학 업계와 끈끈한 관계를 맺은 것으로 유명했던 《로이터》 기자 케이트 켈란드는 특종을 터뜨리기 위해, 캘리포니아 판사가 비밀문서 지위를 해제한 자료를 통해 에런 블레어가 이 부분에 대해 언급한 내용을 찾아냈다고 떠벌였다. 실제로 2017년 3월 20일 헨리 밀러 사무실의 변호사와 몬산토를 대변하는 홀링스워스변호사사무소의 변호사 세 명은 역학자 에런 블레어에게 질의하는 시간을 가졌다. 그러나 301쪽에 걸쳐 기록된 질문과 답변은 대중 공개용 서류는 아니었다! 하지만 몬산토는 자신들 눈에 유죄 증거물로 보이는 이 서류들을 《로이터》의 기자에게 건넸다. 이 사실을 알게 된 캐리 길램은 헨리 밀러 사무실에 자신에게도 그 서류를 한 부 달라고 요청했고, 그녀는 에런 블레어에 관한 케이트 켈란드의 기사가 멋대로 조작된 것임을 확인할 수 있었다.[217]

몬산토 직원의 스파이 행위 증언

나는 홀링스워스의 변호사 중 한 명인 에릭 라스커에게 말 그대로 괴롭힘을 당한 것이 분명한 역학자의 진술을 유심히 읽었다. 221쪽에 이르러 내 이름이 여러 차례 인용된 것을 발견했지만 그리 놀라지 않았다! 2016년 8월 8일에 내가 에런 블레어에게 보낸 이메일에 관한 언급에서 내 이름이 등장한다. 나는 메일로 그에게 몬산토 국제법정에 와서 글리포세이트에 관한 국제암연구센터 논문에 관해 증언해주기를 청했다. 내게 그를 초청하도록 추천한 사람은 논문 작업 전체를 지휘한 캐스린 규턴이었다. 세계보건기구는 그녀가 직접 헤이그에서 열리는 국제법정에 서는 것을 허락하지 않았고, 그 대신 그녀는 내게 에런 블레어를 초청하도록 추천한 것이다. 당시 은퇴한 상태였던 에런 블레어는 나의 제안을 거절했다. 그가 몬산토 국제법정에서 증언을 하면 몬산토가 이를 그가 가진 편파성에 대한 증거로 이용할 것이라 염려했기 때문이었을 것이다. 그의 판단은 틀리지 않았다. 《르몽드》가 취재한 바에 따르면 몬산토는 정보자유법의 한 조항을 작동시켰다. 이는 "모든 미국 시민들이 미국 공공기관과 공무원에 의해 만들어진 서류: 메모, 메일, 내부 보고서 등에 대한 정보 공개를 요구할 수 있다"[218]고 명시하고 있다. 이것이 내가 에런 블레어에게 보낸 메일이 몬산토와 프랑스에 있는 몬산토 꼭두각시들의 손에 들어갈 수 있었던 이유다.

나는 2016년 8월에 내가 프랑스어로 보낸 메일이 통째로 영어로 번역되어 유전자조작 식품 로비스트로 유명한 자의 블로그에 버젓이 올라가 있는 것을 2017년 6월 30일에 발견했다. 그는 '웨크스 세피 Wackes Seppi'라는 가명으로 활동하는데[219] 과학 전문 기자 벤자민 수리스에 따르면 "위험천만한 웨크스 세피는 "생태주의자들에게 맹공을 퍼붓는 공격적인 유전자조작 식품 추종자로 본명이 앙드레 헤이츠André Heitz[220]인 전 유엔 직원"이라고 밝힌 바 있다: 그는 국제식물신품종보호연맹UPOV, International Union for the Protection of New Varieties of Plants에서 핵심 경력을(1975~2000) 쌓았다. 국제식물신품종보호연맹은 유엔 산하 정부 간 기구로, 식물 신품종 개발자와 종자 개발자의 지적재산권을 국제적으로 보장하고 조율하기 위해 1961년 창설되었다. 이곳에서 그는 동업자들의 자자한 칭송(?) 속에서 경력을 쌓은 후 2004년부터 브뤼셀 세계지적재산권기구WIPO 조정국장으로 일했다. 브뤼셀에 우글거리는 로비스트 사무실들이 짜는 전략에 손발을 맞춰 적절한 역할을 수행하는 대외 홍보 역할을 2010년까지 하다가 퇴임했다.

어떻게 '웨크스 세피', 즉 앙드레 헤이츠가 내가 에런 블레어에게 보낸 메일을 손에 넣을 수 있었을까? 내가 수집한 정보에 따르면 농화학 기업들을 위해 활동하는 로비 조직 환경자유시장법률클리닉Free Market Environmental Law Clinic이 사건의 주범이다.* "미국 경제에 재앙을 가져올 농산물 규제를 위해 활동하는 환경주의자들의 움직임에 맞서 그들을 억제하는 것"을 목적으로 하는 이 조직은 몬산토를 위해 정보자유법에 따라 정보 공개를 신청했다. 그 날짜가 2016년 8월 8일이었다. 바로 내가 에런 블레어에게 메일을 보낸 날이다. 그들은 블레어 박사와 국제암연구센터의 글리포세이트 관련 논문 작성에 참여한 모든 연구자들 사이의 서신에 대한 자료 공개 요청서를 워싱턴에 제출했다. 그들은 2016년 10월 7일에는 버지니아 주 버크에 정보 공개 신청서를 또 냈다. 이번에는 블레어 박사가 자신의 직장인 국립암연구소에서 사용하는 전자메일을 통해 주고받은 모든 서신에 초점을 맞췄다. 그가 2016년 8월 8일부터 9월 6일 사이에 주고받은 모든 메일 중에 "규턴" 혹은 "국제암연구센터"라는 단어가 들어간 모든 것이 이들이 요구한 정보 공개 대상이다. 내가 에런 블레어에게 보낸 메일 제목은 "캐스린 규턴의 추천으로"였다.

내가 입수한 이 정보는 당황스럽기 그지없는 것이다. 두 번에 걸쳐 2016년 8월 8일이라는 날짜가 등장하기 때문이다. 마치 "누군가가 내가 에런 블레어에게 보낸 메일을 보고 있는 것 같다"는 의심을 갖도록 하기 때문이다. 만약 이것이 순전한 우연이라고 해도, 분명한 것은 웨

---

* 이 로비 조직은 사이트 메인 화면에 로널드 레이건 전 대통령의 다음 문장을 인용해놓았었다. "그들이 빛을 보도록 하는 데 성공하지 못했다면, 그들에게 온기라도 느끼게 하라." http://fmelawclinic.org/

크스 세피가 이 자료를 한 부 얻을 수 있었고, 그것을 자신이 영어로 번역하여 2017년 6월 30일 블로그에 올릴 수도 있었다는 사실이다. 몬산토 변호사들이 블레어 교수의 진술서와 그 밖의 첨부 자료들을 로이터의 기자한테 건네 왜곡 정보를 특종이랍시고 터뜨린 지 16일째 되는 날이었다.

대충 때려 맞춘 이야기들과 거짓말들로 얼기설기 메운 저속한 글에서, 웨크스 세피는 "몬산토 국제법정이 크리스토퍼 포르티에의 증언을 예고하고 있다"고 전했다. 정확한 사실이다! 게다가 그를 몬산토 국제법정에 초대한 사람은 바로 나였다. 그는 우리의 초대에 기꺼이 응했으나 "건강 문제"로 다시 망설였다. 지금 생각해보면 그는 두려웠고, 그럴 만한 충분한 이유가 있었다. 이 미국 과학자는 웨크스 세피의 또 다른 분신 다비드 자룩David Zaruk이 퍼뜨리는 신랄하고 공격적인 선전의 표적이었다. 다비드 자룩은 화공 약품 업계 전직 로비스트로, 버슨-마스텔러에서 일했다. 이 에이전시는 몬산토를 비롯한 농화학 업계 기업들의 대외 홍보를 담당해왔다. 이 자도 자신의 블로그를 운영했는데, 거기에서 크리스토퍼 포르티에에 대한 중상모략을 멈추지 않았다. 다비드 자룩은 포르티에를 '선동가' 혹은 '쥐' 혹은 '악마', '잡초', '돈에 팔려간 용병', '작은 똥개' 등으로 평가했다고 2017년 6월 《르몽드》가 전했다. 그는 국제암연구센터에 대해서도 '거만함'과 '정치적 선동 과학' 혹은 '기업에 대한 부정적 편견'에 오염되어 '긁으면 고름이 삐져나오는 딱지'에 비유했다.[221]

결론

몬산토 국제법정의 희망적인 행보

"법은 사람들을 위해, 이 세상을 살아가며
고통 받는 이들을 위해 만든 것입니다.
바로 그런 이유에서 우리는 '생태학살'이라는 범죄가 인정되고,
로마 규정에 등록되어 헤이그 국제형사재판소에서
재판이 열리기를 바랍니다."

—

몬산토 국제법정 재판장 벨기에인 프랑수아즈 튈켄

"생태학살이 국제법에 의해 범죄로 인정된다면,
기업들의 범죄뿐 아니라 이들과 결탁한 국가의 책임도
묻게 될 것입니다."

—

몬산토 국제법정 판사 세네갈인 디오르 폴 소우

2018년 10월 16일 오후 6시, 몬산토 국제법정의 재판장 프랑수아즈 튈켄은 이틀간의 농밀한 일정으로 진행된 이번 재판을 간결하고 강력한 힘이 실린 어휘로 결론지었다. 엄숙한 침묵이 장내를 휘감았다: "우선, 우리가 여기에서 무엇을 했습니까? 우리는 이틀 동안 24명의 발언을 들었습니다. 저는 우리가 들은 내용이 증인들의 발언이었지만, 동시에 전문가들의 증언이기도 했다고 이야기하고 싶습니다. 전문가는 단지 전문적인 지식을 가진 사람만을 지칭하는 것이 아니라, 개인적인 경험을 통해서 전문성을 획득한 사람 역시 일컫는 것이기 때문입니다. 정직함, 일관성, 특히 존엄을 지닌 인생의 전문가들이 그들이 경험하고 겪어낸 고통을 이 자리에서 증언해주셨습니다. 저는 그 모든 분들께 감사의 말씀을 전합니다. 우리는 또한 전문 과학자들과 전문 법률가들의 증언을 들었습니다. 자신들이 지닌 전문적인 지식으로 논점을 명확히 해주신 분들께 감사드립니다. 삶의 전문가들과 지식의 전문가들이 해주신 증언들이 우리 법정의 핵심을 구성해주었습니다. 그럼 이제 우리는 무엇을 해야 할까요? 물론, 우리의 일은 아직 끝나지 않았습니다!

우선 토의를 할 것입니다. 몬산토의 활동이 우리의 건강한 환경에 관한 권리, 음식물과 건강 그리고 과학적 연구에 관한 권리를, 우리와 당신, 인류 모두의 자산인 법률적 원칙을 준수하고 있는지 확인할 것입니다. 그 후 우리는 이른바 '권고 의견'을 작성할 것입니다. 권고 의견의 정당성은 시민사회가 부여하는 것이라는 측면에서 권위를 갖습니다. 모든 권고 의견이 그러하듯, 우리가 작성할 권고 의견은 검증과 추천의 과정을 거칠 것입니다.

첫 번째 목적은 우리가 채택할 법적 의견이 세상의 다른 변호사들, 판사들 그리고 그들이 진행할 재판들에서 책임을 묻고 현상을 시정할 때 한 걸음 더 나아갈 수 있도록 하는 것입니다. 물론 모든 문제들이 다뤄져야 할 것입니다. 그 문제들은 모두 필수 불가결한 것들이니까요. 두 번째 목적은 국제적 차원의 인권 수호를 진전시키는 것입니다. 이것은 절대적으로 필요한 일이며, 시민사회의 역할이 여기에서 주도적인 힘을 발휘할 것입니다. 이는 역사를 관통하여 발견되는 것입니다. 법이 정하는 권리는 시민들이 주도한 사건과 운동을 따라갑니다. 법은 바로 여러분들, 세계를 살아가는 시민들을 위해 만들어진 것임을 잊지 마시기 바랍니다. 그것은 법조인들을 위해서 만든 것도, 법전을 위해 만든 것도 아닙니다. 법은 사람들을 위해, 이 세상을 살아가며 고통 받는 이들을 위해 만든 것입니다. 그래서 우리는 법을 끊임없이 새로운 쟁점에 맞춰 나가야 하는 것입니다. 바로 그런 이유에서 우리는 '생태학살'이라는 범죄가 인정되고, 로마 규정에 등록되어 헤이그 국제형사재판소에서 재판이 열리기를 바라는 것입니다. 우리는 또한 국제법이 기업의 책임을 고려하기를 바랍니다. 21세기 인간의 기본권에 대한 침해는 정부가 각 개인에게 저지르는 것들뿐만 아니라, 보다 광범위하게 기업들이 시민들을 향해 저지르는 것들을 포함하기 때문입니다. 제가 지금 여러분께 말씀드리고 싶은 것은 이것이 전부입니다. 재판부를 대표하여, 모든 참석자분들께 감사드리며 몬산토 국제법정 재판을 여기서 마치겠습니다."

400명의 참석자들은 단숨에 일어나 한동안 계속해서 기립 박수를 보냈다.

바이엘과 몬산토의 결합, "끔찍한 결혼"

어마어마한 양의 서류들과 증언들을 마주한 몬산토 국제법정의 판사들은 '권고 의견'을 발표하기까지 6개월의 시간을 필요로 했다. 그사이 글리포세이트 재승인을 둘러싼 지지부진한 드라마는 클라이맥스를 향해 가고 있었다. 새로운 소식이 이 국제적인 연속 드라마를 이어가도록 해주었다. 2016년 5월 21일, "벌 살해범"이라는 별명을 가진 살충제 가우초Gaucho를 제조하는 독일의 화학 제약 그룹 바이엘이 550억 유로(약 73조 원)에 몬산토를 인수할 의향을 밝힌 것이다. 동료 기자 《리베라시옹》의 코랄리 쇼브가 말한 것처럼 "끔찍한 결혼"을 위한 짭짤한 지참금이었다.[222] 이들의 결합을 유럽연합 기업경쟁당국이 허용한다면, 종자에서 소비자의 접시 위 음식에 이르기까지 농화학 업계의 전체 라인을 통솔하는 초대형 제1 기업이 탄생하는 것이다. 이렇게 되면 유독한 농약부터, 그로 인해 오염된 환경에서 병에 걸린 농민이나 소비자를 치료하는 일련의 약들까지 한 업체에서 생산하는 '병 주고 약 주는' 시스템이 완결되는 셈이다.

이들의 결합을 지켜보던 많은 이들은 이 '기괴한 연금술'의 이유에 질문을 제기했다. 어떤 이들은 대형 농화학 기업의 자본 집중 시류에 편승하는 자연스러운 현상으로 봤다: 2015년 12월 미국의 듀폰과 다우케미칼이 합병 계획을 알렸다. 2016년 2월에는 스위스의 신젠타와 중국의 켐차이나가 뒤를 이었다. 금융화·글로벌화 경제의 흐름을 따라잡기 위해 대형 회사들은 점점 더 대형화해야만 했다….

코랄리 쇼브를 비롯한 또 다른 사람들은 몬산토가 처한 좋지 않은 상황을 환기시켰다. "농업 원료가의 폭락과 이에 연동된 농가 수입 저하"와 "달러의 강세가 남미 시장에서 몬산토 제품 가격의 상승을 부추겼다"는 것. 그래서 몬산토는 2018년 2월까지 2만 명의 직원 중 3,600명을 감원하기로 발표했다.[223]

과거의 포식자는 바이엘의 '먹잇감'이 되었다. 바이엘은 몬산토의 수많은 특허권, 그중에서도 특히 유전자조작 종자 특허권, '몬산토의 전문 분야인 온도와 습도에 따라 파종과 농약 살포 등의 농업 활동을 조절하는 디지털 농장'의 컨셉과 특허권을 손에 넣는 것을 꿈꿔왔다고 《르몽드》가 보도했다.[224] 이론적으로는 이 모든 것은 일리가 있다. 그러나 몬산토 국제법정 집행위원회는 또 다른 조금 더 사악한 이유로 세계에서 가장 많이 팔리는 제초제 생산자가 그들의 유럽 경쟁자 품에 안겼을지 모른다고 추정했다. 크리스틴 셰파드와 밀러변호사사무소를 비롯하여 몬산토에게 제기된 소송들의 막대한 증가는 수십억 달러의 피해 보상금과 이자를 초래할 수 있다. 모든 상황이 점점 더 판이 커져 나갈 위험한 방향을 가리키고 있고 이 엄청난 소송들은 유전자조작 농산물의 세계적 리더에게 치명적일 수 있다. 그러나 몬산토가 바이엘에게 흡수된다면, 이 모든 소송들이 그대로 진행될까?

그리하여 2016년 6월 8일 몬산토 국제법정의 임원과 대사—레나테 퀴나스트 전 독일 환경부 장관, 반다나 시바, 한스 헤렌, 그리고 나—는 바이엘 대표이사 베르너 바우만에게 편지를 썼다. 서한의 핵심은: "바이엘은 몬산토와의 합병 이후에 몬산토가 유발한 과거와 현재의 피해에 대해 배상을 책임질 것입니까?" 홍보부의 한 직원이 작성한 것으로 보이는 그들의 답변은 매우 회피적인 태도를 보였다: "아시는 바와 같이 바이엘은 몬산토를 합병하기 위해 제안한 상태입니다. … 거래가 아직 끝나지 않은 상황이므로 두 기업은 여전히 독립적으로 운영되고 있습니다. 따라서 현재로서는 우리가 몬산토의 활동에 해당하는 부분에 대한 질문에 답할 수 없음을 알려드립니다."

2016년 9월 14일 몬산토 국제법정 두 달 전, 바이엘이 590억 유로

(약 77조 원)라는 천문학적 금액으로 몬산토를 사들였다는 사실을 공식 확인하는 합동 보도자료가 배포되었다. 이는 몬산토의 가치를 훨씬 뛰어넘는 가격으로, 그들의 위험한 결합 뒤에 비밀스런 거래가 있다는 인상을 남겼다. 그리하여 2016년 9월 29일, 두 번째 편지가 레버쿠젠에 있는 바이엘 본사로 날아갔다. 우리는 바이엘 대표이사에게 어떤 언론도 제기한 적 없는 질문을 던졌다: "몬산토를 상속할 미래의 주인으로서, 우리는 당신을 몬산토 국제법정에 참관인으로 초대합니다. 몬산토가 실행해오던 방식에 대해 파악하시고, 귀사의 몫으로 다가올 엄청난 비용을 추산할 수 있도록 말입니다. … 우리는 두 회사의 결합이 몬산토에게는 그들이 져야할 책임으로부터 도피하는 방법일 수 있다는 생각을 하지 않을 수 없습니다."

베르너 바우만은 헤이그에 오지 않았고 우리의 질문에 답하지도 않았다. 그동안 유럽연합집행위원회는 두 기업의 합병이 적절한 것인지 저울질했다. 이론적으로 유럽연합집행위원회는 시장 독점에 반대하는 원칙을 가지고 있었다. 그리하여 2017년 3월 3일 우리는 마르그게테 베스타게르 유럽연합경쟁위원회 집행위원에게 편지를 쓰고자 다시 펜을 들었다. "과거에 이미 법적 책임을 회피하기 위한 수단으로 합병이라는 방법을 사용한 기업들이 있었다는 사실을 확인할 수 있습니다. 인도 보팔에서 일어난 참사는 하나의 끔찍한 사례입니다. 오늘날까지 다우케미칼은 1984년에 일어난 이 재앙에 대한 책임을 외면하고 있습니다. 2001년 유니언카바이드와 합병했기 때문에 유독성 가스 유출에 대한 책임이 그들에게 있음에도 말입니다.* 우리는 바이엘과 몬산토가 합병할 경우 몬산토가 생산해온 제품이 야기한 결과와 그들이 저지른 행동, 제품 생산 방식에 의해 야기된 환경과 인체에 대한 오염에 대하여 현재 진행 중이며 앞으로 또 다가올 법적인 절차에 있어서, 바이엘이 온전히 책임을 질 수 있도록 당신들이 보증해주길 바랍니다."

우리는 질문에 대한 어떤 답변도 받지 못했다. 내가 이 대목을 쓰고 있는 지금 이 순간(2017년 9월 7일) 유럽연합집행위원회는 아직 이들의 합병에 오케이 사인을 주지 않았다. 8월 22일 보도자료에서 유럽연합집행위원회는 "농민들과 소비자들이 다양한 종자 사이에서 선택할 수 있고 한 생산자가 만들어내는 한 종류의 살충제를 살 수밖에 없는 상황에 처하지 않길 바란다"고 말한 마르그레테 베스타게르의 말을 인용하며 "이들의 합병이 농약과 종자, 농업 분야 전반 영역에서 경쟁을 약화시킬 것을 우려"한다고 밝혔다.[225] 결정은 2018년 1월 발표된다.**

---

* 1984년 12월 3일 밤 인도 보팔에서 일어난 이 참사는 미국계 다국적기업 유니온카바이드의 공장에서 발생한 폭발로 인한 것이었다. 이 폭발은 독성이 강한 가스를 40t 가까이 대기 중에 뿜어내면서 많은 피해를 야기하였는데, 피해자 협회에 따르면 2만 명 이상이 사망하고 30만 명의 환자가 발생했다.

** (옮긴이 주) 결국 2018월 3월 21일 유럽연합은 시장에서 공정한 경쟁을 보장하기 위한 몇 가지 조치를 이행하는 조건으로 바이엘의 몬산토 인수를 승인했다.

몬산토는 인권을 지키지 않았다

2017년 4월 18일, 프랑수아즈 튈켄, 디오르 폴 소우, 스티븐 슈리브만, 엘레오노라 람 그리고 호르헤 페르난데스 수자는 몬산토 국제법정의 두 명의 서기 중 한 명인 마르코스 오렐라나(나머지 한 명은 샨시아 플레인)와 함께 헤이그 법정에서 그들의 '권고 의견'을 제출했다.[226] 통역 간소화를 위해 그들은 영어로 발표하기로 결정했고, 그로 인해 디오르 폴 소우와 호르헤 페르난데스는 '권고 의견'을 읽지 않았다. 법정에 제기된 첫 번째 질문인 "몬산토가 안전하고, 깨끗하며, 건강하고, 지속 가능한 환경에 대한 인간의 권리, 세계인권선언*에 의해 인정된 이 같은 인간의 기본권에 부합하게 행동하였는지"에 대한 '권고 의견'을 발표한 사람은 마르코스 오렐라나였다.

"몬산토 국제법정은 몬산토가 건강한 환경에 대한 인간의 권리에 부정적인 영향을 끼쳤다고 결론지었습니다. 그들의 활동은 수많은 개인과 공동체의 건강에 심각하고 유해한 충격을 가했을 뿐 아니라, 식물과 동물, 나아가 생물 다양성 전체에 부정적 영향을 끼쳤습니다. 예를 들어, 몬산토는 제초제 라운드업을 매우 공격적인 방식으로 생산하고 상업화해왔습니다. 이 제품의 핵심 원료인 글리포세이트는 몬산토가 특허를 가진 유전자조작 농산물의 종자와 관련을 맺고 있습니

* 2014년 4월 5일 채택된 유엔인권위원회 결의문 25/21에 근거하여 질문을 작성하였다.

다. 유전자조작 농산물 종자의 급격한 증가는 라운드업의 소비 증가와 환경에 미치는 피해 증가로 이어졌습니다. 글리포세이트는 하천의 유기체들과 생태계를 파괴할 뿐 아니라 토양의 건강과 생산성을 저해합니다. 농지를 침식시키고 홍수를 불러일으키기도 합니다." 미국과 칠레의 법조인인 마르코스 오렐라나가 설명했다.

두 번째 질문은 인류의 음식물 섭취에 대한 권리 침해 여부에 대한 것이었다.* "많은 증인들이 증언한 것처럼 몬산토의 활동은 개인과 인간 공동체가 건강한 땅에서 자라난 건강한 음식물을 섭취할 가능성에 부정적인 영향을 미쳤습니다." 엘레오노라 람은 이렇게 요약했다. "본 법정은 현대 농업의 주류를 이루는 공장식 농업 자체가 심각한 문제점을 갖는다고 간주합니다. 이 농업 방식은 글리포세이트를 원료로 하는 제초제 같은 위험천만한 화학제품들에 의존하는 재배 방식이기 때문입니다. 또한 이러한 방식은 지구온난화와 생태계 파괴를 부추겨 인류의 식량 주권을 위협하기 때문입니다."

아르헨티나 판사는 세 번째 질문, 모든 사람이 도달할 수 있어야 하는 최상의 건강 상태에 대한 권리**에 관하여 법정의 법률적 논거를 종합 정리해 발표했다. "본 법정은 유럽식품안전청이 2015년 11월 발표한 보고서와 유럽화학제품규제국이 2017년 3월에 발표한 보고서

* 경제 사회 문화적 권리에 대한 국제 조약 11조와 어린이 인권선언 24.2조, 27.3조, 여성에 대한 모든 형태의 차별 철폐에 관한 협약 28.1조에 근거하여 질문을 작성하였다.

** 경제 사회 문화적 권리에 대한 국제 조약 12조와 어린이가 최상의 건강 상태를 누릴 수 있는 권리를 보장하는 어린이 인권선언 24조에 근거하여 질문을 작성하였다.

를 검토하였습니다. 이 두 보고서는 글리포세이트가 발암 성분을 지닌 물질이 아마도 아닐 것이라고 주장하고 있었습니다. 우리는 이와 같은 결론이 글리포세이트의 가정 속성을 기반으로 도출되었으며, 이 물질이 일반 사람들에게 노출되었을 때의 위험에 대해서는 검토되지 않았다는 점에 주목했습니다. 2017년 3월 캘리포니아연방법원의 명령에 따라 대중에게 공개된 몬산토의 서류들은 라운드업이 안전하다는 몬산토 측의 반복적인 확언이 이 회사가 언제나 가장해온 신뢰할 만한 연구 결과를 토대로 한 것이 아니라, 과학을 끊임없이 조작해온 노력에 기반을 둔 것임을 보여주고 있습니다. 이것이 밝혀진 이상, 법정은 글리포세이트의 발암 위험에 관한 과학적 논쟁은 종결되었다고 판단하며, 몬산토의 태도가 건강에 관한 인간의 권리를 침해하는 범죄를 구성하는 것으로 간주합니다."

네 번째 질문은 "과학적 연구에 대한 필수 불가결한 자유"에 관한 것으로 의견 발표는 스티븐 슈리브만이 맡았다. "누구나 아는 것처럼, 객관적이고 과학적인 연구, 한쪽으로 치우치지 않은 연구가 환경적 위험에 관한 결정적이고 필수적인 정보를 제공합니다. 개인이나 공동체는 그 정보에 따라 건강과 환경을 보호하기 위한 대책을 수립하고 예방 조치를 취할 수 있습니다. 따라서 과학적 연구에 대한 자유는 필수 불가결하며 그것은 건강에 대한 권리, 음식과 식수에 대한 권리, 건강한 환경에 대한 권리 같은 또 다른 권리들을 보증하는 것입니다. 법정에서 증언한 증인들은 몬산토가 유전자조작 농산물의 경작과 거기에 결합하는 제초제의 승인을 얻기 위해 철저하게 부정직하고, 기만적이며, 불투명한 방식을 구사해왔음을 보여주었습니다. 몬산토는 자신들의 상업적 이익을 위협하는 과학 연구를 평가 절하 하고 토론을 틀어막은 혐의로 고발당했습니다. 그들은 또한 당국이 낮은 수준의 규제를 진행하도록 갖가지 방법을 써왔고, 각 정부가 몬산토 제품 판매를 허가하도록 부정한 방식인 협박을 동원해온 것으로 고발당한 상태입니다. 본 법정은 과학적 정당성에 입각한 불확실성이 있을 때 거기에 대해 문제를 제기하는 것과 기업의 이윤에 부합하지 않는 연구 결과가 나왔을 때 그 연구를 진행한 과학자들에게 침묵을 강요하거나 그들의 연구를 평가 절하 하게 만드는 작업을 수행하는 것 사이에는 분명한 차이가 있다고 판단합니다. 따라서 본 법정은 몬산토가 저지른 행동은 과학자의 연구에 필수 불가결한 자유와 표현의 자유를 완벽하게 위배한 것이라고 판단합니다. 또한 몬산토의 상품들이 인간의 건강과 환경에 미치는 위험을 고려할 때 그들의 부적합한 행동은 매우 심각한 문제라고 판단합니다."

글리포세이트는 생태학살écocide의 도구

다섯 번째 질문은 "베트남전쟁 중 몬산토가 미군에게 제공했던 화학 무기인 고엽제와 관련하여 그들의 전쟁범죄 공모 혐의"*에 관한 것이었다. "본 법정은 현재의 국제법상 몬산토의 전쟁범죄 공모 혐의를 입증하는 특정한 증거가 없는 상태에서, 법정에 제기된 이 문제에 대하여 확정적으로 답할 수 있는 조건이 갖춰져 있지 않다고 판단하였습니다." 마르코스 오렐라나가 답했다.

미국과 칠레의 법조인은 바로 마지막 질문으로 넘어갔다. "마지막 질문은 환경에 심각한 피해를 가져오거나 환경을 돌이킬 수 없을 정도로 파괴하여 인류 일부가 속한 공동체와 생태계를 훼손한 몬산토의 행동을 '생태학살écocide'로 간주할 수 있는가 하는 문제입니다."

"인류와 자연 사이에 존재하는 연계성을 고려하면서 국제사회는 핵심적인 환경과 생태계를 보존하기 위해 법을 어떤 방식으로 집행해야 하는지 탐문하기 시작했습니다. 지구상에 생명체가 존재하도록 하고 인류의 안녕을 허락해주는 환경을 보호하는 것은 근본적 가치로 환경에 심각한 훼손을 야기하는 행동들에 대한 형사적 처벌을 충분히 정당한 것으로 인정토록 합니다.

오늘날 국제사회는 생태계와 건강한 환경을 온전히 보존하는 것이 현재의 안전한 삶과 미래 세대의 존엄한 삶을 보장하는 데 핵심적인 요소라는 사실을 잘 이해하고 있습니다. '생태학살(에코사이드)'이라는 어휘는 아더 갈스톤Arthur Galston에 의해 처음으로 사용되었습니다. 그는 베트남전쟁에서 미군이 사용한 유독성 제초제인 고엽제를 발명한 식

---

* 국제형사재판소의 규정 2조 8항에 의거하여 질문을 작성하였다.

물생리학자입니다.

1970년 워싱턴 연설에서 그는 이 범죄를 '황폐화 그리고 파괴'라 정의하였으며, '고엽제를 사용하는 목적은 그것을 사용한 지역의 사람, 동물, 식물을 막론하고 모든 형태의 생명체들을 파괴하는 방식으로, 생태계를 폐허로 만들고 전멸시키는 것'이라고 말했습니다. 본 법정은 국제형사재판소를 세운 로마 규정의 개정안에 새로운 법률적 개념을 제안할 때가 도래했다고 판단합니다. 생태학살은 인종학살과는 다른 것이며 현재 로마 규정이나 1948년 유엔에서 채택된 집단학살 방지와 처벌에 관한 협약에 기술된 인종학살과 같은 형태로 취급할 수는 없다고 판단합니다.

생태학살이 국제법에 의해 범죄로 인정되었다면, 몬산토가 벌인 활동은 인간의 건강과 삶뿐만 아니라, 토양과 하천, 식물, 동물 들에게까지 피해를 입히며 생태 다양성과 생태계에 실질적이고 지속적인 피해를 입힌 것으로서 범죄로 간주되었을 것입니다. 몬산토가 생산한 상품 가운데, 생태학살 범죄의 도구로 간주할 수 있는 것들에는 PCB, 글리포세이트를 원료로 하는 제초제 등이 있습니다. 이 상품들을 대량으로 사용하는 것이 거대한 진폭의 지속적인 피해를 초래하였으며, 계속해서 초래하고 있기 때문입니다."

"저는 여기에 환경을 보호하도록 규정된 국제 협약에 서명한 정부들의 책임에 대해서 추가로 언급하고자 합니다. 우리는 수많은 증언과 자료를 통해, 기업과 정부 간에 환경보호에 대한 국제 협약이 적용되지 않도록 만드는 공모, 심지어는 결탁이 있어왔다는 사실을 볼 수 있었습니다. 바로 그러한 이유에서 저는 생태학살이 국제법에 의해 범죄로 인정되는 것이 중요하다고 생각합니다. 그렇게 되면, 기업들의 범죄뿐 아니라, 이들과 결탁한 국가의 책임에 대해서도 추궁할 수 있기 때문입니다." 세네갈의 판사 디오르 폴 소우는 볼테르의 언어로 자신의 의견을 피력했다.

"본 법정은 인권과 기업의 권리 사이에 놓인 간격이 점점 더 커져간다는 사실에 주목했습니다. 우리는 각국의 법정과 국제재판소가 인간의 권리를 기업의 상업적 권리 위에 올려놓아야 한다고 판단합니다. 그러나 일반적으로는 정반대의 상황이 더 자주 펼쳐집니다. 국가 간의 자유무역협정과 투자 협정 등의 법률 규정들은 국가가 인권과 환경을 보호하는 방식으로 정책과 법률을 발전시키고 유지하는 것을 점점 더 어렵게 만들고 있습니다. 이는 유엔과의 협력을 통해 시민사회가 장악해나가야 하는 문제입니다." 호르헤 페르난데스 수자가 스페인어로 이렇게 말했다.

"자! 본 법정의 임무는 이제 끝났습니다. 여러분이 우리에게 요청한 법적 견해는 이제 여러분의 손 안에 있습니다. 이제 여러분이 나설 차례입니다!"

프랑수아즈 튈켄은 이렇게 몬산토 국제법정의 최종 권고 의견 발표를 마무리했다.

이후의 이야기들

2017년 7월에 이 책의 프랑스어판 집필을 끝낸 이후 2020년 1월 한국어판 출간에 이르기까지 새로운 많은 사건들이 벌어졌다. 이 사건들은 독자들이 책에서 발견한 사실들이 진실임을 다시 한 번 확인시켜준다.

유럽식품안전청의 대범한 조작

2017년 9월, 오스트리아의 시민단체 글로벌2000은 유럽연합집행위원회가 글리포세이트의 재승인을 위한 근거로 삼았던 유럽식품안전청 보고서의 일부가 2012년 몬산토가 제출한 서류를 복사해서 가져다 붙인 것임을 폭로했다. "특히 유럽식품안전청의 보고서에서 글리포세이트가 인간의 건강에 미치는 잠재

적 영향에 대해 재검토하는 부분은 단어 하나하나까지 몬산토가 제시한 보고서의 복사본 수준이었다"라고 이탈리아 일간지 《라스탐파*La Stampa*》는 적었다. "4,300쪽에 달하는 전체 보고서에서 약 100쪽에 해당하는 분량으로, 이는 최근 몇 개월간 이어진 격렬한 논란의 중심에 있었던 가장 논쟁적인 대목이었다"라고 《라스탐파》는 결론짓는다.

다시 한 번, 유럽식품안전청은 스스로의 규정과 사회적 약속을 배반하다가 들키고 말았다. 자신들의 인터넷 사이트에서는 '과학적 탁월함'과 '독립성'이라는 가치를 내세우면서 말이다. "유럽식품안전청은 과학자들과 그 협력자들이 구축하고 있는 네트워크의 전문성에 기반을 두고, 정보의 질뿐만 아니라 국제적으로 인정된 표준을 준수하는 과학적 방법론에 있어서, 최고 수준의 과학적 견해를 제시할 것을 약속한다. … 유럽식품안전청은 참여 전문가들의 연구 방법과 그들이 사용하는 자료들의 독립성이 지켜질 수 있도록 외부의 모든 영향으로부터 그들을 보호할 것을 약속한다."

독자들이 유럽식품안전청이 벌인 대범한 조작이 어떤 의미를 갖는지에 대해 이해할 수 있도록 더 설명을 드리겠다. 유럽식품안전청은 몬산토가 제공한 '논거'에 근거하여, 2015년 11월 12일 보고서의 결론을 냈다. 유엔 산하 국제암연구센터가 2015년 3월 20일에 발표한 바와는 정반대로, 글리포세이트는 인간에게 그 어떤 발암 위험도 유발하지 않는다고.

글리포세이트 사건은 유럽식품안전청의 심각한 기능장애를 폭로하는 동시에 제 본분을 위반하는 규제 기관들의 특징을 잘 보여주고 있다. 그들은 시민들의 건강을 보호하는 것이 아니라, 그들이 규제해야 하는 화학약품 회사들의 사적 이익을 보호하고 있다.

독일의 급변침

2017년 11월 27일, 글리포세이트의 사용 승인 갱신 요구를 둘러싼 놀라운 연대기의 결론이 나왔다. 글리포세이트 사용 허가 만료를 2주 앞두고, 유럽연합집행위원회는 2년 전부터 그들이 원해왔던 '동의'를 얻어냈다. 독일의 요란한 급변침 덕분에, 유럽연합에 속한 다수의 국가들이 글리포세이트 사용 허가를 5년 더 연장하게 된 것이다.

2017년 11월 9일, 유럽연합 인구의 최소 65%를 대표하는 동시에 55% 이상의 정부들이 찬성해야 하는 재승인 조건은 충족되지 못했다. 14개의 국가들은 5년을 더 연장하는데 동의했고, 프랑스를 비롯한 9개의 나라는 반대를 했으며(프랑스는 3년 연장을 주장), 독일을 포함한 5개 국가는 기권했다.

과거 10년씩 연장해오던 승인 기간을 그나마 5년으로 줄이는 방안을 검토하겠다던 유럽연합집행위원회는 막다른 길목에 서게 되었다. 그러나 18일 뒤 한바탕 연극이 펼쳐진다. 새 내각을 구성하는 데 어려움을 겪던 앙겔라 메르켈 총리의 장악력이 약해진 틈을 이용하여, 독일 농림부장관 크리스티앙 슈미트는 기권을 주문했던 자신의 동료, 환경부장관의 뜻을 배반하기로 결정했고, 기권이 아닌 5년 연장 안에 찬성하게 된다.

독일이 벌인 깜짝쇼로 인해 세상에서 가장 많이 팔리는 가장 유해한 제초제 글리포세이트 사용 허가가 유럽연합집행위원회에서 또 다시 5년 연장된다…. 이후, 모순된 행동에 두려움이 없는 독일 당국은 2022년 12월 15일에 만료되는 글리포세이트 사용 연장 기간 종료 이후 유럽연합이 다시 승인 기한을 연장한다고 해도, 자신들은 2023년 말까지 글리포세이트를 영구 금지하겠다고 발표했다.

이 한심스러운 연대기에서, 유럽 정부들은 자국의 공중 보건과 토양과 생태계 보호를 침해하고 로비스트들의 압력에 굴복하는 모습을 재연했다.

"스톱 글리포세이트" 서명운동

스스로 자초한 '지연된 정의' 속에서 유럽 정부들이 익사해가는 동안, 시민사회는 조직적으로 움직임을 만들었다. 이는 나에게 거대한 기쁨이라는 사실을 말해두고 싶다. 2008년 나의 영화이자 동명의 책인 《몬산토: 죽음을 생산하는 기업》이 발행된 이후 펼쳐진 길을 보시라. 그 시절, 이 미국계 다국적기업이 '자사 제품의 독성을 잘 알고 있으면서도 제품의 시장 지배력을 높이기 위해 얼마든지 거짓말을 할 수 있다'는 사실을 알아차렸던 사람은 극히 드물었다.

10년 뒤, 미주리 주 세인트루이스에 위치한 몬산토와 그들의 효자 상품, 라운드업은 기업의 범죄적 태도를 상징하는 대표적인 사례가 되었다. 《에코사이드》에서 제시하듯, 이들의 범죄행위가 국제법에 의해 인정되었다면, 몬산토의 생태학살 범죄를 입증하고 처벌할 수 있었을 것이다.

이러한 상황에서 유럽 시민들은 "스톱 글리포세이트Stop glyphosate"라 명명한 시민운동을 전개한다. 130만 명 이상의 서명을 얻어낸 이 운동은 유럽연합집행위원회가 공식 답변을 내놓도록 압박했다. 마스트리히트 조약에 따라 설치된 '유럽시민발의l'initiative citoyenne européenne'라는 제도적 장치는, 유럽연합 내의 7개국 이상의 국가에서 백만 명 이상의 시민이 서명할 경우 유럽연합집행위원회가 그 발의안에 대해 의무적으로 답하도록 규정한다. "스톱 글리포세이트" 발의를 주도한 시민단체들은 3가지 요구사항을 유럽연합집행위원회에 제기했으며, 유럽연합집행위원회는 2017년 12월 13일 이에 답했다: 첫 번째 요구는 " 회원국들에게 글리포세이트 금지를 제안하는 것"이었다. 이는 물론 기각되었다. 유럽연합집행위원회는 2017년 11월 27일 글리포세이트를 향후 5년간 판매하도록 다시 승인했기 때문이다.

'유럽시민발의'는 또한 "농약에 대한 승인 절차를 개혁"할 것을 주문했다. "승인 절차가 농약 제조업체에 의해서 제공된 것이 아니라, 해당 분야의 공적인 기구의 요구로 진행되고 발표된 연구 결과에 기반을 두고 진행"되기를 요구했다. 두 번째 요구는 절차의 독립성이 심히 의심스러운 유럽식품안전청을 직접 겨냥한 것이었다. 그러나 유럽연합집행위원회는 아무것도 들으려 하지 않았다. 유럽연합집행위원회는 답변에서 시민사회 단체들의 제기에 대해 "근거 없는 우려와 의혹"일 뿐이라 일축했다. 그러나 유럽식품안전청 예산 증액을 통해 "농화학 업계 연구들의 투명성"을 향상시키고, 이를 통해 과학적 검증 절차의 관리 체계를 개선하겠다고 답했다.

이 문장을 쓰고 있는 바로 이 순간, 우리는 여전히 이 약속을 구체화할 수 있는 실질적인 제도 개선에 대한 소식을 기다리고 있다…. "스톱 글리포세이트" 서명운동의 세 번째 요구사항은 "유럽연합 차원에서 농약 사용의 축소를 위한 의무적 목표치를 확정"하라는 것이었다. 유럽연합집행위원회는 "이러한 단계의 조치를 검토하고 있지 않다"고 답했다. 유럽연합집행위원회의 답변들은 서명운동을 진행한 시민단체들을 전혀 만족시키지 못했다.

바이엘의 악몽이 된 몬산토

2016년 5월 21일 독일의 의약·화학 그룹이자 가우초의 제조사인 바이엘은 550억 유로라는 천문학적 금액으로 몬산토를 인수하겠다고 발표했다. 2016년 9월 14일, 몬산토와 바이엘의 공동 명의 보도자료는, 조만간 악몽이 될 그들의 결합을 공식 확인했다.

그런데 2015년 1,360억 유로에 달하던 이 독일 제약회사 그룹의 자산가치는 추락을 거듭하다가, 2019년 봄 520억 유로까지 떨어졌다. 바이엘이 몬산토를 인수하기 위해 쓴 비용에도 미치지 못하는 금액이다!

바이엘의 역사적인 가치 절하는 2018년 봄부터 미국 법정에서 내려지고 있는 판결들로 설명할 수 있다. 독자들이 본문에서 이미 확인했듯, 글리포세이트를 "인간에게 확실히 암을 유발할 수 있는" 성분으로 규정한 국제암연구센터의 판정 이후 글리포세이트로 만든 제초제를 정기적으로 사용해오다가 비호지킨림프종에 걸린 미국 농부들과 정원사들의 소송이 줄을 이었다.

2018년 8월, 캘리포니아에서는 바이엘-몬산토가 정원사 드웨인 존슨에게 2억 8,900만 달러의 배상금과 이자를 지불하라고 판결했다. 이 판결은 2심 재판에서 배상금 규모가 7,800만 달러로 축소되었으나, 근본적인 판결 내용은 유지되었다.

2019년 3월, 샌프란시스코의 판사는 바이엘에게 8,030만 달러의 배상금과 이자를 에드윈 하드맨(70세)에게 지불하라고 판결했고, 이는 바이엘의 주가를 또 곤두박질치게 만들었다. 2019년 5월, 오클랜드의 법원에서는 바이엘에게 징벌적 손해배상의 명목으로 한 농민 부부에게 20억 달러(약 2조 3,500억원)의 배상금을 지불하라는 판결이 내려졌다. 이 부부 역시 비호지킨림프종을 앓고 있었다. 바이엘-몬산토에게 닥쳐온 시련은 그 끝이 보이지 않는다. 이 글을 쓰고 있는 지금 이 순간에도 1만 8,000여 건의 소송이 법원의 판결을 기다리고 있다.

몬산토 파일

바이엘-몬산토에 대한 기록적인 판결이 세계의 언론들에게 기삿거리를 제공하고 있을 때, 새로운 스캔들이 이미 상처받은 몬산토의 이미지에 새로운 일격을 가했다. 2019년 5월 《르몽드》는 몬산토가 2016년에 글리포세이트에 대한 '방어'를 조직하기 위해 로비 및 홍보 전문 업체인 플레시먼힐러드를 접촉하고, '긴밀한 작업'을 의뢰했다는 사실을 폭로했다. 그들이 로비 대상으로 삼은 것은 정치인들, 공직자들, 언론인들, 업계 리더들, 과학자들이었다. 그들의 신상 정보와 글리포세이트 및 유전자조작 식품에 관한 견해가 두 개의 도표 안에 상세하게 적혀 있었다.

그 중에는 물론 내 이름도 있었는데, 그들은 나를 '강력한 반대자'로 분류했다. 파일에 이름을 올린 다른 인물들과 함께 나는 그들을 고소했고, 현재 수사가 진행 중이다. 수사에서는 유럽의 다른 국가에도 비슷한 유형의 또 다른 '파일'이 존재한다는 사실이 밝혀졌다.

"자발적 오줌싸개들"

이 책 《에코사이드》도 출간 후 예기치 않은 효과를 불러왔다. 독자들이 책에서 이미 보았듯이, 2017년 3월 나는 30명의 프랑스인들과 함께 내 소변을 미래세대협회에 맡겼다. 우리의 소변이 담긴 작은 병은 독일 라이프치히에 있는 연구소에 보내져 분석되었고 그 결과는 결정적이었다. "모든 채취된 소변 샘플들은 0.075㎍/l 이상의 글리포세이트를 포함하고 있었"다고 미래세대협회 대변인 프랑수아 베이예레트가 밝혔다. 이들 소변에서 측정된 글리포세이트의 평균 함유량은 1.25㎍/l 였고, 가장 높은 수치는 2.89㎍/l였다. 30개의 샘플 중 29개에서 글리포세이트의 농도는 허락된 최고치(0.1㎍/l)의 12배를 상회했다.

이후 하나의 시민 캠페인이 조직되었다. 자신의 몸속 글리포세이트의 농도를 측정하겠다는 사람들이 모였고, 집행관의 참관 하에 단체로 소변을 테스트하는 집단행동이 프랑스 전역으로 번져가고 있다. 현재, 수천 명의 시민들이 자발적으로 이 테스트에 참가하여 모두 예외 없이 글리포세이트에 감염되었음을 확인하고 있다. 이는 "타인의 삶을 위험에 처하도록 하고, 환경을 기망하고 훼손한" 기업과 이를 방치한 정부에 대한 고발을 동반하는 시민들의 행동이다. "자발적 오줌 싸개들pisseurs volontaires"은 공권력과 농화학 업계의 과오를 고발하는 집단소송에 함께 나서는 것에 최종적인 목표를 두고 있다. 나의 책 《에코사이드》를 읽은 한국의 독자들 역시 같은 행동에 나서주시길 요청한다.

마리-모니크 로뱅

파리, 2020년 1월

우리에겐 미래 세대가 살아갈 땅을 훼손할 권리가 없다

'1950년대의 프랑스 농지엔 1ha당 2t의 지렁이가 있었지만, 지금은 같은 면적의 땅에 200kg의 지렁이밖에 없다.'

'1960~70년대 미국의 자폐아는 인구 5만 명당 1명이었지만, 2014년엔 50명당 1명으로 늘어났다.'

'논농사를 주로 짓는 스리랑카 북부에서는 2000년대 초부터 2만 명의 농부들과 그 가족들이 신장 질환으로 사망했고, 농촌 인구의 15%가 같은 질환을 앓고 있다.'

이 세 가지 사실은 하나의 신화에 기대어 성장한 한 가지 원인에 의해 생겨났다. 지난 30년 동안 지구에서 가장 많이 뿌려진 몬산토의 제초제 "글리포세이트". 그것이 인간뿐 아니라 생태계 전체에 대한 학살을 자행하고 있음을 알면서도, 이윤 확대를 위해 기업은 진실을 은

폐했고, 이들을 감시해야 할 행정 당국은 "자본주의"라는 지구적 종교에 기대어, 이윤 추구라는 신성한 사명을 위한 생태학살의 공모자가 된다.

땅속에서 지렁이 90%가 사라지는 동안, 인간에게 아무 일도 일어나지 않을 수는 없다. 몬산토가 만든 제초제 글리포세이트는 생명체가 자라나는데 필요한 땅속 건강한 생명체들을 파괴했다. 지렁이는 그렇게 파괴된 생명체의 일부였을 뿐이다. 글리포세이트가 파괴한 미생물들은 음식물을 분해하여 우리에게 필요한 영양분을 제공하고, 몸의 독을 제거하며, 면역 시스템이 작동할 수 있도록 돕는 역할을 한다. 글리포세이트가 지구 곳곳에 뿌려지면서, 완벽하게 작동하던 자연의 순환은 뒤죽박죽이 되기 시작했다.

글리포세이트의 폐해가 급격히 증가한 것은 2000년대 들어서다. 1996년 몬산토는 제초제 라운드업에 저항성을 갖는 유전자조작 콩과 옥수수를 출시했다. 2000년대 초, 동물성 사료를 먹고 자란 소들이 광우병에 걸리는 파동을 겪고 난후, 대체 사료로 각광받은 것이 콩이었다. 몬산토가 출시한 '글리포세이트에 내성을 가진 유전자조작 콩과 옥수수'는 제초제와 함께 날개 돋친 듯 팔려나갔다. 세계적인 곡창 지대이자 목축지였던 아르헨티나의 드넓은 팜파스는 유전자조작 콩을 재배하는 단일 작물 지대로 변해갔다. 비행기로 단 두 번 글리포세이트를 뿌려주면, 그 어떤 농부의 손길도 필요 없을 만큼 모든 잡초와 벌레들이 말끔히 제거됐다. 그 편리한 제초제가 기름진 생명의 땅 팜파스를 GMO 콩밭으로 바꿔가는 동안, 그것을 먹고 자란 가축들은 이유를 알 수 없는 집단적 질병에 시달렸고, 잡초의 잔뿌리들까지 모두 고사시킨 제초제 덕에 홍수는 점점 더 대규모로 일어났으며, 이 모든 결과는 결국 사람들의 건강을 위협하고 사회 공동체를 파괴했다.

유전자조작 농작물 재배와 판매의 천국인 미국에서 2000년대 이후 급격히 늘어난 것이 자폐증 환자만은 아니다. 각종 암, 비만, 알츠하이머, 파킨슨병, 신장 질환의 증가 곡선도 맥을 같이 했다. 2005년에서 2015년까지 10년 동안 전 세계 암 질환 환자 수는 33% 증가했다. 같은 기간 인구는 11% 증가했을 뿐이다. 이처럼 비정상적인 암 발생률 증가에도, 2015년 유엔 산하 국제암연구센터에서 글리포세이트가 인체에 암을 유발하는 유해한 물질이라는 사실을 공식 발표하기 전까지, 인류는 이러한 현상에 대해 노년 인구의 증가와 환경오염 때문이라는 두루뭉술한 이유를 대왔을 뿐이다.

국제암연구센터 발표 이후에도, 유럽연합 산하 유럽식품안전청은 몬산토가 제시한 거짓 자료들을 그대로 보고서에 갖다 붙이며 글리포세이트의 무해성을 설파하는 만행을 저질렀고, 2017년 말, 유럽연합은 이 죽음의 제초제에 대한 판매 허가를 5년간 연장하기로 한다. 유럽 최대의 인구를 가진 독일의 막판 변심이 결정적이었다. 독일 최대의 제약 회사 바이엘이 그 무렵 몬산토를 인수했다. 독일 관료들에게는 국민의 건강보다 자본의 이윤을 설파하는 로비스트들의 감언이설

이 더 설득력 있는 판단의 근거였을 것이다.

생화학 무기를 만들어 전쟁터에서 사람을 죽이던 회사가 지독한 제초제로 생태학살을 자행하는 동안, 인류는 속수무책으로 당하고 있었을 뿐 아니라 지구에서 함께 살아가는 다른 생명체들도 고스란히 그 폐해를 감수하게 만들었다. 벌과 나비뿐 아니라 개구리도, 귀뚜라미도 주변에서 사라져갔다. 지난 40년 동안 지구상 야생동물의 60%가 소멸했다.

그러나 이 믿기지 않는 악몽에도 끝이 보이기 시작했다.

2018년 캘리포니아 법원은 글리포세이트를 사용하다가 암에 걸린 한 정원사가 제기한 소송에서 몬산토에게 2,900억 원을 배상하라고 판결했다. 2015년 세계보건기구가 발표한 "글리포세이트는 발암 유해 물질"이라는 보고가 힘을 발휘했다. 이후 미국에서만 수만 건의 소송이 이어지고 있으며, 몬산토는 단 한 건의 소송에서도 이기지 못했다. 몬산토를 인수한 바이엘의 주가 총액은 4년 전과 비교하여 40% 수준으로 폭락했다. 이대로라면 바이엘은 머지않아 파산을 피할 수 없어 보인다. 미국의 보건 당국은 여전히 공식적으로 글리포세이트의 폐해를 인정하지 않지만, 수천만 달러의 배상을 끝도 없이 해줘야 하는 회사에 대해 시장은 이미 냉정한 판단을 내렸다. 하지만 글리포세이트는 더 이상 몬산토, 즉 바이엘의 전유물이 아니다. 특허기간이 만료된 까닭에 다른 비료 회사들도 얼마든지 글리포세이트를 원료로 하는 제초제를 만들 수 있다. 사용을 막을 수 있는 유일한 방법은 각 정부의 결심뿐이다. 그리고 너나 할 것 없이 자본의 이해를 수호하는데 사명을 두고 있는 지구촌의 정치권력들을 움직일 수 있는 유일한 힘은 각성한 시민들의 요구를 통해서만 나온다.

우리나라의 농촌진흥청은 세계보건기구가 글리포세이트를 발암 물질로 분류한 이후인 2017년에 "발암 위험성이 낮다"며 글리포세이트의 출하 제한 처분을 해제한 바 있다. 그러나 같은 해 국회 국정감사를 통해 농촌진흥청의 이 같은 결정이 자체 검증조차 거치지 않은, 제조사의 조사 결과만을 토대로 내려진 결론이었음이 밝혀졌다. 유럽식품안전청과 같은 방식의 기만이며 수천 명의 피해자와 1,400명의 사망자를 발생시킨 가습기 살균제의 유해성 실험에서 행해졌던 것과도 같은 수작이다. 우리나라는 유전자조작 농산물의 재배를 허가하지는 않지만, 국내에서 사용되는 거의 모든 제초제에는 글리포세이트가 함유되어 있다. 또한 글리포세이트로 범벅된 유전자조작 식품들을 대량 수입하는 나라이기도 하다.

농촌 인구에 치명적인 타격을 입은 스리랑카가 2015년 전 세계에서 가장 먼저 글리포세이트의 사용을 중단한데 이어 베트남이 2019년에 사용 중단을 결정했고, 오스트리아와 프랑스는 2021년, 독일은 2023년에 글리포세이트를 퇴출시킬 것으로 결정한 바 있다. 프랑스를 비롯한 유럽 전역에서 글리포세이트의 폐해를 설득해내는 것에 있어서, 이 책의 저자 마리-모니크 로뱅의 역할은 결정적이었다. 2008년에 나온 책이자 다큐멘터리 영화인 《몬산토: 죽음을 생산하는 기업*Le monde selon Monsanto*》은 그녀가 세상을 향해 쏘아올린 결정적인 유성이었다. 집권 초 글리포세이트 퇴출을 약속했던 마크롱 정부였지만, 정작 여당이 입법을 추진하자마자 기업의 로비에 뒷걸음질을 치기 시작했다. 2017년 마리-모니크 로뱅의 새 책 《에코사이드*Le Roundup face à ses juges*》가 발간되어, 글리포세이트라는 독약에 집중 포화를 쏘지 않았다면, 시민들의 머릿속에 글리포세이트에 대한 명확한 인식이 생겨날 수 없었을 것이며 2021년 퇴출조차 가능하지 않았을 터이다.

제 나라 아이들이 자폐로 몸살을 앓고, 제 나라 국민들의 평균수명이 줄어들고 있는 현실을 지켜보면서도 기업의 영업기밀이라며 과학적 진실을 은폐해온 미 보건 당국. 유엔의 보건 기구가 글리포세이트의 발암 위험성을 폭로하자, 그 발표를 "시궁창 과학"이라며 적반하장의 공격을 가한 몬산토. 몬산토가 저질러온 범죄를 잘 알면서도 그들이 소유한 특허권들이 탐나 몬산토를 인수하는 독배를 든 바이엘. 몬산토가 제시한 서류를 그대로 옮기며, 몬산토의 거짓말을 근거로 유럽인들에게 5년간 더 독을 삼키도록 허락한 유럽연합집행위원회….

저자가 세계를 구석구석 찾아다니며 찾아낸, 죽음을 제조하는 자들의 이성과 윤리를 상실한 아비규환의 보고서를 보며, 인류를 지배하는 가장 강력한 병은 자본주의에 대한 중독된 맹신임을 직시하지 않을 수 없었다. 또한 이 같은 기만이 이토록 오래 지속되어올 수 있었던 것은 과학자들의 침묵과 비겁한 협력, 그리고 자본의 탐욕이 시민들의 생명을 위협할 때 엄정한 파수꾼이 되어야 할 규제 당국과 기업의 결탁이 필수조건이었다는 사실을 지적하지 않을 수 없다. 소수의 정직한 과학자들이 모욕과 비난을 감수하며 과학적 진실을 알려왔기에, 마침내 죽음으로 가는 이 행렬을 멈출 계기가 마련되었다. 하지만 다수의 과학자들은 권력과 돈 앞에서 기꺼이 과학적 진실을 왜곡하고, 감추는 데 동참했고, 규제 당국은 언제나 기업의 이해를 먼저 살폈다. 심지어 유엔 산하 국제암연구센터에 모여 글리포세이트의 발암 위험을 세상에 천명한 과학자들조차 "글리포세이트의 사용이 중지되어야 한다고 생각하느냐"는 저자의 질문에 대해서는 책임을 회피했다. "이 질문은 나와 국제암연구센터의 관할 영역이 아닙니다. 우리의 연구는 정부 기관들이 사용할 수 있도록 제시된 하나의 도구이지요." 그들은 묻는 질문에 답했을 뿐, 그 답이 현실에 적용되건 되지 않건, 그래서 글리포세이트가 생태학살을 지속하건 하지 않건, 자신들이 관여하고 판단할 바는 아니라고 말한다. 그들 스스로도 정부 당국이 언제나 시민의 안전을 위한 선택을 하지 않는 사실을 잘 알면서 말이다. 그렇다면, 그것은 누구의 일인가?

베트남에 고엽제를 살포하여 전쟁이 끝난 지 50년이 되어가는 지금까지도 피해자들을 고통 속에 방치한 자들이, 글리포세이트의 폐해가 만천하에 드러난 지금, 수입 금지를 결정한 베트남을 향해 수입 금지

철회 요구 압력을 행사하는 꼴을 보노라면, 지구촌 최강국의 지도자들이 지닌 자본과 이윤을 향한 광신이 얼마나 심각한 수준인지 잘 알 수 있다. 자본의 힘에 굴복한 다수의 인류를 향해, 과학적 진실을 현실의 삶에서 설득해낼 의지가 있는 사람들, 오직 그들만이 인류를 불행에서 구할 수 있을 것이다. 그들의 이름은 바로 각성한 시민들이다.

2019년 11월 15일, 프란치스코 교황은 환경을 파괴하거나 보호하지 않는 행위에 대해 "평화에 반하는 범죄"라며 이를 '생태에 대한 죄악'으로 가톨릭 교리에 추가하는 방안을 비중 있게 검토하고 있다고 밝혔다. 대기, 토양, 수질을 심각하게 오염시키고 동물과 식물을 대규모로 파괴하는 행위를 "생태학살Ecocide"이라고 부르며, 그런 행위를 저지른 기업에 대한 처벌이 필요하다고도 했다. 다행히도 깨어있는 교황이 그 길에 동참하길 선언했다.

우리에게는 생태학살을 자행할 권리도, 미래 세대가 살아갈 땅을 훼손할 권리도 없다. 21세기 초부터 우리는 수만 마리의 가축들을 살처분이라는 잔인한 종말로 몰아가는 속수무책의 전염병들이 지구촌을 휩쓰는 현상을 주기적으로 목격하고 있다. 공장식 축산과 더불어 글리포세이트에 적셔진 유전자조작 사료를 먹고 성장한 가축들은 면역체계가 약화된 상태다. 그 어떤 전염병에도 그들은 쉽게 노출될 수밖에 없다. 살아있는 가축들 수만 마리를 생매장하는 고통스런 행위를 반복하지 않기 위한 우리의 선택은 자명하다. 자본에 대한 맹신에서 세상이 깨어나지 않는 한, 인류가 스스로를 파괴하고 지구를 파괴하는 속도는 과학기술의 발전을 앞설 것이다. 과학이 발전을 거듭해도 그것을 사용할 사람들이 '공존'의 방식을 외면하는 한 인류는 현명한 미래를 향해 나아갈 수 없을 것이다. 죽음의 제초제가 사라져야 땅이 다시 생명을 회복할 수 있다. 이 단순한 진실을 실천하는데 필요한 것은 생명에 대한 사랑뿐이다.

목수정

2020년 1월

미주

서문

1 Marie-Monique Robin, *Le Monde selon Monsanto*, La Decouverte/Arte Editions, Paris, 2008. Le livre a ete traduit en vingt-cinq langues et le film est l'un des plus... pirates de l'histoire du documentaire.

2 Marie-Monique Robin, *Notre poison quotidien*, La Decouverte/Arte Editions, Paris, 2011.

3 Voir Marie-Monique Robin, *Les Moissons du futur*, La Decouverte/Arte Editions, Paris, 2012 ; et *Sacree Croissance!*, La Decouverte/Arte Editions, Paris, 2014. Les films eponymes ont ete diffuses simultanement sur Arte. En 2016 est sorti au cinema mon film *Qu'est-ce qu'on attend?*

4 Video visible a l'adresse <frama.link/ZSJEXTtW>.

5 Video visible a l'adresse <frama.link/8Gmj4W1A>.

6 « Interdire le glyphosate et proteger la population et l'environnement contre les pesticides toxiques », fevrier 2017, <frama.link/kLheYarM>.

1장

7 J'ai revele le drame de Paul Francois dans *Notre poison quotidian* (2011), ou j'avais filme la premiere reunion de l'association Phyto'Victimes.

8 Lire ou voir l'interview de l'exexpert de Health Canada dans *Le Monde selon Monsanto* (film et livre).

9 « ICC Prosecutor, Fatou Bensouda, publishes comprehensive *Policy Paper on Case Selection and Prioritisation* », Cour penale internationale, 15 septembre 2016, <frama.link/EnyC84sc>.

10 Chair, Global Human Rights Steering Committee and Office of Sustainability, Monsanto Company. La lettre etait aussi signee par trois autres cadres de Monsanto : « An open letter from Monsanto », 12 octobre 2016, <frama.link/Nh-HtLDL>.

11 *Roundup desherbant jardin*, <www.roundup-jardin.com>.

12 « Nous ne pouvons pas nous permettre de perdre un dollarde business. » Cette phrase a ete redigee le 16 fevrier 1970 par un dirigeant de Monsanto dans une note interne adressee aux agents commerciaux qui s'inquietaient d'informations recurrentes sur la dangerosite des PCB. J'avais revele ce document, intitule *Pollution letter*, dans *Le Monde selon Monsanto, op. cit.*, p. 26.

13 Isabelle Tron *et al.*, « Effets chroniques des pesticides sur la sante:etat actuel des connaissances », *Rapport de l'Observatoire regional de sante de Bretagne*, janvier 2001.

14 Attorney General of the State of New York, Consumer Frauds and Protection Bureau, Environmental Protection Bureau, *In the Matter of Monsanto Company, Respondent. Assurance of Discontinuance Pursuant to Executive Law § 63 (15)*, New York, avril 1998.

15 *Que Choisir*, n° 283.

16 L'objet de la lettre etait intitule « Alerte sur le risque de malformations liees aux desherbants a base de glyphosate, cas de mon fils de deux ans et demi » (le texte complet de la lettre est accessible sur le site de Sabine Grataloup, <www.theo.sg/>).

17 Tye E. Arbuckle, Zhiqiu Lin et Leslie S. Mery, « An exploratory analysis of the effect of pesticide exposure on the risk of spontaneous abortion in an Ontario farm population », *Environmental Health Perspectives*, vol. 109, 1er aout 2001, p. 851-857.

18 Gilles-Eric Séralini *et al.*, « Differential effects of glyphosate and Roundup on human placental cells and aromatase », *Environmental Health Perspectives*, vol. 113, n° 6, 25 fevrier 2005 ; Nora Benachour *et al.*, « Time and dose-dependent effects of Roundup on human embryonic and placental cells », *Archives of Environmental Contamination and Toxicology*, vol. 53, n° 1, juillet 2007, p. 126-133.

19 Janine F. Felix et al., « Environmental factors in the etiology of esophageal atresia and congenital diaphragmatic hernia : results of a case-control study », *Current Gastroenterology Reports*, vol 12, n° 3, juin 2010, p. 215-222.

20 Jacques Rémiller, « Question ecrite 66082 », 8 decembre 2009, <frama.link/gRsCUWnc> ; et Julien Dray, « Question ecrite 71656 », 16 fevrier 2010, <frama.link/YxqEz0R6>.

2장

21 Le reportage a ete diffuse le 18 octobre 2005 sur Arte et est disponible en DVD. Lire aussi *Le Monde selon Monsanto, op. cit.*, p. 174-190.

22 Alejandra Paganelli, Victoria Gnazzo, Helena Acosta, Silvia L. López, Andres E. Carrasco, « Glyphosate-based herbicides produce teratogenic effects on vertebrates by impairing retinoic acid signaling », *Chemical Research in Toxicology*, vol. 23, n° 10, aout 2010, p. 1586-1595.

23 Entretien realise avec l'auteure le 26 janvier 2017 dans son laboratoire.

24 Dario Aranda, « Et toxico de los campos », *Pagina* 12, 13 avril 2009.

25 Dario Aranda, « Andres Carrasco, scientifico y militante : gracias », *Lavaca*, 10 mai 2014.

26 David Saltmiras, James S. Bus, Terri Spanogle, Judith Hauswirth, Abraham Tobia, Simon Hill, « Letter to the editor regarding the article by Paganelli et al. », *Chemical Research in Toxicology*, vol. 24, n° 5, 16 mars 2011, p. 607-608.

27 Andres Carrasco, « Reply to the Letter to the editor regarding our article (Paganelli et al., 2010 », *Chemical Research in Toxicology, ibid.*, p. 610.

28 Michalis Tremópoulos, « Safety standards regarding widely used pesticide. Parliamentary question to the Commission for written answer », Parlement europeen, Buxelles, 1er octobre 2010.

29 John Dalli, « Answer given by Mr Dalli on behalf of the Commission. Parliamentary questions »,

Parlement europeen, Buxelles, 12 novembre 2010.

30 BVL, « Glyphosate. Comments from Germany on the paper by Paganelli, A. et al. (2010) : "Glyphosate-based herbicides produce teratogenic effects on vertebrates by impairing retinoic acid signaling" », 19 octobre 2010.

31 « Answer given by Mr Dalli on behalf of the Commission », 17 janvier 2011, <frama.link/o-RGeqtX>.

32 European Commission, « Commission Directive 2010/77/EU of 10 November 2010 amending Council Directive 91/414/EEC as regards the expiry dates for inclusion in Annex I of certain active substances, OJ L 230, 19.8.1991 », 2010.

33 Michael Antoniou et al., « Roundup and birth defects : is the public being kept in the dark? », <frama.link/0gN_uso4>, juin 2011.

34 Michael Antoniou et al., « Teratogenic effects of glyphosate-based herbicides : divergence of regulatory decisions from scientific evidence », *Journal of Environmental & Analytical Toxicology*, vol. 4, n° 6, 2012.

35 Rafael Lajmanovich et al., « Induction of mortality and malformation in Scinax nasicus tadpoles exposed to glyphosate formulations », *Environmental Contamination and Toxicology*, n° 70, 2003, p. 612-618.

36 Voir Paola Peltzer et Rafael Lajmanovich, « Morphological abnormalities in amphibian populations from the Mid-Eastern regions of Argentina », *Herpetological Conservation and Biology*, vol. 6, n° 3, 2003, p. 432-442.

37 Carla Teglia, Rafael Lajmanovich et al., « Plasma retinoids concentration in Leptodactylus Chaquensis (Amphibia : Leptodactylidae) from Rice Agrosystems, Santa Fe province, Argentina », *Chemosphere*, n° 137, 2015, p. 24-30.

38 Michael Antoniou *et al.*, « Teratogenic effects of glyphosate-based herbicides », *loc. cit.*

3장

39 Intitulee « Quelques pesticides et herbicides organophosphores », la monographie a evalue, outre le glyphosate (p. 331-412), le malathion, le parathion, le diazinon et le tetrachlorvinphos (elle est accessible a l'adresse <frama.link/53CuaDyZ>).

40 Entretien de l'auteure avec Vincent Cogliano, Lyon, 10 fevrier 2010.

41 « Monsanto disagrees with IARC classification for glyphosate », Monsanto.com, 20 mars 2015, <frama.link/AwW_jRbm>.

42 Carey Gillam, « Scientist defends WHO group report linking herbicide to cancer », Reuters, 26 mars 2015.

43 Voir Marie-Monique Robin, *Le Monde selon Monsanto, op. cit.*, p. 14-15.

44 Claudia Bolognesi et al., « Biomonitoring of genotoxic risk in agricultural workers from five Colombian regions : association to occupational exposure to glyphosate », *Journal of Toxicological Environmental Health*, vol. 72, n° 15-16, 2009, p. 986-997.

45 « Monsanto takes legal action to prevent flawed listing of glyphosate under California's Prop 65 », communique de Philip Miller sur le site de Monsanto, 21 janvier 2016, <frama.link/VnU3avZt>.

46 Monsanto France, « Coupons l'herbe sous le pied a quelques idees recues », septembre 2010, <frama.link/G7C74-wG>.

47 Marek Cuhra, Terje Traavik, Thomas Bøhn, « Clone and age dependent toxicity of a glyphosate commercial formulation and its active ingredient in daphnia magna », *Ecotoxicology*, n° 22, 2013, p. 251-262.

48 G. R. Lankas et G. K. Hogan, « A lifetime feeding study of glyphosate (Roundup technical) in rats », Project 77-2062, Unpublished study received 20 january 1982, Bio/Dynamics Inc. submitted by Monsanto to the EPA.

49 Monsanto, « A three generation reproduction in rats with glyphosate. Final Report », Project 77-2063, submitted to EPA for evaluation (Bio/Dynamics. 31 March 1981).

50 A. L. Knezevich et G. K. Hogan, « A chronic feeding study of glyphosate (Roundup technical) in mice », Project 77-2061, Unpublished study received 29 January 1982, Bio/Dynamics Inc. submitted by Monsanto to the EPA.

4장

51 Channa Jayasumana *et al.*, « Importance of arsenic and pesticides in epidemic chronic kidney disease in Sri Lanka », *BMC Nephrology*, vol. 15, n° 124, 2014.

52 Channa Jayasumana *et al.*, « Glyphosate, hard water and nephrotoxic metals : are they the culprits behind the epidemic of chronic kidney disease of unknown etiology in Sri Lanka? », *International Journal of Environnemental Research and Public Health*, vol. 11, n° 2, 2014, p. 2125-2147.

53 Wannee Jiraungkoorskul *et al.*, « Biochemical and histopathological effects of glyphosate herbicide on Nile tilapia (*Oreochromis niloticus*) », *Environmental Toxicology*, vol. 18, n° 4, 2003, p. 260-267 ; Simeon Ayoola, « Histopathological effect of glyphosate on juvenile African catfish (Clarias gariepinus) », American-Eurasian Journal of Agricultural and Environnemental Sciences, vol. 4, n° 3, 2008, p. 362-367.

54 Gilles-Eric Séralini, Dominique Cellier et Joel de Vendomois, « New analysis of a rat feeding study with a genetically modified maize reveals signs of hepatorenal toxicity », *Archives of Environmental Contamination and Toxicology*, vol. 52, 2007, p. 596-602.

55 Karen Larsen et al., « Effects of sublethal exposure of rats to the herbicide glyphosate in drinking water : Glutathione transferase enzyme activities, levels of reduced glutathione and lipid peroxidation in liver, kidneys and small intestine », *Environmental Toxicology and Pharmacology*, n° 34, 2012, p. 811-818.

56 Monsanto, « A three generation reproduction in rats with glyphosate », *loc. cit.*

57 Dontireddy Venkat Reddy et A. Gunasekar, « Chronic kidney disease in two coastal districts of Andhra Pradesh, India : role of drinking water », *Environmental Geochemistry and Health*, vol. 35, n° 4, 2013, p. 439-454.

58 « Kidney disease of unknown causes in agricultural communities in Central America is declared a serious public health problem », Organisation panamericaine de la sante, Washington, 4 octobre 2013.

59 Catharina Wesseling *et al.*, « The epidemic of chronic kidney disease of unknown etiology in Me-

soamerica : a call for interdisciplinary research and action », *American Journal of Public Health*, vol. 103, 2013, p. 1927-1930.

60 Carlos Manuel Orantes *et al.*, « Epidemiology of chronic kidney disease in adults of Salvadoran agricultural communities », *Medicc Review*, vol. 16, n° 2, avril 2014, p. 23-30.

5장

61 Myriam Fernandez, Robert Zentner, D. Gehl, F. Selles, Don Huber et P. Basnyat, « Glyphosate associations with cereal diseases caused by Fusarium spp. In the Canadian Prairies », *European Journal of Agronomy*, vol. 31, n° 3, 2009, p. 133-143.

62 Gurmukh Johal et Don Huber, « Glyphosate effects on diseases of plant », *European Journal of Agronomy*, vol. 31, octobre 2009, p. 144-152. Les constats de Don Huber ont ete confirmes par de nombreuses etudes, comme par exemple : Molli Newman et al., « Glyphosate effects on soil rhizosphere-associated bacterial communities », *Science of Total Environment*, vol. 543, partie A, 1er fevrier 2016, p. 155-160 ; Ademar Pereira Serra et al., « Influencia del glifosato en la eficiencia nutricional de nitrogeno, manganeso, hierro, cobre y zinc en la soja resistente al glifosato », *Ciencia rural*, vol. 41, n° 1, 2011 ; Luis Henrique Zobiole, Robert Kremer *et al.*, « Glyphosate affects micro-organisms in rhizospheres of glyphosate-resistant soybeans », *Journal of Applied Microbiology*, vol. 110, n° 1, janvier 2011, p. 118-127.

63 Roger Elmore et al., « Glyphosateresistant soybean cultivar yields compared with sister lines », *Agronomy Journal*, n° 93, 2001, p. 408-412.

64 Marie-Monique Robin, *Le Monde selon Monsanto, op. cit.*, p. 264-265.

65 De son cote, l'agronome Charles Benbrook a depouille en 1998 quelque 8 200 mesures de rendement effectuees par les universities agronomiques des Etats-Unis. Il en ressortait que le *yield drag* etait en moyenne de 6,7 %, avec des pointes a 10 % notamment dans le Midwest, ce qui representait un deficit de 80 a 100 millions de boisseaux de soja pour la seule annee 1999 (Charles Benbrook, « Evidence of the magnitude and consequences of the Roundup Ready soybean yield drag from university-based varietal trials in 1998 », *AgBioTech InfoNet Technical Paper*, n° 1, 13 juillet 1999).

66 S. Sanogo, X. Yang, et H. Scherm, « Effects of herbicides on *Fusarium solani f. sp.* glycines and development of sudden death syndrome in glyphosate-tolerant soybean », *Phytopathology*, vol. 90, n° 1, 2000, p. 57-66.

67 Stephen Duke et Stephen Powles, « Mini review. Glyphosate : a once-in-a-century herbicide », *Pest Management Science*, vol. 64, 2008, p. 319-325. Il faut souligner que Stephen Duke est un fervent defenseur du glyphosate, dont il vante les multiples « proprietes desirables » qui en font un « herbicide ideal unique ».

68 « Glyphosate-resistant "superweeds" may be less susceptible to diseases », *News Service of the University of Purdue*, 17 juillet 2012.

69 Jessica Schafer et al., « Response of giant ragweed (*Ambrosia trifida*), horseweed (*Conyza canadensis*), and common lambsquarters (*Chenopodium album*) biotypes to glyphosate in the presence and absence of soil microorganisms », *Weed Science*, vol. 60, n° 4, 2012, p. 641-649.

70 *AgBioTech InfoNet Technical Paper*, n° 4, 3 mai 2001.

71 Charles Benbrook, « Genetic engineered crops and pesticides use in the United States : the first nine years », octobre 2004, <www.biotech-info.net/Full_version_first_nine.pdf>.

72 Charles Benbrook, « Impacts of genetically engineered crops on pesticide use in the U.S., the first sixteen years », *Environmental Sciences Europe*, vol. 24, n° 24, 2012.

73 Weed Science Society of America, « International survey of herbicide resistant weeds », 2012. En mars 2017, le nombre des adventices resistantes au glyphosate etait de trente-sept.

74 Voir par exemple : Laura Bradshaw, Stephen Padgette, Steven Kimball, Barbara Wells, « Perspectives on glyphosate resistance », *Weed Technology*, vol. 11, 1997, p. 189-198.

75 Parmi ces etudes, on peut citer : Mailin Gaupp-Berghausen, Martin Hofer, Boris Rewald, Johann Zaller, « Glyphosate-based herbicides reduce the activity and reproduction of earthworms and lead to increased soil nutrient concentrations », *Scientific Reports*, vol. 5, article 12886, 2015 ; Paul Verrell et E. Van Buskirk, « As the worm turns : *Eisenia fetida* avoids soil contaminated by a glyphosate-based herbicide », *Bulletin of Environmental Contamination and Toxicology*, vol. 72, n° 2, 2004, p. 219-224. Pour une revue des etudes montrant l'impact du glyphosate sur le sol, je recommande le rapport de la Soil Association britannique, intitule « The impact of glyphosate on soil health. The evidence today », juin 2016, <frama.link/byNoXrcZ>.

76 D'apres l'USDA, en 2010, le prix d'un boisseau de semences de soja conventionnel etait en moyenne de 33,70 dollars contre 49,60 pour des semences OGM ; pour le mais, le prix etait de 58,13 versus 108,50. Depuis, l'ecart s'est encore creuse (source : Charles Benbrook, « Impacts of genetically engineered crops on pesticide use in the U.S., the first sixteen years », *loc. cit.*).

6장

77 Stephen Duke et Stephen Powles, « Mini review. Glyphosate : a once-in-a-century herbicide », *loc. cit.*

78 Leah Dunham, *America's Two-Headed Pig. Treating Nutritional Deficiencies and Disease in a Genetically Modified, Antibiotic Resistant, and Pesticide Dependant World*, Wholesome Note Publication, 2013.

79 Leah Dunham, *America's Two-Headed Pig, op. cit.*, p. 32.

80 Carey Gillam, « Scientist warns on safety of Monsanto's Roundup », Reuters, 24 fevrier 2011.

81 Voir l'interview video de Don Huber par Joseph Mercola, « Sudden death syndrome : the hidden epidemic destroying your gut flora », 10 decembre 2011, <frama.link/du9SeWq4>.

82 Voir l'interview de Don Huber par Joseph Mercola, « The failed promises and flawed science of genetic engineering : a special interview with Dr. Don Huber », 3 octobre 2013,<frama.link/rL5k-bHUN>.

83 Courriel d'Art Dunham a l'auteure, 10 aout 2016.

84 Elvira B. Kau, *Dairy Cattle Fertility and Sterility Book*, Hoard's Dairyman, Fort Atkinson, 2011, p. 5.

85 Dennis McDonald, « Testimony of the Ranchers-Cattlemen Action Legal Fund, United Stockgrowers of America, to the Senate Agriculture Committee hearing on livestock issues for the New Farm Bill », 24 juillet 2002.

86 Joe Vansickle, « Researchers scramble to solve failure to thrive syndrome », *National Hog Farmer Magazine*, 15 septembre 2008.

87 Yanyun Huang, Steve Henry, Robert Friendship, Kent Schwartz, John Harding, « Clinical presentation, case definition, and diagnostic guidelines for porcine periweaning failure to thrive syndrome », *Journal of Swine Health Production*, vol. 19, n° 6, 2011, p. 340-344.

88 Adam Moeser *et al.*, « Defects in small intestinal epithelial barrier function and morphology associated with peri-weaning failure to thrive syndrome (PFTS) in swine », *Research in Veterinary Science*, vol. 93, n° 2, 2012, p. 975-982.

89 Leah Dunham, *America's Two-Headed Pig, op. cit.*, p. 47.

90 *Ibid.*, p. 49.

91 « Student of the soil » est le pseudo qu'utilise Howard Vliegler pour son adresse mail disponible sur Internet : studentofthesoil@gmail.com.

92 Judy Carman, Howard Vlieger *et al.*, « A long-term toxicology study on pigs fed a combined genetically modified (GM) soy and GM maize diet », *Journal of Organic Systems*, vol. 8, n° 1, 2013.

93 Voire moins encore, comme une etude qui n'a dure que trente et un jours et portait sur trente-deux porcelets seulement : Maria Walsh et al., « Effects of short-term feeding of Bt MON810 maize on growth performance, organ morphology and function in pigs », *Journal of British Nutrition*, vol. 107, n° 3, 2012, p. 364-371.

94 « Progress in the understanding of hemorrhagic bowel syndrome », *Extension*, 10 juillet 2012 ; voir aussi : « Syndrome hemorragique intestinal chez une Holstein », *Le Point veterinaire*, n° 265, 1er mai 2006.

95 Marie-Louise Hermann-Bank *et al.*, « Characterization of the bacterial gut microbiota of piglets suffering from new neonatal porcine diarrhea », *BMC Veterinary Research*, vol. 11, n° 39, 2015.

96 Beate Jonach *et al.*, « Fluorescence in situ hybridization investigation of potentially pathogenic bacteria involved in neonatal porcine diarrhea », *BMC Veterinary Research*, vol. 10, n° 68, 2014.

97 Monika Krüger et al., « Pathogenese des chronischen Botulismus. Bedeutung der gastrointestinalen Homoostase bei Kuhen. Verbundprojekt Botulinom ; Schlussbericht C8, Berichtszeitraum 1.8.2007-31.7.2010 », p. 30.

98 Monika Krüger et al., « Relationship between gastrointestinal dysbiosis and *Clostridium botulinum* in dairy cows », *Anaerobe*, vol. 27, juin 2014, p. 100-105.

99 Voir Awad Shehata, Manfred Kühnert, Svent Haufe, Monika Krüger, « The effect of glyphosate on potential pathogens and beneficial members of poultry microbiota *in vitro* », *Current Microbiology*, vol. 66, n° 4, 2013, p. 350-358.

100 Monika Krüger *et al.*, « Glyphosate suppresses the antagonistic effect of *Enterococcus spp. on clostridium botulinum* », *Anaerobe*, vol. 20, avril 2013, p. 74-78.

101 Andreas Rummel, *Pesticides et sante : l'equation sans solution*, Arte, 31 mars 2015, <frama.link/gu8hGQ4u>.

102 Monika Krüger, Anke Grosse- Herrenthey, Wieland Schrödl, Achim Gerlach, Arne Rodloff, « Visceral botulism at dairy farms in Schleswig-Holstein, Germany : prevalence of *Clostridium botulinum* in feces of cows, in animal feeds, in feces of the farmers, and in house dust », *Anaerobe*, vol.

18, n° 2, avril 2012, p. 221-223 ; Arne Rodloff et Monika Krüger, « Chronic *Clostridium botulinum* infections in farmers », Anaerobe, vol. 18, n° 2, avril 2012, p. 226-228.

103 Monika Krüger *et al.*, « Chronic botulism in a Saxony dairy farm : sources, predisposing factors, development of the disease and treatment possibilities », Anaerobe, vol. 28, aout 2014, p. 220-225. Dans une etude conduite in vitro sur du jus de rumen (le liquid de fermentation provenant de la panse des vaches) Monika Kruger a montre que le glyphosate stimulait la dysbiose (le desequilibre de la flore intestinale) et favorisait la production de la toxine botulique : Wagis Ackermann, Manfred Coenen, Wieland Schrödl, Awad Shehata, Monika Krüger, « The influence of glyphosate on the microbiota and production of botulinum neurotoxin during ruminal fermentation », *Current Microbiology*, vol. 70, n° 3, mars 2015, p. 374-382.

104 Monika Kruger a utilise trois outils : la chromatographie liquide haute pression/performance (HPLC) ; la chromatographie en phase gazeuse couplee a la spectrometrie de masse (GC-MS) et le test ELISA (Enzyme Linked ImmunoSorbent Assay) de la societe Abraxis qui est une technique immuno-enzymatique de detection.

105 Monika Krüger *et al.*, « Field investigations of glyphosate in urine of Danish dairy cows », *Journal of Environmental and Analytical Toxicology*, vol. 3, n° 186, 2013.

106 Michelle McGuire, Marc McGuire, Daniel Goldstein, Pamela Jenson, John Vicini et al., « Glyphosate and aminomethylphosphonic acid are not detectable in human milk », *American Journal of Clinical Nutrition*, vol. 103, n° 5, mai 2016, p. 1285-1290. L'acide aminomethylphosphonique (AMPA) est le principal metabolite (produit de degradation) du glyphosate.

107 W. P. Ridley et K. Mirly, « The metabolism of glyphosate in Sprague Dawley rats excretion and tissue distribution of glyphosate and its metabolites following intravenous and oral administration », Monsanto, 23 mars 1988.

108 Voir Monika Krüger, Wieland Schrödl, Ib Pedersen et Awad A. Shehata, « Detection of glyphosate in malformed piglets », *Environmental & Analytical Toxicology*, vol. 4, n° 5, 2014.

109 Voir Martin Tang Sørensen, Hanne Damgaard Poulsen et Ole Højberg, *Memorandum on « The feeding of genetically modified glyphosate resistant soy products to livestock »*, Danish Centre for Food and Agriculture, Aarhus University, 4 fevrier 2014.

7장

110 Rachel Carson, Silent Spring, First Mariner Books, New York, 2002 (trad. fr. : *Le Printemps silencieux*, Plon, Paris, 1968 ; reed. Wildproject, Marseille, 2009).

111 *Ibid.*, p. 16. Voir le chapitre « Elixirs de mort », in Marie-Monique Robin, *Notre poison quotidien, op. cit.*, p. 47-56. Rachel Carson a donne son nom a un prix, cree en 1991 en Norvege, attribue aux femmes qui ont apporte leur contribution a la protection de l'environnement. J'ai eu le privilege de l'avoir obtenu en 2009 pour mon film et livre *Le Monde selon Monsanto*.

112 Rachel Carson, *Silent Spring*, p. 6.

113 *Ibid.*, p. 8.

114 *Ibid.*, p. 99.

115 Judy Hoy, Robert Hoy et al., « Genital abnormalities in whitetailed deer (*Odocoileus virginianus*) in

west-central Montana : pesticide exposure as a possible cause », *Journal of Environmental Biology*, vol. 23, n° 2, avril 2002, p. 189-197.

116 Judy Hoy, Gary Haas, Robert Hoy, Pamela Hallock, « Observations of *brachygnathia superior* (underbite) in wild ruminates in Western Montana, USA », *Wildlife Biology in Practice*, vol. 7, n° 2, 2011, p. 15.

117 <www.glyphosate.eu/>.

118 Voir Virginia Aparicio, Eduardo De Gerónimo, Damian Marino et al., « Environmental fate of glyphosate and aminomethylphosphonic acid in surface waters and soil of agricultural basins », *Chemosphere*, vol. 93, n° 9, novembre 2013, p. 1866-1873.

119 Voir Leonardo Lupi, Karina Miglioranza, Virginia Aparicio, Damian Marino *et al.*, « Occurrence of glyphosate and AMPA in an agricultural watershed from the southeastern region of Argentina », *Science of the Total Environment*, 1er decembre 2015, p. 536-687.

120 Carey Gillam, « Special report : are regulators dropping the ball on biocrops? », Reuters, 13 avril 2010.

121 Robert Kremer et Nathan Means, « Glyphosate and glyphosateresistant crop interactions with rhizosphere microorganisms », *European Journal of Agronomy*, vol. 31, n° 3, 2009, p. 153-161.

122 Tom Laskawy, « USDA downplays own scientist's research on ill effects of Monsanto herbicide », *Grist*, 21 avril 2010.

123 Luis Henrique Zobiole, Robert Kremer et al., « Glyphosate affects micro-organisms in rhizospheres of glyphosate-resistant soybeans », *Journal of Applied Microbiology*, vol. 110, n° 1, janvier 2011, p. 118-127.

124 Robert Kremer et al., « Glyphosate interactions with physiology, nutrition, and diseases of plants : threat to agricultural sustainability? Mineral nutrition and disease problems in modern agriculture : threats to sustainability? », *European Journal of Agronomy*, vol. 31, 2009, p. 111-113.

125 Tsehaye Tesfamariam et al., « Glyphosate in the rhizosphere. Role of waiting time and different glyphosate binding forms insoils for phytotoxicity to non-target plants », *European Journal of Agronomy*, vol. 31, 2009, p. 126-132.

126 Gunter Neumann et al., « Relevance of glyphosate transfer to non-target plants via the rhizosphere », *Journal of Plant Diseases and Protection*, n° 20, 2006, p. 963-969.

127 Alicia Ronco, Damian Marino et al., « Water quality of the main tributaries of the Parana Basin : glyphosate and AMPA in surface water and bottom sediments », *Environmental Monitoring Assessment*, vol. 188, n° 8, aout 2016, p. 458.

128 Jezabel Primost, Damian Marino et al., « Glyphosate and AMPA, "pseudo-persistent" pollutants under real-world agricultural management practices in the Mesopotamic Pampas agroecosystem, Argentina », *Environmental Pollution*, juillet 2017.

129 Silvana Buján, « Llueven toxicos : glifosato y atrazina en aguas de lluvia de la region pampeana », *Agencia Argenpress*, 9 decembre 2014.

130 Victoire N'Sondé, « Tampons et protections feminines : une reglementation s'impose ! », *60 millions de consommateurs*, n° 513, 23 fevrier 2016.

131 Lise Loumé, « Les tampons contiendraient du glyphosate, quel risqué pour la sante? », *Sciences et*

Avenir, 30 octobre 2015.

132 Olivier Levrault, « Autant de pesticides dans l'air a Paris qu'a la champagne », *Le Monde*, 11 mai 2016.

133 Airparif, « Les pesticides dans l'air parisien, campagne 2013-2014 », mai 2016.

134 Feng-Chih Chang, Matt Simcik, Paul Capel, « Occurrence and fate of the herbicide glyphosate and its degradate aminomethylphosphonic acid in the atmosphere », *Environmental Toxicology Chemistry*, vol. 30, n° 3, 2011, p. 548-555.

135 Carey Gillam, « U.S. researchers find Roundup chemical in water, air », Reuters, 31 aout 2011.

136 William Battaglin *et al.*, « Glyphosate and its degradation product AMPA occur frequently and widely in U.S. soils, surface water, groundwater, and precipitation », *Journal of the American Water Resources Association*, vol. 50, 2014, p. 275-290.

137 Générations futures, « Des pesticides dans 89 % des points de mesure en eaux de surfaces ! », 14 mars 2015, <frama.link/xeoC-9KV>.

138 Monsanto France, « Coupons l'herbe sous le pied a quelques idees recues », *loc. cit.*, p. 11.

139 A la fin de cet article : Industry Task Force on Glyphosate, « Le glyphosate dans les eaux de surface », <frama.link/3vym88Vt>.

140 World Health Organization, *Guidelines for Drinking-water Quality*, 2008, <frama.link/qGSr-W2xk>.

141 Rene Truhaut, « Le concept de la dose journaliere acceptable », *Microbiologie et Hygiene alimentaire*, vol. 3, n° 6, fevrier 1991, p. 13-20.

142 Il s'agit de l'etude que m'avait commentee Anthony Samsel (voir *supra*, chapitre 3) : Monsanto, « A three generation reproduction in rats with glyphosate », *loc. cit.*

143 International Programme On Chemical Safety, *Environmental Health Criteria 159. Glyphosate*, World Health Organization, Geneve, 1994, <frama.link/85Q4BcsY> (paragraphe 7.5.2. Reproduction studies).

144 Sur l'incroyable histoire de la DJA, voir Marie-Monique Robin, *Notre poison quotidien, op. cit.*, chapitre 12, « La formidable imposture scientifique de la "dose journaliere acceptable" de poisons », p. 247-274.

145 Ulrich Beck, *La Societe du risque*, Flammarion, Paris, 2008, p. 116.

146 Environmental Protection Agency, *Registration Eligibility Decisions Glyphosate*, septembre 1993, p. 15, <frama.link/Jot3AGDV>.

147 Joint FAO/WHO Meeting on Pesticide Residues, *Pesticide Residues in Food. Report 2011*, « Glyphosate and metabolites », p. 145-159, <frama.link/5oxuXp-U>.

148 Entretien de l'auteure avec Erik Millstone, Brighton, 12 janvier 2010 (Marie-Monique Robin, *Notre Poison quotidien, op. cit.*, p. 249).

149 Entretien de l'auteure avec Bernadette Ossendorp, Geneve, 22 septembre 2009. L'exemple qu'avait pris la toxicologue n'etait pas le glyphosate, mais le chlorpyriphos, un insecticide. Mais cela ne change rien a la methode.

150 Le lecteur peut consulter la liste entiere sur le site de l'Union europeenne : *EU Pesticides Database*, <frama.link/ttQGzvkx>.

151 European Food Safety Authority, « Opinion on the modification of the existing MRL for glyphosate in lentils », *EFSA Journal*, vol. 10, n° 1, 2012, p. 2250.

152 Monsanto Canada, « Les avantages d'une application en prerecolte », 15 juillet 2015.

153 Glyphosate Task Force, « Preharvest treatment with glyphosate based herbicide », <frama.link/jvd-QTGsf>.

154 Stephen Padgette et al., « The composition of glyphosate-tolerant soybean seeds is equivalent to that of conventional soybeans », *The Journal of Nutrition*, vol. 126, n° 4, avril 1996.

155 Thomas Bøhn, Marek Cuhra et al., « Compositional differences in soybeans on the market : glyphosate accumulates in Roundup Ready GM soybeans », *Food Chemistry*, vol. 153, 15 juin 2014, p. 207-215.

156 Marek Cuhra, « Review of GMO safety assessment studies : glypho-sate residues in Roundup Ready crops is an ignored issue », *Environmental Science Europe*, vol. 27, n° 20, 2015.

157 Bruce Hammond, John Vicini, Gary Hartnell, Mark Naylor, Christopher Knight, Edwin Robinson, Roy Fuchs, Stephen Padgette, « The feeding value of soybeans fed to rats, chickens, catfish and dairy cattle is not altered by genetic incorporation of glyphosate tolerance », *The Journal of Nutrition*, vol. 126, n° 3, avril 1996, p. 717-727.

158 Ian Pryme et Rolf Lembcke, « *In vivo* studies on possible health consequences of genetically modified food and feed-with particular regard to ingredients consisting of genetically modified plant materials », *Nutrition and Health*, vol. 17, 2003.

159 Entretien de l'auteure avec Ian Pryme, Bergen, 22 novembre 2006.

160 Marek Cuhra, Thomas Bøhn *et al.*, « Glyphosate-residues in Roundup-Ready soybean impair *daphnia magna* life-cycle », *Journal of Agricultural and Chemical Environment*, vol. 4, 2015, p. 24-36.

161 Voir aussi Thomas Bøhn et Marek Cuhra, « How "extreme levels" of Roundup in food became the industry norm », *Independent Science News*, 24 mars 2014.

162 Gilles-Eric Séralini et al., « Long term toxicity of a Roundup herbicide and a Roundup-tolerant genetically modified maize », *Journal of Food and Chemical Toxicology*, vol. 50, n° 11, septembre 2012.

163 Robin Mesnage, Matthew Arno, Manuela Costanzo, Manuela Malatesta, Gilles-Eric Séralini, Michael Antoniou, « Transcriptome profile analysis reflects rat liver and kidney damage following chronic ultra-low dose Roundup exposure », *Environmental Health*, vol. 14, n° 70, 25 aout 2015.

164 Robin Mesnage, Georges Renney, Gille-Eric Séralini, Malcolm Ward, Michael Antoniou, « Multiomics reveal non-alcoholic fatty liver disease in rats following chronic exposure to an ultra-low dose of Roundup herbicide », *Scientific Reports*, vol. 7, n° 39328, 2017.

165 John Peterson Myers *et al.*, « Concerns over use of glyphosatebased herbicides and risks associated with exposures : a consensus statement », *Environmental Health*, vol. 15, n° 19, 2016.

166 Entretien de l'auteure avec Theo Colborn, Paonia (Colorado), 10 decembre 2009.

167 Theo Colborn, Dianne Dumanoski et John Peterson Myers, *Our Stolen Future. Are we Threatening our Fertility, Intelligence and Survival? A Scientific Detective Story*, Plume, New York, 1996 (trad. fr. : *L'Homme en voie de disparition?*, Terre vivante, Mens, 1998).

168 Nicolas Defarge, Eszter Takács, Veronica Lozano, Robin Mesnage, Joel Spiroux de Vendômois,

GillesEric Séralini, Andras Székács, « Coformulants in glyphosate-based herbicides disrupt aromatase activity in human cells below toxic levels », *International Journal of Environmental Resources and Public Health*, vol. 13, n° 3, fevrier 2016.

8장

169 Générations futures, « Quelle exposition des Francais au glyphosate? (l'herbicide le plus vendu au monde », 6 avril 2017. <frama.link/Xun6gycM>.

170 Nicole Sagener, « Overwhelming majority of Germans contaminated by glyphosate », *Euraktiv.de*, 7 mars 2016.

171 Monika Krüger, Andrea Lindner, Johannes Heimrath, « Members of the EU Parliament excrete glyphosate with their urines », rapport au Parlement europeen, 2016.

172 « German beer industry in shock over glyphosate contamination », *Sustainable Pulse*, 25 fevrier 2016.

173 Monika Krüger et al., « Detection of glyphosate residues in animals and humans », *Environmental & Analytical Toxicology*, vol. 4, n° 2, 2014.

174 The Detox Project, « UCSF presentation reveals glyphosate contamination in people across America », 25 mai 2016, <frama.link/LGx2Az7D>.

175 « The 2015 European Union report on pesticide residues in food », *EFSA Journal*, vol. 15, n° 14, 11 avril 2017.

176 European Food Safety Authority, « Opinion on the modification of the residue definition of glyphosate in genetically modified maize grain and soybeans, and in products of animal origin », *EFSA Journal*, vol. 7, n° 9, septembre 2009, p. 17.

177 Joint FAO/WHO Meeting on Pesticide Residues, *Pesticide Residues in Food. Report 1994*, 19-28 septembre 1994.

178 Ces donnees sont extraites des rapports annuels du UK Expert Committee on Pesticide Residues in Food, 2006 a 2011 et fin juin 2005.

179 David Murphy et Henry Rowlands, *Glyphosate : Unsafe on Any Plate. Food Testing Results and Scientific Reasons for Concerns*, Food Democracy Now !, Clear Lake, 2016, <frama.link/awFz5XAw>.

180 Kathleen DiChiara, *The Hidden Connection. Discover what's Keeping you from Feeling Happy, Healthy and Symptom-free*, Rhode to Health, North Providence, 2014.

181 Zen Honeycutt et Henry Rowlands, « Glyphosate testing rull report : findings in American mothers' breast milk, urine and water », Moms Across America and Sustainable Pulse, 7 avril 2014.

182 Voir sa presentation sur le site *GMO Answers* : <frama.link/zP9BY2Lv>.

183 Je l'avais rencontree le 18 octobre 2009, a son domicile de Washington (voir *Notre poison quotidien, op. cit.*, p. 368-373).

184 John Robbins, « Monsanto's lies and the GMO labeling battle », *Common Dreams*, 23 octobre 2012.

185 Ronald Kleiman, « Mass general pediatrics chief says glyphosate, used with some GM crops, no danger in breast milk », *Genetic Literacy Project*, 6 mai 2014.

186 Carey Gillam, « Moms exposed to Monsanto weed killer means bad outcomes for babies », *Huff-*

ington Post, 4 avril 2017.

187 Anthony Samsel et Stephanie Seneff, « Glyphosate's suppression of cytochrome P450 enzymes and amino acid biosynthesis by the Gut microbiome : pathways to modern diseases », *Entropy*, vol. 15, n° 4, 2013, p. 1416-1463. Pour les references des autres etudes, consulter le site de Stephanie Seneff : <https://people.csail.mit.edu/seneff/>.

188 Nancy Swanson, Andre Leu, Jon Abrahamson, « Genetically engineered crops, glyphosate and the dete-rioration of health in the United States of America », *Journal of Organic Systems*, vol. 9, n° 2, 2014.

189 Judy Hoy, Nancy Swanson, Stephanie Seneff, « The high cost of pesticides : human and animal diseases », *Poultry, Fisheries & Wildlife Sciences*, vol. 3, n° 1, 2015.

190 Pour un compte rendu tres detaille de la saga, j'invite le lecteur a lire l'excellent article de Stephane Foucart, « Roundup : le pesticide divise l'Union europeenne et l'OMS », *Le Monde*, 28 mars 2016.

191 « Conclusion on the peer review of the pesticide risk assessment of the active substance glyphosate », *EFSA Journal*, 12 novembre 2015.

192 Peter Clausing, « Glyphosate and cancer. Authorities systematically breach regulations », Global 2000, juillet 2017, <frama.link/_F9eGTN4>.

193 « Glyphosate unlikely to pose risk to humans, UN/WHO study says », *The Guardian*, 16 mai 2016.

194 AVAAZ, « Protect our health, Stop Monsanto », 8 juin 2016, <frama.link/7p6xVQm5>.

195 Arthur Neslen, « UN/WHO panel in conflict of interest row over glyphosate cancer risk », *The Guardian*, 17 mai 2016.

196 Voir Marie-Monique Robin, *Notre poison quotidien, op. cit.*, chapitre 12.

197 Tobacco Free Initiative, « The tobacco industry and scientific groups. ILSI : a case study », fevrier 2001.

198 Derek Yach et Stella Bialous, « Junking science to promote tobacco », *American Journal of Public Health*, vol. 91, 2001, p. 1745-1748.

199 La liste des donateurs de l'ILSI en 2012 est accessible sur le site de US Right to Know, a l'adresse suivante : <frama.link/LprD56Xd>.

200 Corporate Europe Observatory, « The International Life Sciences Institute (ILSI), a corporate lob-by group. European Parliament Report on EFSA budget rightfully judges links to ILSI as conflict of interest », mai 2012.

201 « Glyphosate not classified as a carcinogen by ECHA », ECHA/PR/17/06, 15 mars 2017.

202 « EU to propose 10-year license renewal for weed killer glyphosate », Reuters, 17 mai 2017.

203 Voir la presentation de son livre sur le glyphosate (*Whitewash. The Story of a Weed Killer, Cancer and the Corruption of Science*, Island Press), a paraitre en octobre 2017 : <http://usrtk.org/author/carey/>.

204 Le temoignage de Claire Robinson s'inspirait d'une enquete tres fouillee publiee par Jonathan Matthews, le fondateur de GMWatch : « Smelling a corporate rat », *Spinnwatch*, 11 decembre 2012. J'avais rencontre Jonathan Matthews en novembre 2006, ou il m'avait raconte les dessous d'une incroyable campagne de denigrement conduite par Monsanto contre Ignacio Chapela, un

scientifique de l'universite de Berkeley (Californie) qui avait revele la contamination du mais traditionnel mexicain par le mais transgenique (voir Marie-Monique Robin, *Le Monde selon Monsanto, op. cit.*, p. 292-295).

205 Echange de courriels entre Bruce Chassy et Wallace Hayes, 26 septembre 2012 (disponible sur le site de US Right to Know, <frama.link/wCjP6tNY>).

206 Voir ici la « notice de retractation » : <frama.link/4mUXGnqu>.

207 Gilles-Eric Séralini, Emilie Clair, Robin Mesnage, Steeve Gress, Nicolas Defarge, Manuela Malatesta, Didier Hennequin, Joel Spiroux de Vendômois, « Republished study : long-term toxicity of a Roundup herbicide and a Roundup-tolerant genetically modified maize », *Environmental Sciences Europe*, vol. 26, n° 1, 2014, p. 1-14.

208 *Plaintiffs' Case Management Statement. Pursuant to the Court's February 1, 2017 order, Plaintiffs submit this joint case management statement* (disponible sur le site de US Right to Know, <frama.link/MV4t_Qhc>).

209 Cite par Stephane Foucart, « Ce que les Monsanto papers revelent du Roundup », *Le Monde*, 18 mars 2017.

210 Cite par Carey Gillam, « Internal EPA documents show scramble for data on Monsanto's Roundup herbicide », *Huffington Post*, 7 aout 2017.

211 Cite par Danny Hakim, « Monsanto Emails raise issue of influencing research on Roundup weed killer », *New York Times*, 1er aout 2017.

212 Cite par Carey Gillam, « Questions about EPA-Monsanto collusion raised in cancer lawsuits », *Huffington Post*, 13 fevrier 2017.

213 Carey Gillam, « Collusion or coincidence? Records show EPA efforts to slow herbicide review came in coordination with Monsanto », *Huffington Post*, 17 aout 2017.

214 Cite par Stephane Foucart et Stephane Horel, « *Monsanto papers* : la bataille de l'information », *Le Monde*, 19 juin 2017.

215 Carrey Gillam, « Monsanto spin doctors target cancer scientist in flawed Reuters story », *Huffington Post*, 16 juin 2017.

216 Michael Alavanja, Aaron Blair *et al.*, « Cancer incidence in the agricultural health study », *Scandinavian Journal of Work and Environmental Health*, vol. 31, suppl. 1, 2005, p. 39-45.

217 *Videotaped Deposition of Aaron Earl Blair*, Washington, 20 mars 2017 (transcription disponible sur le site de US Right to Know, <frama.link/R8m8ERdG>).

218 Cite par Stephane Foucart et Stephane Horel, « *Monsanto papers* : la guerre du geant des pesticides contre la science », *Le Monde*, 1er juin 2017.

219 « *Monsanto papers* : quand le CIRC contribue a la mascaraed du "Tribunal Monsanto" cher a Mme Marie-Monique Robin, *Blog de Seppi*, 30 juin 2017.

220 Benjamin Sourice, « Lobby OGM et strategie de diffamation des lanceurs d'alerte », *Combat Monsanto*, 6 juillet 2015.

221 Cite par Stephane Foucart et Stephane Horel, « *Monsanto papers* : la guerre du geant des pesticides contre la science », *loc. cit.*

결론

222 Coralie Schaub, « Bayer-Monsanto, alchimie monstrueuse », *Liberation*, 23 mai 2016, <Frama.link/LTEVCXP>.

223 *Ibid.*

224 Cecile Boutelet, « Pourquoi Bayer rachete Monsanto », *Le Monde de l'economie*, 15 septembre 2009.

225 « L'Union europeenne va enqueter sur le rachat de Monsanto par Bayer », *Le Monde.fr* (avec AFP), 22 aout 2017.

226 Dont le texte complet est accessible sur le site du TIM : <frama.link/8sWy_C9g>.